岳麓書社

古典名著普及文库

近思录

张京华 导读 注译

岳麓書社·长沙

出版说明

中国古典名著是中华优秀传统文化的重要载体，今天人们要学习传统文化，如果说有所谓捷径可寻，那恐怕就是直接阅读古典名著了。长期以来，为大众读者出版古典名著的普及读物一直是本社的重要使命。约三十年前，我们便出版了“古典名著普及文库”，收书五十余种，七十余册，蔚为大观。这套书命名为“普及”，首先是因为采用了简体字横排的排版方式。当时的古典名著图书，以未经整理的影印本和繁体竖排本居多，大众读者阅读有障碍，故本文库的推出，确有普及之效。其次，我们提出要让读者“以最少的钱买最好的书”，定价远低于当时同类型品种。基于此，这套“普及文库”迅速流向读者的书架，销量极大，功在普及不浅。

当年这套书，所收各书都是文言文全本，无注释，不翻译，对于今天的大众读者来说，已经很难起到普及作用了。而且，读者如果仅仅出于品鉴、入门的需要，也无须通读大部头的全本古籍。因而，我们推出这套全新的“古典名著普及文库”，在选目上广泛听取国内名校学者们的建议，收录经、史、子、集四部之中第一流的名著一百余种，邀请学有专攻的学者精心注释、翻译，并加以导读。篇幅大的经典，精选菁华，篇幅适中的出版全本，个别篇幅小的，则将主题相近的品种合刊为一册。

我们希望有更多的人能够买得起、读得懂中国的古典名著，接受中华优秀传统文化的滋养。这一套轻松好读又严谨可靠的普及文库，便是我们努力实践这一理念的结果。

前言

一

如果将我国的历史比较直观地分为上古、中古、近古三段，则上古可以视为儒家的创兴时期，中古可以视为儒家的中兴时期。创兴时期有孔、曾、思、孟，中兴时期有周、程、张、朱。任何学说、思想、学派，要想长期发挥它不偏不倚的积极作用都是不容易的，需要适应时间和环境的变化而不断更新。理学便是儒家在中古时期获得更新之后的一个新形态。在这次成功的更新之后，儒家思想学说便得以恢复其新鲜的活力，从而继续主导中国乃至整个东亚社会在近古时期的发展历程，并且将社会文明推向一个新的高潮。

当然，儒家学说还有其更早的渊源，就是“二帝三王”的王官之学。创兴时期，孔子集大成，萃聚“二帝三王”的典籍，成为“六经”；中兴时期，朱子再次集大成，萃聚孔、曾、思、孟的著述，成为“四书”；而周、程、张、朱的著述，到了近古时期，流行极广，几于人手一册，这就是《近思录》。

所以，儒家学派就有“四书”是“六经”之阶梯、《近思录》是“四书”之阶梯的说法。也就是说，了解儒家思想学说，最为正宗的路径应当是从《近思录》上溯“四书”，再由“四书”上溯“六经”。

事实上，在宋元明清时期，《近思录》是影响最大、最广的入门性的学术书，不仅在中国如此，在古代朝鲜、日本、越南，尤其如此。

朱熹曾经对他的弟子们说："《近思录》好看。'四子'，'六经'之阶梯；《近思录》，'四子'之阶梯。"清代江永称，"凡义理根原，圣学体用，皆在此编。……盖孔、曾、思、孟而后，仅见此书"。四库馆臣称，"宋明诸儒若何氏基、薛氏瑄、罗氏钦顺，莫不服膺是书""实为后来性理诸书之祖"。

孔、曾、思、孟的主要概念是"仁"，周、程、张、朱的主要概念是"理"。孔子多讲"仁"，而孟子多讲"义"，"义"是"仁"的一种体现，本质上仍然是"仁"。宋儒讲"理"，又讲"道""性""心"，讲"理"是强调天地万物具有共同的规律性，讲"道"是强调道统在人间的传承，讲"性"是确信人类具有向善的本质，讲"心"是强调自身的感知是一切学习的起点，因此只是侧重不同，并无实质之别，"道""性""心"仍然是"理"。

儒家是永远的儒家，只是各个阶段的形态展现有所不同。但大致上说，出于历史的因素，创兴时期的儒家具有更多的政治和制度的因素；时隔一千余年之后，世异事异，事异备变，中兴时期的儒家具有更多的抽象性和哲学性，因此也更加灵活，超越时空而具备普世价值。

二

《近思录》的编订是在宋孝宗淳熙二年（1175）夏天，编订者是朱熹和吕祖谦。朱熹和吕祖谦相约，在福建建阳的寒泉坞相见，共读北宋五子之书。由于对内容早已稔熟于心，所以只用了十天时间，不仅全部条目基本选定，而且条列了卷次，写定了各卷标题。

编订之后，二人各有一篇《书〈近思录〉后》，又称《近思录后序》。

朱熹在《后序》中说："淳熙乙未之夏，东莱吕伯恭来自东阳，过予寒泉精舍，留止旬日，相与读周子、程子、张子之书，叹其广大闳博，若无津涯，而惧夫初学者不知所入也。因共掇取其关于大体而切于日用者，以为此编，总六百二十二条，分十四卷。”

从朱熹的话来看，他的《后序》应当也是同时写就的。但吕祖谦的《后序》题款写于淳熙三年（1176）四月，是一年之后写定的。在书成以后，朱熹和吕祖谦二人为此还有信函往来，相互磋商。《四库全书总目提要》指出，“《晦庵集》中有乙未八月与祖谦一书，又有丙申与祖谦一书，戊戌与祖谦一书，皆商榷改定《近思录》”。《朱子语类》中提到，朱熹曾说：“《近思录》首卷难看。某所以与伯恭商量，教他做数语以载于后，正谓此也。”由此可以相信，《近思录》是朱、吕二人精思熟虑的作品。

三

《近思录》的作者和编纂者共有七人，即被称为北宋“五子”的周敦颐、程颢、程颐、张载、邵雍和南宋的朱熹、吕祖谦。

周敦颐（1017—1073），字茂叔，原名敦实，后改敦颐。道州营道（今湖南永州道县）人。晚年爱庐山风景，傍溪筑室以居，取故乡“濂溪”命名，世称濂溪先生。历官洪州分宁县主簿、南安军司理参军、郴州桂阳与南昌县令、合州判官、虔州通判、永州通判、广南东路转运判官、提点本路刑狱等，有治绩。为宋代理学鼻祖，从政之余传道授业，程颢、程颐均从之受业。博学力行，黄庭坚称其为人“人品甚高，胸怀洒落，如光风霁月。廉于取名而锐于求志，薄于徼福而厚于得民，菲于奉身而燕及茕嫠，陋于希世而尚友千古”。精于易学，发明太极之蕴，能“明天理之根源，究万物之终始”，“其言约而道大，文质而义精，得孔孟之本源，大有功于学者也”。朱熹盛赞周敦颐“《太极》之旨，周子立象于前，为说于后，互相发明，平正洞达，绝无毫发可疑”。史称“两汉而下……千有余载，至宋中叶，周敦颐出于舂陵，乃得圣贤不传之学……然后道之大原出于天者，灼然而无疑焉”。后人称道周敦颐“濂溪之学，精悫深密”（蔡元定）。“孔孟而后，汉儒止有传经之学，性道微言之绝久矣。元公崛起，二程嗣之，又复横渠诸大儒辈出，圣学大昌。”（黄百家）“孔孟而后，千有余年，圣人之道不传。道非不传也，以无传道之人耳。汉四百年得一董子，唐三百年得一韩子，皆不足与传斯道。至宋周子出，而始续其统，后世无异词焉。”（贺瑞麟）著有《太极图说》《通书》等，后人编为《周子全书》《周濂溪集》《周元公集》《周敦颐集》。

程颢（1032—1085），字伯淳，河南伊川（今河南伊川）人，程颐之兄，世称明道先生，或称大程子，与程颐并称“二程”，其学派被称为“洛学”。进士及第，历任鄠县、上元县主簿，晋城令，太子中允，权监察御史里行，太常丞，知扶沟县等职。《宋史·道学传》称他：“资性过人，充养有道，和粹之气，盎于面背，门人交友从之数十年，亦未尝见其忿厉之容。遇事优为，虽当仓卒，不动声色。自十五六时，与弟颐闻汝南周敦颐论学，遂厌科举之习，慨然有求道之志。泛滥于诸家，出入于老、释者几十年，返求诸‘六经’而后得之。秦汉以来，未有臻斯理者。”著有《识仁篇》《定性书》《陈治法十事》等，后人合编为《程氏遗书》《二程全书》《二程集》。

程颐（1033—1107），字正叔，程颢之弟，世称伊川先生，或称小程子，与程颢并称“二程”。历官崇政殿说书、管勾西京国子监等职，为洛党领袖。自年十八上书阙下，游太学，后经近臣屡荐，入京侍讲经筵，党争起，窜涪州，移峡州，最后以宣义郎致仕。时人称其“有特立之操，出群之资，洞明经术，通古今治乱之要，有经世济物之才，非同拘儒曲士，徒有偏长，使在朝廷，必为国器”（吕公著）。“道德纯备学问渊博，有经天纬地之才，有制礼作乐之具，实天民之先觉，圣代之真儒。”（朱光庭）《宋史·道学传》称他：“于书无所不读。其学本于诚，以《大学》《语》《孟》《中庸》为标指，而达于‘六经’。动止语默，一以圣人为师，其不至乎圣人不止也。……平生诲人不倦，故学者出其门最多，渊源所渐，皆为名士。”著有《易传》《颜子所好何学论》等，后人合编为《程氏遗书》《二程全书》《二程集》。

张载（1020—1077），字子厚，凤翔郿县（今陕西眉县）横渠镇人，世称横渠先生。讲学关中，故其学派被称作“关学”。史称张载“少喜谈兵，至欲结客取洮西之地”，“本跅弛豪纵士”，“又出入于佛老者累年。……精思力践，毅然以圣人之诣为必可至，三代之治为必可复。尝语云：‘为天地立心，为生民立命，为往圣继绝学，为万世开太平。’自任之重如此”，“学古力行，为关中士人宗师”。朱熹称赞他“早悦孙吴，晚逃佛老，勇撤皋比，一变至道”。历官著作佐郎、崇文院校书、知太常礼院。著有《正蒙》《西铭》《东铭》《易说》等，后人合编为《张子全书》《张载集》。

邵雍（1011—1077），字尧夫，号安乐，谥康节。北宋著名理学家、易学家。祖先为范阳（今河北涿州）人，幼随父迁共城（今河南辉县）。先曾隐居苏门山百源之上，故学者又称百源先生，其学派被称为“百源学派”。后隐居河南洛阳安乐窝，创立易学象数学派，屡授官不赴。史载邵雍在苏门山，“布裘疏食，躬爨养父之余，刻苦自励者有年”；“冬不炉，夏不扇，日不再食，夜不就席”；在洛阳，“蓬荜瓮牖，不蔽风雨，而怡然有以自乐，人莫能窥也”；“出则乘小车，一人挽之，任意所适”。评价说“周、程、张、邵，五子并时而生，又皆知交相好，聚奎之占，可谓奇验。而康节独以《图》《书》象数之学显”。程颢称之为“振古之豪杰”，又称之为“内圣外王之道”，朱熹称其“胸襟中这个学，能包括宇宙，始终古今”。著有《观物内外篇》《渔樵问对》《先天图》《皇极经世》及《伊川击壤集》。

朱熹（1130—1200），字元晦、仲晦，号晦庵、考亭、紫阳。徽州婺源（今江西婺源）人，侨居建阳武夷山。二程四传弟子、周敦颐五传弟子。进士及第，曾任泉州同安主簿、知南康军、秘阁修撰等职，“登第五十年，仕于外者仅九考，立朝才四十日”。在官之日虽浅，而政事可观。“所至兴学校，明教化，四方学者毕至。”史称朱熹“得程氏正传……凡《诗》《书》六艺之文，与夫孔、孟之遗言，颠错于秦火，支离于汉儒，幽沉于魏晋六朝者，至是皆焕然而大明，秩然而各得其所”；“道之正统待人而后传，自周以来，任传道之责者不过数人，而能使斯道章章较著者，一二人而止耳。由孔子而后，曾子、子思继其微，至孟子而始著。由孟子而后，周、程、张子继其绝，至熹而始著”。一生著述极富，有《中和说》《观心说》《仁说》等，并为《大学》《中庸》《论语》《孟子》四书作章句集注及或问，为《太极图说》《通书》《西铭》三书作解，为《周易》作本义及启蒙，为《诗经》作集传，为《楚辞》作集注及辨证，编订《近思录》《河南程氏遗书》《伊洛渊源录》，又著《孝经刊误》《小学集注》《通鉴纲目》《宋名臣言行录》《朱子家礼》《朱子文集》《朱子语类》等，著作共二十五种六百余卷，后人辑录有《朱子语类》，今人汇编有《朱子全书》。

吕祖谦（1137—1181），字伯恭，婺州（今浙江金华）人，世称东莱先生。进士及第，历官太学博士、秘书郎、国史院编修官、实录院检讨官、著作郎、直秘阁，主管冲祐观及明道宫等。屡以圣道、治体进谏宋孝宗。与朱熹、张栻为友，一时齐名，人称“东南三贤”。年少时性情卞急，一日诵《论语》孔子曰“躬自厚而薄责于人”，忽觉平时忿懥涣然冰释，遂终身无暴怒。朱熹曾说：“学如伯恭，方是能变化气质。”其学以关洛为宗，而长于兼取众长，举人之善，旁稽载籍，不见涯涘，心平气和，不立崖异，“一时英伟卓荦之士皆归心焉”。史称吕祖谦“平心易气，不欲逞口舌以与诸公角，大约在陶铸同类，以渐化其偏，宰相之量也”。著作有《东莱集》《东莱左传博议》《东莱书说》《吕氏家塾读书记》，编纂《皇朝文鉴》《古文关键》。

所以，《近思录》既是一部北宋五子的语录，同时也反映了编选者朱熹、吕祖谦自己的思想，是七名宋儒的共同思想的精华录。

四

《近思录》全书共收语录六百二十二条，分类编纂，共十四类，编为十四卷。叶采最早为《近思录》作注，并概括了各卷大意。他说：

卷一：此卷论性之本原，道之体统，盖学问之纲领也。

卷二：此卷总论为学之要。盖尊德性矣，必道问学。明乎道体，知所指归，斯可究为学之大方矣。

卷三：此卷论致知。知之至，而后有以行之，自首段至二十二段，总论致知之方。然致知莫大于读书，二十三段至三十三段，总论读书之法。三十四段以后，乃分论读书之法，而以书之先后为序。始于《大学》，使知为学之规模次序，而后继之以《论》《孟》《诗》《书》。义理充足于中，则可探大本一原之妙，故继之以《中庸》。达乎本原，则可以穷神知化，故继之以《易》。理之明，义之精，而达乎造化之蕴，则可以识圣人之大用，故继之以《春秋》。明乎《春秋》之用，则可推以观史，而辨其是非得失之致矣。《横渠易说》以下，则仍语录之序，而《周官》之义因以具焉。

卷四：此卷论存养。盖穷格之虽至，而涵养之不足，则其知将日昏，而亦何以为力行之地哉！故存养之功，实贯乎知行，而此卷之编，列乎二者之间也。

卷五：此卷论力行。盖穷理既明，涵养既厚，即推于行己之间，尤当尽其克治之功也。

卷六：此卷论齐家。盖克己之功既至，则施之家，而家可齐矣。

卷七：此卷论出处之道。盖身既修，家既齐，则可以仕矣。然去就取舍，惟义之从，所当审处也。

卷八：此卷论治道。盖明乎出处之义，则于治道之纲领不可不求讲明之。一旦得时行道，则举而措之耳。

卷九：此卷论治法。盖治本虽立，而治具不容缺，礼乐政刑有一而未备，未足以成极治之功也。

卷十：此卷论临政处事。盖明乎治道而通乎治法，则施于有政矣。凡居官任职，事上抚下，待同列，选贤才，处世之道具焉。

卷十一：此卷论教人之道。盖君子进则推斯道以觉天下，退则明斯道以淑其徒，所谓“得英才而教育之”，即“新民”之事也。

卷十二：此卷论戒谨之道。修己治人，常存警省之意，不然，则私欲易萌，善日消而恶日积矣。

卷十三：此卷辨异端。盖君子之学虽已至，然异端之辨尤不可以不明，苟于此有毫厘之未辨，则贻害于人心者甚矣。

卷十四：此卷论圣贤相传之统，而诸子附焉。断自唐虞尧舜，禹、汤、文、武、周公，道统相传，至于孔子。孔子传之颜、曾，曾子传之子思，子思传之孟子，遂无传焉。于是楚有荀卿，汉有毛苌、董仲舒、扬雄、诸葛亮，隋有王通，唐有韩愈，虽未能传斯道之统，然其立言立事，有补于世教，皆所当考也。迨于宋朝，人文再辟，则周子唱之，二程、张子推广之，而圣学复明，道统复续，故备著之。

儒家教人读书，最讲究因材施教，循序而进，不躐等，不陵节，经传注疏，原原委委。《近思录》的编纂也是如此，全书各卷无不体现着“次第”的意图。

所谓万事开头，先要讲明道体，以总摄人生，所以第一卷是“道体”。

明白道体，然后就懂得学习的重要，儒家自孔、孟、荀以至汉唐诸子，无论主张性善还是性恶都首重“劝学”，所以第二卷是“为学”。

懂得学习，就需要读书求知，经传注疏，各有次序，慎思审问，都有方法，所以第三卷是“致知”。

儒家主张“学以为己”，最反对“记问之学”，而倡导“反躬自省”，书读得熟了以后，该要藏焉修焉，息焉游焉，优柔厌饫，切磋沉潜，所以第四卷是“存养”。

学习的最终目的是为了力行，儒家学不外行，“学至于行而止矣”，既读了书，又能反躬，下一步就要力行，所以第五卷是“克治”。

古人十岁曰幼而学，三十曰壮而有室，四十曰强而仕，所谓“十有五而志于学，三十而立，四十而不惑”，在读书、反躬、力行之后，就可以经营家室，所以第六卷是“齐家”。

古人以家事国事为一体，所谓“刑于寡妻，至于兄弟，以御于家邦”，果真三十能立，就可以学优而仕，而出仕先要明了世事人情，审时度势，自处于中道，所以第七卷是“出处”。

懂得了自处，又可以利人，该要手援天下，济国济民，这就首先要清楚治道，明白大体，所以第八卷是“治体”。

明白了治道之大体，还要能具体而微，长于法术，足于策略，所以第九卷是“治法”。

孔子称“人之道，政为大”，立国须有规模，为政务出淳厚，正德、利用、厚生，总称“三事”，所谓“德惟善政，政在养民”，而载舟覆舟，不可不慎，所以第十卷是“政事”。

既能治学，又知为政，老而致仕，要当以教学育人为己任，如孔子“退而修《诗》《书》《礼》《乐》，弟子弥众，至自远方，莫不受业”之例，而孟子亦以“得天下英才而教育之”为乐，所以第十一卷是“教学”。

君子以天下为怀，勇于改过，清洁自守，善始善终，所以第十二卷是“警戒”。

儒家治学，讲究醇而不杂，所谓“极高明而道中庸”，“辨异端而辟邪说”，为的是不失根本而传之久远，“天地之道，博也厚也，高也明也，悠也久也”，故凡大儒均以传道、阐道为职志，而以溯源导流为当然之理，所以第十三卷是“辨别异端”。

儒家所谓“仁道”亦可解释为人道、人文，而做人要当以圣贤自期，以君子自处，“圣希天，贤希圣，士希贤，志伊尹之所志，学颜子之所学”，儒家以君子圣贤为最高境界，所以第十四卷是“总论圣贤”。

总之，全书十四卷首尾相济，次第整齐，体现着明显的递进关系。但只有第一卷“道体”在全书中的次序有些特殊，是一个例外。这一卷是依照儒学体系的重要性为标准，而不是入门阶梯的先后次序而设立的。特别是第一卷的第一段话，全文选录了周敦颐的《太极图说》，文中开篇第一句话，便是“无极而太极”。若论这句话以及《太极图说》的篇名，乃是儒学史上家喻户晓的文献，但若说到人们对它的理解，则极其有限。究其原因，乃在于“无极而太极”本属儒家学说中形上之学的部分，而形上之学的精微之处又并非抽象思辨的逻辑推理，而是介于形上与形下之间的转折与连接。“无极而太极”意谓无极即太极；称之为无极，是强调它的形上作用，由此而获得“不已”的性格；称之为太极，是强调它的形下作用，由此而衍出“生生”之学；中间一个“而”字，意谓无极与太极亦一亦二，亦分亦合。如朱熹所说：“圣人谓之‘太极’者，所以指夫天地万物之根也。周子因之而又谓之‘无极’者，所以著夫无声无臭之妙也。然曰‘无极而太极’‘太极本无极’，则非无极之后别生太极，而太极之上先有无极也。”又说：“无极即是无形，太极即是有理。”接下来的几个概念也是如此：相对于无极而言，无极是形上，太极是形下。相对于阴阳而言，太极是形上，阴阳是形下，如朱熹所说：“太极，形而上之道也；阴阳，形而下之器也。”相对于一阴一阳而言，一阴一阳是形上，阴阳是形下，如朱熹所说：“‘一阴一阳之谓道。’阴阳是气，不是道。所以为阴阳者，乃道也。……阴阳非道也，一阴又一阳，循环不已，乃道也。”这样一种既无极又太极、既无形又有理的关系，特别是这种抽象论辩的学术意义究竟何在，远不是初学者所容易体悟的。如吕祖谦所指出的，“阴阳变化性命之说，大抵非始学者之事”。所以，第一卷“道体”的编纂，是出于“名义”的需要。论难度它最难，论内容它最重要，所以必须放在卷首。在《近思录》编成之后，朱熹曾明白表示，第一卷最不易懂，建议学生先看第二、第三卷，慢慢再回头看第一卷。他说：“《近思录》首卷难看。……若只读此，则道理孤单，如顿兵坚城之下。”“看《近思录》，若于第一卷未晓得，且从第二、第三卷看起。久久后看第一卷，则渐晓得。”

五

《近思录》自南宋至清代，各种注本有21种之多，陈荣捷先生称“除儒道经书之外，注释比任何一书为多。……笔记讲说无数”。其中较为重要的，有叶采和张伯行的《集解》、茅星来和江永的《集注》。

叶采，字仲圭，号平岩，曾任朝奉郎，监登闻鼓院，兼景献府教授。其父叶味道为朱熹弟子。朱熹卒于宋宁宗庆元六年（1200），其后约20年，叶采开始撰写《近思录集解》，“朝删暮辑，逾三十年”，至宋理宗淳祐十二年（1252），书成，对后世影响最大，并且成为《近思录》流传至今的最早版本。

张伯行，字孝先，河南仪封（今河南兰考）人。康熙二十四年（1685）进士，历官江苏按察使、福建巡抚、江苏巡抚、户部侍郎、礼部尚书、入直南书房，以居官清廉著称，御选“天下第一清官”。所至建书院，置学舍，搜求刊布先儒文集，御赐“礼乐名臣”榜。卒赠太子太保，谥清恪，光绪初从祀文庙。史载张伯行“方成进士，归构精舍于南郊，陈书数千卷纵观之，及《小学》、《近思录》、程朱《语类》，曰：‘入圣门庭在是矣。’尽发濂、洛、关、闽诸大儒之书，口诵手抄者七年。始赴官，尝曰：‘千圣之学，括于一敬，故学莫先于主敬。’因自号曰敬庵。又曰：‘君子喻于义，小人喻于利。老氏贪生，佛者畏死，烈士徇名，皆利也。’在官所引，皆学问醇正，志操洁清”。著述有《困学录》《困学续录》《正谊堂文集》《居济一得》。刊印《正谊堂丛书》，纂辑集注宋明诸儒著作，计有《濂洛关闽书》《性理正宗》《二程语录》《朱子语类辑略》《近思录集解》《续近思录》《广近思录》等。张伯行《近思录集解》康熙四十九年（1710）成书，重在梳理义理，务使五子原意圆融贯通，平易、细腻而又接近原意。

茅星来，字岂宿，浙江归安（一说乌程，今浙江湖州）人，康熙间诸生。受命于其父茅默存的遗教集注《近思录》，自序作于康熙六十年（1721），后序作于乾隆元年（1736），前后有15年之隔，“殚一生之精力为之”。他的《近思录集注》广采宋元来《近思录》版本，校正异同得失，于名物训诂考订援据，不惮其烦，而备著汉唐诸家之说。其书篇幅较之叶采增大几近一倍，《四库全书总目提要》称其不仅“于名物训诂，考证尤详”，而且“其持论光明洞达，无党同伐异，争名求胜之私”。

江永，字慎修，江西婺源（今江西婺源）人。家贫不仕，好学深思，精通“三礼”，又长于比堪、步算、钟律、声韵，戴震称“自汉经师康成（郑玄）后罕其俦匹”。江永《近思录集注》的特点，是清理了明代各种流行本的谬误，依据朱子而论断谨慎。《四库全书总目提要》评价说：“凡朱子《文集》《或问》《语类》中，其言有相发明者，悉行采入分注。或朱子说有未备，始取叶采及他家之说以补之。间亦附以己意，引据颇为详洽。”乾隆七年（1742）成书，之后即成为流通最广的一种注本。

六

《近思录》十四卷的标题，首先有朱熹最先草拟的字句，比较详细，见《朱子语类》卷一百五“《近思录》逐篇纲目”。叶采删繁就简，但又过于简短。茅星来也加以规范，但仍不整齐。其他如江永完全依循朱熹的标题，张伯行完全依循叶采的标题，今人陈荣捷则二者并存而以朱熹为主。

常见的三种标题是这样的：

	卷一	卷二	卷三	卷四	卷五	卷六	卷七
朱　熹	道体	为学大要	格物穷理	存养	改过迁善 克己复礼	齐家之道	出处、进退、 辞受之义
叶　采	道体	为学	致知	存养	克治	家道	出处
茅星来	道体	为学大要	格物穷理	存养	省察克治	齐家之道	去就取舍

	卷八	卷九	卷十	卷十一	卷十二	卷十三	卷十四
朱　熹	治国平天下之道	制度	君子处事之方	教学之道	改过及人心疵病	异端之学	圣贤气象
叶　采	治体	治法	政事	教学	警戒	辨别异端	总论圣贤
茅星来	治道大要	治法	临政处事之方	教学之道	警戒	辨异端	观圣贤

本书是《近思录》的选注，限于篇幅，首先选取了有关修养、学习的部分，即第一卷至第七卷、第十一卷、第十四卷这九卷的全文，而暂时舍去了有关政治、宗教的部分，即第八卷至第十卷、第十二卷至第十三卷这五卷的全文。全书依次排列为九篇，标题也重新规范为四字句。希望本书成为《近思录》的一个比较简易又比较接近作者原意的读本。

张京华

2017 年 7 月于湖南科技学院国学院

目 录

一　道体本原

导读

这一卷是《近思录》的第一卷，依次辑录北宋著名理学家周敦颐、程颢、程颐、张载四人的有关语录，共五十一条。

这一卷的标题，《朱子语类》原题及叶采《近思录集解》、茅星来《近思录集注》都作“道体”，现在改题为“道体本原”。

道体指天道的本体、人性的本原，朱熹认为这是以下十三卷所论内容的总纲。叶采说：“此卷论性之本原，道之体统，盖学问之纲领也。”茅星来说：“此篇就理之本然者而言，必于此精察明辨，而后于道知所从入，可以用力以求至焉。”

这一卷依据《易经》《中庸》等典籍，讨论无极、太极、阴阳、善恶、诚、中、性、命、仁、德、心、理等诸多概念，是儒家之学的起点，也是最终至足之境，一向为理学家所强调。

“道体”是贯通《近思录》全书的主干，所以被列为首卷。然而在领会上，这一卷却有很大难度。《程氏外书》中说，尹焞拜程颐为师后，“半年方得《大学》《西铭》看”。准此道理，“道体”一卷也可以稍后涉及。朱熹曾说：“《近思录》首卷难看。某所以与伯恭（即吕祖谦）商量，教他做数语以载于后，正谓此也。……看《近思录》，若于第一卷未晓得，且从第二、第三卷看起。久久后看第一卷，则渐晓得。”

“道体”卷的第一篇是周敦颐《太极图说》的全文。张伯行概括《太极图说》的大意为：“此周子因‘易有太极’之辞，默契道体之本原，立象尽意，而复著说，以明其蕴也。”

周敦颐为二程本师，理学鼻祖。《宋元学案》称："孔孟而后，汉儒止有传经之学，性道微言之绝久矣！元公崛起，二程嗣之，又复横渠诸大儒辈出，圣学大昌。"而周敦颐的理学著作主要就是《太极图说》和《通书》。《太极图说》最重要在首句"无极而太极"一语，而首句原文自宋代已有不同版本，朱熹注本与张南轩《太极解》本作"无极而太极"，杨方九江旧本为"无极而生太极"。朱熹坚持认为"无极而太极"的表述最符合原意，实则是认为这种五字的精简版本最能体现"无形而有理"的理学精蕴。朱熹说："'无极而太极'，只是无形而有理。周子恐人于'太极'之外更寻'太极'，故以'无极'言之。既谓之'无极'，则不可以'有'底道理强搜寻也。……周子所谓'无极而太极'，非谓太极之上别有无极也，但言太极非有物耳。……'无极而太极'，不是说有个物事光辉辉地在那里。只是说这里当初皆无一物，只有此理而已。既有此理，便有此气；既有此气，便分阴阳，以此生许多物事。"又说："故语道体之至极，则谓之太极；语太极之流行，则谓之道。虽有二名，初无两体。"

朱熹对《太极图说》极为推崇，曾说："以熹观之，伏羲作易，自一画以下，文王演易，自乾元以下，皆未尝言'太极'也，而孔子言之。孔子赞易，自太极以下，未尝言'无极'也，而周子言之。夫先圣后圣，岂不同条而共贯哉！"

朱熹首选本章，意在说明宇宙万物的本原与生成原理。宇宙万物生生不已，都以无极为本原。人道遵循天道，所以也要以无极为本原。无极并非空洞无物，而只是无形、无声、无嗅。"太极"意味着宇宙万物的共同本原，"无极"是"太极"的根据，又是对"太极"的否定，意味着宇宙万物发展变化的无限可能。

《易经·系辞上传》说道："易有太极，是生两仪，两仪生四象，四象生八卦。"

《太极图说》说道："无极而太极。"

"两仪"是阴阳，"四象"是四季，"八卦"是八方，天地万物如此展开呈现，而它的本原就是"太极"。没有本原，就没有次序、没有规律、没有理性、没有关联。所以，这个世界需要寻找它的本原。

《太极图说》承接着《易经》，阐发宇宙的本原。在中国儒学史、中国哲学史上，《太极图说》第一次提出了“无极”的概念。也可以说，《太极图说》弥补了易学的一个空白，使易学向上提高了一个层次。此下，从“太极”到阴阳到五行到万物，《太极图说》将阴阳的系统和五行的系统结合起来，因而较《易经》更加细致、更加复杂。

“濂溪之学，精悫深密。”两宋新儒家的建立，在学理上，最大的贡献来自周敦颐“无极而太极”一句论断。

原文

濂溪先生曰：无极而太极。[1] 太极动而生阳，动极而静；静而生阴，静极复动。一动一静，互为其根[2]。分阴分阳，两仪[3]立焉。阳变阴合，而生水火木金土[4]。五气顺布，四时行焉。[5] 五行，一[6]阴阳也；阴阳，一太极也；太极，本无极[7]也。五行之生也，各一其性[8]。无极之真，二五之精，妙合而凝。[9] 乾道成男，坤道成女，二气交感，化生万物。[10] 万物生生，而变化无穷焉。惟人也，得其秀而最灵。形既生矣，神发知矣[11]。五性感动，而善恶分，万事出矣。[12] 圣人定之以中正

译文

周敦颐先生说：无极而太极。太极运动生出阳，运动到极点而后平静；由平静生出阴，平静到极点又归于运动。一方面运动，一方面平静，两者互为根据。分出了阴阳，就产生了两仪。阳气变动，阴气凝合，而后生出水、火、木、金、土五行。五行之气依次展现，春、夏、秋、冬四季就循环运转。五行归一于阴阳，阴阳归一于太极，太极本原于无极。水、火、木、金、土五行的存在，是各自呈现出一方面的属性。无极的纯粹本质，加上两仪和五行的精气，微妙地凝结在一起。由阳道生成男性，由阴道生成女性，阴阳二气互相感应，就生化出万物。万物又生生不已，引出无穷无尽的变化。万物之中唯独人类禀受了天地的灵秀之气，最为灵通。人一生出形体，精神就有了智慧。仁、义、礼、智、信五性互相感应，而后分出善恶，人间的种种是非也产生出来了。圣人能够保持中

仁义而主静，立人极焉。[13]故“圣人与天地合其德，日月合其明，四时合其序，鬼神合其吉凶”。[14]君子修之吉，小人悖之凶。故曰：“立天之道，曰阴与阳；立地之道，曰柔与刚；立人之道，曰仁与义。”[15]又曰：“原始反终，故知死生之说。”[16]大哉《易》也，斯其至矣！[17]

正的仁义的立场而遵循本原的安静，因而成为人类的最高准则。所以《易经》说“圣人的行为与天地的生生之德相符合，与日月的明亮光辉相符合，与四季的有序运行相符合，与鬼神的吉凶预见相符合”。君子修习圣人之道而吉祥，小人背离圣人之道而凶险。所以《易经》说：“天道推行的是阴和阳，地道推行的是柔和刚，人道推行的是仁和义。”《易经》又说：“推原万物的本原，反观万物的终结，就可以明白人的生死气数。”《易经》高深博大，它的学问达到极致了！

注释

1 **濂溪先生：**周敦颐(1017—1073)，字茂叔，号濂溪，世称濂溪先生。道州营道(今湖南永州道县)人。宋明理学的开山之祖，程颢、程颐的老师。著有《太极图说》《通书》及《拙赋》《爱莲说》等，后人编为《周濂溪集》《周子全书》。 **无极：**宇宙的初始和终极之理。“极”字本义为房屋的栋梁，引申为宇宙天地的栋梁，即北极，此处指宇宙万物的存在。宇宙万物的存在必有其所以存在的道理，万事万物莫不有其各自存在的根据。“无极”是对“太极”的否定，意为在“太极”的“其然”之上，还有“无极”的“其所以然”之理，所以称之为“无极”。 **而：**解为“如”，白话语译可解为“又是”。顾炎武《日知录》卷三十二论“而”读为“如”，古字“而”“如”二字通用，可以互训。“太极”和“无极”是两个不同的概念，具有各自不同的思辨作用。提出“太极”的概念，是为了表明宇宙万物的共同性和整体性；提出“无极”的概念，是为了表明宇宙万物存在的根据。但“太极”之上的“无极”，并非在“太极”之外另有一物，而其实就是“太极”本身。因此，“太极”又就是“无极”，“无极”又就是“太极”，所以说“无极而太极”。“而”有而后、而下的含义,但此处不能只限于而后、而下的含义。这一句尤其不能僵硬理解为“从无极而下是太极(自无极而为太极)”。 **太极:**宇宙万物存在的总称。宇宙万物具有共同的本质,可以混同为一个整体,万事万物都相互关联。“太极”又写作“大极”,意为最大的存在体。

2 **根:**根本、根据。在阴、阳的关系上,双方各以对方的存在作为自己存在的根据;没有阴就没有阳,没有阳也就没有阴。

3 **两仪:**相匹配的两方,指阴阳,也指天地、男女。仪,匹配。

4 **水火木金土:**五种基本物质元素,合称五行。《书经·洪范》:“五行:一曰水,二曰火,三曰木,四曰金,五曰土。”《说文》:木是“东方之行”,火是“南方之行”,金是“西方之行”,水是“北方之行”。土居中央。“行”就是“道”,五行就是天道运行的五个阶段。

5 **五气:**五行之气,亦即五行之道。**顺布:**按顺序运行、展现。**四时:**春、夏、秋、冬四季。四时与五行的四方相关:斗柄东指,天下皆春;斗柄南指,天下皆夏;斗柄西指,天下皆秋;斗柄北指,天下皆冬。 **行焉:**四时的运行,便是天道的运转。“春生,夏长,秋收,冬藏,此天道之大经也。”

6 **一:**归本、原本。

7 **太极,本无极:**这一句与篇首“无极而太极”一句对应。“无极而太极”从宇宙的起源而顺序展开,“太极本无极”从万物存在的现状而依次追溯,是同一事物的两个面向。

8 **各一其性:**各自具备一个方面的属性。

9 **无极之真:**宇宙万物最原始的本质,即纯粹而不混杂的天性、本性。儒家又称之为“中”“诚”。 **二五之精:**这一阶段开始有水、火、木、金、土五行之气的介入,万物因此具有各自不同的属性,称之为“气禀之性”。二五,两仪和五行。 **妙合而凝:**万物经过微妙的变化而各自成形。

10 **乾道:**天道,阳道。 **坤道:**地道,阴道。 **二气:**阴阳、两仪。 **交感:**互相感应。

11 **神发知矣:**精神生发出智慧。

12 **五性:**五行之性,即仁、义、礼、智、信五常。仁近于春,义近于秋。“春作、夏长，仁也；秋敛、冬藏，义也。” **感动：**此处稍有外在的意思，与“交感”略有不同。“感”与“撼”通，触也。 **而善恶分：**这一句意为，善恶是由五行之气的影响而造成的。

13 **圣人定之以中正仁义：**五行有正有偏。仁义最正，朱熹说：“圣人之道，仁义中正而已矣。”刚恶为猛、为隘、为强梁；柔恶为懦弱、为无断、为邪佞，最偏。《通书》说：“恶者固为非正，而善者亦未必皆得乎中。” **主静：**回归本原。此处的“静”是指无极的本性，与阴阳的“一动一静”有别。朱熹说：“无欲故静。”“静者诚之复，而性之真也。” **人极：**人道之极，即人类的最高准则。

14 **“圣人与天地合其德”四句：**语出《易经・乾卦》九四爻辞，原文作：“夫大人者，与天地合其德，与日月合其明，与四时合其序，与鬼神合其吉凶。”意为人道遵循天道。

15 **“立天之道”六句：**语出《易经・说卦传》。天之道即地之道即人之道，天道与地道与人道是同样的。人类有仁义，即如同地有柔刚、天有阴阳，是同样的道理。

16 **“原始反终”二句：**语出《易经・系辞上传》。意为人的生死气数、寿命以天地阴阳为根本。

17 **大哉《易》也：**赞叹《易经》的宏大。易，天地万物产生和变易的原则。郑玄称“易”有三义：简易、变易、不易。以上这一章为周敦颐《太极图说》的全文。

原文

诚，无为，幾，善恶。[1]德爱曰仁，宜曰义，理曰礼，通曰智，守曰信。性焉、安焉之谓圣，复焉、执焉之谓贤，发微不可见、充周不可穷之谓神。[2]

伊川先生[3]曰：“喜

译文

周敦颐先生说：人的本性真诚纯粹，无妄无伪；幽微的萌动，产生出善恶的差别。心存德爱叫作仁，行为适宜叫作义，符合天理叫作礼，深通事理叫作智，有操守叫作信。天性如此而本性也安于如此的人称作圣人，努力回复而保持勿失的人称作贤人，一念之生虽然细微不可见却已怒哀乐之未发谓之中”[4]，“中”也者，言“寂然不动”[5]者也，故曰“天下之大本”[6]。“发而皆中节谓之和”[7]，和也者，言“感而遂通”[8]者也，故曰“天下之达道”。[9]

合于天理，天理之得充满周遍而不可穷尽，这叫作神人。

程颐先生说：《中庸》说“喜怒哀乐还没有发生出来叫作中”，“中”的意思就是《易经》所说的“寂然不动”，所以它是“天下万物的根本”。《中庸》又说“发生出来都符合节奏叫作和”，“和”的意思就是《易经》中所说的“感而遂通”，所以说它是“天下中正而长远的大道”。

注释

1 **诚：**其字从“成”。“成”字本为音乐术语，意为乐章演奏完毕，“凡乐一终为一成”，引申为成就圆满，“功卒业就谓之成”。此处指人的本性纯粹不杂。《中庸》：“诚者，天之道也。诚之者，人之道也。”郑玄注：“诚者，真实无妄之谓。” **无为：**人的本性尚未开始表现，尚未受到人为的后天的扰动。朱熹说：“诚，实理也；无为，犹‘寂然不动’也。” **幾**(jī)：幾微、幽微，极其细小的变化。《易经·系辞下传》：“幾者，动之微。”

2 **宜：**适宜、合宜。 **通：**深通、透彻。《书经》“思曰睿”，注：“睿，通也。” **性焉：**本性即如此。焉，代词，于之。下同。 **复：**回复、回归。 **执：**执着、坚持。 **充周：**充，充满；周，周遍。 **神：**朱熹说：“神即圣人之德，妙而不可测者，非圣人之上复有所谓神也。……问：‘神，只是以妙言之否？’曰：‘是。’……因指造化而言曰：‘忽然在这里，又忽然在那里，便是神。’”以上这一章出自周敦颐《通书·诚幾德》。

3 **伊川先生：**程颐(1033—1107)，字正叔，河南伊川(今河南洛阳伊川)人，世称伊川先生。程颢之弟，学者称为“小程子”，又与程颢并称“二程”。历官崇政殿说书、管勾西京国子监等职，为洛党领袖。著有《易传》四卷，后人合编为《程氏遗书》《二程全书》《二程集》。

4 **喜怒哀乐之未发谓之中：**语出《中庸》，原文作：“喜怒哀乐之未发谓之中，发而皆中节谓之和。中也者，天下之大本也；和也者，天下之达道也。”《中庸》相传为子思所作。“中”此处指人的天性。喜怒哀乐之情尚未发生出来，因此人的天性也尚未受到干扰，这种状态叫作“中”，也就是周敦颐说的“诚”。

5 **寂然不动：**语出《易经·系辞上传》，原文作：“易无思也，无为也，寂然不动，感而遂通天下之故。”此处以“易”的无思无为与“中”的喜怒未发相互阐释，以此说明两者都处于天性的本原状态。

6 **天下之大本：**语出《中庸》。本，本原、根本。纯粹的天性虽然恬静无为，却是万物充满无限生机的本原。

7 **发而皆中节谓之和：**语出《中庸》。人的喜怒哀乐发生出来以后，能够不偏不倚，完全符合天道的顺序和节奏，叫作“和”。

8 **感而遂通：**语出《易经·系辞上传》。喜怒哀乐是人情，人情有感而发，发出来而能通达天理，所以说是“感而遂通”。

9 **天下之达道：**语出《中庸》。达道，中正的大道。此处有人所共由、放之四海而皆准的意思。《中庸》认为君臣、父子、夫妇、昆弟、朋友这“五伦”，是天下之达道。以上这一章出自《程氏遗书》。

原文

心[1]一也，有指体[2]而言者，有指用[3]而言者，惟观其所见如何耳[4]。

乾[5]，天[6]也。天者，乾之形体；乾者，天之性情。乾，健[7]也，健而无息[8]之谓乾。夫天，专言之则道也，“天且弗违”是也。[9]分而言之，则以形体谓之天[10]，以主宰谓之帝[11]，以功用谓之

译文

心只有一个，有时“心”是指本体来说的，有时“心”是指作用来说的，唯有看它在哪里使用才知道它的意思。

乾就是天。称之为“天”是说乾的形体为天，称之为“乾”是说天的性情为乾。乾是刚强的意思，刚强自主而不停息叫作乾。从整体的方面称谓天，就叫作“道”，《易经》中“天且弗违”的“天”就是“道”的意思。分别来说，侧重其至高无上的形体就称之为“天”，侧重其支配一切的力量就称之为“帝”，侧重其超人的功用就称之为“鬼神”，

鬼神[12],以妙用谓之神[13],以性情谓之乾。[14]	侧重其不测的奥妙就称之为"神",侧重其本体的性质就称之为"乾"。

注释

1 **心**:人心。中国古代以心为人的知觉器官和思维器官,又以心为人体内气的主宰和神明的主宰。儒家认为心具有道德本性,心即理,心为太极,心为天地万物之主。

2 **体**:此处指心性的本体。本体的心性澄澈不杂,寂然不动。

3 **用**:此处指心思的作用。心思发出了,感而遂通,有种种不同的表现。

4 **惟观其所见如何耳**:此处意为需要区别两种"心"。理学所说的"心"是本性的、本体的心,而喜怒哀乐发出以后的心实则是"情"。两者词语相同,而区别极大,所以有"心统性情"之说。以上这一章出自《河南程氏文集》。

5 **乾**:指天,又指刚健,又为卦名,《易经》六十四卦之第一卦,《乾》下《乾》上。《乾卦》象征天、君、父、玉、寒、大赤、良马等。

6 **天**:此处指自然的天,即以北辰为中心的天象。

7 **健**:刚强、主动。

8 **无息**:即不息、不停、不已。

9 **专**:单独、独一,引申为整体、全体。 **道**:本义为天休运行的轨道,即二十八宿围绕北辰运转的轨道,借用为地理上的道路,引申为规律、原理、法则,也代指宇宙的本原。 **天且弗违**:天尚且不违背。语出《易经·乾卦》,原文作:"天且弗违,而况于人乎?"

10 **天**:会意字,从一从大,表示大人在至高无上的形体之下。

11 **主宰**:掌管、管制。宰,古代为官名。 **帝**:古代称最高的天神为帝,又称天帝、上帝。引申为人间的帝王。

12 **鬼神**:古人认为人死后精气不灭,称为鬼神。《易经·系辞上传》称鬼神是"精气为物,游魂为变",朱熹称天地之气的屈伸往来为鬼神。《朱子语类》卷三:"神,伸也;鬼,屈也。……鬼神不过阴阳消长而已。亭毒化育,风雨晦冥,皆是。在人则精是魄,魄者鬼之盛也;气是魂,魂者神之盛也。精气聚而为物,何物而无鬼神?……鬼神只是气。屈伸往来者,气也。天地间无非气。人之气与天地之气常相接,无间断,人自不见。人心才动,必达于气,便与这屈伸往来者相感通。"

13 **神:**神灵、神妙、精神。此处指神妙的变化。《易经·系辞上传》称天地自然的变化"阴阳不测"为神。此处"神"与"鬼神"比较而言,鬼神尚有形迹可知,神则无迹可见。

14 以上这一章出自程颐《程氏易传》。

原文

四德之元,犹五常之仁。[1]偏言则一事,专言则包四者。[2]

译文

"元、亨、利、贞"四德中的"元",就像"仁、义、礼、智、信"五常中的"仁"。分别称之各有一个具体的含义,整体称之则在"元"之中包含了"元、亨、利、贞"四个含义。

注释

1 **四德:**《易经·乾卦·文言传》称元、亨、利、贞为四德。"元者,善之长也;亨者,嘉之会也;利者,义之和也;贞者,事之干也。君子体仁,足以长人;嘉会,足以合礼;利物,足以和义;贞固,足以干事。君子行此四德者,故曰:'乾:元亨利贞。'"朱熹说:"乾之元、亨、利、贞,元即仁,亨即中,利即义,贞即正。" **元:**原始。朱熹称万物开始生发出来为元。 **五常:**五种永恒不变的原则。常,永恒、恒常。儒家称仁、义、礼、智、信为五常。 **仁:**本义指人。"仁"是会意字,从人从二,表示二人相互礼敬。楚简又写作"息",从身从心,解作身心。"仁"是孔子思想的核心,孔子称以人待人为仁,又称爱人为仁。孟子称人的心性本善为仁。朱熹称仁为天地万物的本原。

2 **偏言:**就其一面而言之。朱熹说:"《近思录》首卷所论'诚''中''仁'三者,发明义理,固是有许多名,只是一理,但须随事别之。如说'诚',便只是实然底道理。譬如天地之于万物,阴便实然是阴,阳便实然是阳,无一毫不真实处；'中'，只是喜怒哀乐未发之理；'仁'，便如天地发育万物，人无私意，便与天地相似。但天地无一息间断，'圣希天'处正在此。仁、义、礼、智，便如四柱，仁又包括四者。如《易》之'元、亨、利、贞'，必统于'元'；如时之春、秋、冬、夏，皆本于春。析而言之，各有所指而已。"以上这一章出自程颐《程氏易传》。

原文

天所赋为命，物所受为性。[1]

鬼神者，造化之迹也。[2]

《剥》[3]之为卦，诸阳消剥已尽，独有上九[4]一爻尚存。如硕大之果，不见食，将有复生之理。[5]上九亦变，则纯阴矣。然阳无可尽之理，变于上则生于下，无间可容息也。圣人[6]发明此理，以见阳与君子之道不可亡也。

或曰："《剥》尽则为纯《坤》，岂复有阳乎？"曰："以卦配月，则《坤》当十月。以气消息[7]言，则阳剥为《坤》，阳来为《复》。阳未尝尽也，《剥》尽于上，则《复》生于下

译文

天理所赋予万物的是天命，万物所接受自天理的是本性。

鬼神是造化的痕迹。

《剥》这一卦，阳已经消剥得没有了，最后只有上九这一位阳爻还在。如同一个硕大的果实，既然没有被吃掉，就会有再生的生机。上九也会变，变了之后这一卦就成为纯阴了。但阳没有完全消尽的道理，上位的阳爻变了，下位的阳爻又生出来，没有瞬间的停息。圣人说明这个道理，是要阐明阳道、君子之道是不会消亡的。

有人问："《剥卦》消剥到最后就成了纯阴的《坤卦》，怎么能再有阳呢？"我说："以卦名和月份相配，《坤卦》是对应的十月。由气的消长而言，阳完全消尽是《坤卦》，阳又生出来是《复卦》。阳始终都不会消尽，《剥卦》之后是《复卦》，说明《剥卦》确实是上位的阳消尽后，下位的阳又生出来了。所以十月又别称为阳月，就是担心人们会以为十月没有阳了。阴月也是这样

矣。故十月谓之阳月[8],恐疑其无阳也。阴亦然。圣人不言耳。”[9]

(,四月对应《乾卦》,为纯阳,但并非没有了阴,所以四月又别称为阴月)。圣人只是没有说出来而已。”

注释

1 **赋:**赋予。 **命:**天命、命运。 **性:**天性、本性。这两句话从天命的赋予和人类的秉承两方面解说,提到了“天”“命”和“性”三个重要的理学概念。《中庸》前三句说:“天命之谓性,率性之谓道,修道之谓教。”朱熹说:“命,犹令也。性,即理也。天以阴阳五行化生万物,气以成形,而理亦赋焉,犹命令也。于是人物之生,因各得其所赋之理,以为健顺五常之德,所谓性也。”董仲舒也曾说:“命者,天之令也;性者,生之质也;情者,人之欲也。”这里所说的“天”也就是天理。“命”是强调其命定的意思。天理所赋予给万物的只有善,没有不善,万物只有接受它,而不得有自己的选择。“性”是强调其本性的性质,就是说万物一旦接受了天命,那么它就必然要体现天理,永恒不变。上文所说的“元、亨、利、贞”就是天理所赋予之命,“仁、义、礼、智、信”就是人类所接受之性。以上这一章出自程颐《程氏易传》。

2 **造化:**天地万物的生成和变化。造,生成;化,变化。以上这一章出自程颐《程氏易传》。此处鬼神仍是就天的功用而言,是说天地万物的生成和变化,自无变为有,自有变为无,具备一种神奇的性质。造化本身是视之不可得见、听之不可得闻的,人类只可见其痕迹。日月星辰、风雨雷电都是造化的痕迹。鬼神又指人的精神与死后的魂灵,这也是造化的痕迹,无须于冥冥之中做一种无谓的求证。

3 **《剥》:**卦名,《易经》六十四卦之第二十三卦,《坤》下《艮》上,五阴在下,一阳在上。

4 **上九:**六十四卦中每一卦的六爻中,最上面的阳爻称为上九。

5 **如硕大之果,不见食:**《易经》中解释《剥卦》上九的爻辞,原文为“上九,硕果不食,君子得舆,小人剥庐”。不见食,不被食用。

6 **圣人:**本义为聪明人,是以自己的聪明才智为人类文明作出贡献的人。

伏羲画卦、文王系辞、孔子作传，古称“易更三圣”。

7 **消息：**消长。

8 **阳月：**夏历十月的别名。

9 程颐借助对《剥卦》和《复卦》的解释，是为了表明君子之道永远不息的道理。张伯行说：“此程子因《剥》上九一爻而发明之，以见阳无终尽之理也。……阳之道即君子之道，阳之道不可亡，即君子之道不可亡也。”以上这一章出自程颐《程氏易传》。

原文

一阳复于下[1]，乃天地生物之心[2]也。先儒皆以静为见天地之心，盖不知动之端乃天地之心也。[3]非知道者，孰能识之？[4]

仁者，天下之公，善之本也。[5]

有感必有应。[6]凡有动皆为感，感则必有应。所应复为感，所感复有应，所以不已也。感通之理，知道者默而观之可也。[7]

天下之理，终而复始，所以恒而不穷。恒，非一定之谓也，一定则不能恒矣。唯随时变易，乃常道[8]也。天地常久之道，天下常久之理，非知道者孰能识之？[9]

译文

《复卦》是阳气从下面回复出来，这就体现出天地化生万物的心意来了。以前儒者都认为静体现出了天地化生万物的心意，这是不知道动的开端才是天地化生万物的心意。如果不是懂得天道的人，谁能认识到这个道理？

仁是天下的公理，是为善的本原。

有感动必定有响应。凡是有所举动都是感动，是感动就必定有响应。响应又成为感动，感动又有响应，如此感动、响应永无停止。由感应而联通万事万物的道理，认识天道的人静默地观察就可以了。

天下万事万物的规律，总是结束了又重新开始，由此恒久而无限。恒久，不是固定在那里的意思，固定住就不能恒久了。只有随时随地变化，才是恒久不变的常道。常道就是天下常久之道，就是天下常久之理，如果不是懂得天道的人，谁能认识到这个道理？

注释

1 **一阳复于下:**阳气从下面回复出来。复,回复,又为卦名,《易经》六十四卦之第二十四卦,《震》下《坤》上,一阳在下,五阴在上。

2 **生物之心:**生育万物之心。心,思想、意念,此处可理解为目的。

3 **先儒:**指王弼、韩康伯、孔颖达等,王弼注上下《经》《文言传》《彖传》《象传》,韩康伯注《系辞传》《说卦传》《序卦传》《杂卦传》,孔颖达作疏。**以静为见天地之心:**《周易注》称《复卦》是"动息地中,乃天地生物之心见也"。

4 在程颐看来,静和动二者中动是更为重要的,静只是动尚没有发作,但动的机理已经蕴含在其中了,不过还比较微妙而已。程颐强调《复卦》的意义,是要阐明静、无为不是天地化生万物的目的,生生不息、有为才是天地化生万物的目的。以上这一章出自程颐《程氏易传》。

5 **仁者,天下之公,善之本也:**孔子称仁是泛爱物,是爱人。孟子认为恻隐之心人皆有之,由此提出人性本善。程颐是从理学的层面上,以《易经》之天理解释仁。叶采说:"仁者以天地万物为一体,故曰天下之公。四端万善皆统乎仁,故曰善之本也。"以上这一章出自程颐《程氏易传》,是阐释《易经·复卦》六二《象传》"休复之吉,以下仁也"一语所说的。

6 **感:**感动、影响。 **应:**回应、应和。

7 **知道者:**认识天道的人。以上这一章出自程颐《程氏易传》,是程颐阐释《易经·咸卦》所说的。《易经·咸卦》说:"咸,感也……二气感应以相与……天地感而万物化生,圣人感人心而天下和平。观其所感,而天地万物之情可见矣。"感应一说在中国古代曾经被说得比较神秘,而按照朱熹的理解,感应其实就是因果。凡一事必有其原因,有原因又必有其结果,其结果又成为另一事的原因,由此而不断地发展变化,自然与人事都是如此。所以朱熹说:"只因这一件事,又生出一件事,便是感与应。因第二件事,又生出第三件事,第二件事又是感,第三件事又是应。"

8 **常道:**恒久不变的道理。下文"天地常久之道,天下常久之理"即程颐解释常道之语。

9 以上这一章出自程颐《程氏易传》,是阐释《易经·恒卦》所说的。

原文

人性本善,有不可革[1]者,何也?曰:语其性则皆善也,语其才则有下愚之不移[2]。所谓下愚有二焉:自暴[3]也,自弃[4]也。人苟以善自治,则无不可移者,虽昏愚之至,皆可渐磨而进。唯自暴者拒之以不信,自弃者绝之以不为,虽圣人[5]与居,不能化而入也,仲尼[6]之所谓下愚也。然天下自弃自暴者,非必皆昏愚也,往往强戾[7]而才力有过人者,商辛[8]是也。圣人以其自绝于善,谓之下愚。[9]然考其归[10],则诚愚也。

既曰下愚,其能革面[11],何也?曰:心虽绝于善道,其畏威而寡罪,则与人同也。唯其有与人同,所以知其非性之罪也。[12]

译文

人性原本善良,可是有的人的性情却改不了,为什么?回答说:说到人的本性那都是善的,说到人的才智就有最愚笨的人不可能改变的情形了。所谓最愚笨的人有两种,就是自暴和自弃。人如果能用善来塑造自己,就没有什么不可以改变的,即使昏庸愚笨到了极点,都可以渐渐地磨炼而有所进步。只有自暴的人心怀抵拒而不相信善,自弃的人心存绝望而不肯遵循善,这样的人即使是孔子和他们住在一起,也不能够化导他们以进入善途,这就是孔子所说的最愚笨的人。但天下自暴和自弃的人不一定都是昏庸愚笨的,常常有人强悍暴戾而且才智有过人之处,商纣王就是这样。孔子因为他是自己对善道绝望,所以才称之为最愚笨的人。然而追究其根源,他这才是真正的愚笨。

既然称之为最愚笨的人,他又能改过,为什么?回答说:他心中虽然对善道绝望,但他因为畏惧威严而可能减少罪过,这是与别人相同的。只因为他还有与别人相同之处,所以说他的过错的根源不是出于本性。

注释

1 **革:**本义为“兽皮治去其毛革更之”,引申为改革、革去。又为卦名,《易经》六十四卦之第四十九卦,《离》下《兑》上。

2 **下愚之不移：**最愚笨的人是不可能改变的。下愚，最愚笨的人；不移，不可改变。语出《论语·阳货》：“子曰：‘唯上智与下愚不移。’”

3 **自暴：**自我残害。暴，摧残、残害。

4 **自弃：**自我抛弃。自暴自弃语出《孟子·离娄上》：“言非礼义，谓之自暴也。吾身不能居仁由义，谓之自弃也。”“自暴者，不可与有言也；自弃者，不可与有为也。”

5 **圣人：**此处指孔子。

6 **仲尼：**孔子，名丘，字仲尼。春秋时期鲁国人，儒家学派的开创者。

7 **强戾：**强悍暴戾。

8 **商辛：**殷商末代君主，名辛，又名受，谥纣，史称帝辛、商纣王。《史记》称其“资辨捷疾，闻见甚敏，材力过人，手格猛兽，知足以距谏，言足以饰非”。

9 **“圣人以其自绝于善”二句：**此处指孔子对商纣王的批评。《易经·革卦·彖传》：“汤武革命，顺乎天而应乎人。”

10 **归：**根本、归结。

11 **革面：**意为改过。《易经·革卦》上六爻辞：“君子豹变，小人革面。”

12 以上这一章出自程颐《程氏易传》。自暴自弃常用来指人自甘落后，不求上进，而儒家学者则有比较细致的分析。朱熹说：“自暴者，便是刚恶之所为；自弃者，便是柔恶之所为也。”又说：“自暴者，有强悍意；自弃者，有懦弱意。”程颐说：“自暴者，拒之以不信。自弃者，绝之以不为。”

原文

在物为理，处物为义。[1]

动静无端，阴阳无始。非知道者，孰能识之？[2]

译文

体现在事物上面的是理，人如何对待这个事物是义。

动与静没有开端，阴与阳没有起点。如果不是懂得天道的人，谁能认识这个道理？

仁者，天下之正理，失正理则无序而不和。[3]

仁是天下的正理，失去正理就会没有秩序而不和谐。

明道先生[4]曰：天地生物，各无不足之理。常思天下君臣、父子、兄弟、夫妇，有多少不尽分处。[5]

程颢先生说：天地生成了万物，万物就没有各自不完满的理由。我常常想，天下的君臣、父子、兄弟、夫妇，有多少人没有尽到自己的本分。

注释

1 以上这一章出自程颐《程氏易传》，是阐释《易经·艮卦·彖传》"时止则止，时行则行，动静不失其时，其道光明"时所说的。按照朱熹的理解，理是事物本身的性质，义是适宜。合于义也就是自己的所作所为一方面适宜于自己的身份，一方面适宜于万事万物原本的秩序。所以朱熹说："'在物为理'，凡物皆有理，盖理不外乎事物之间。'处物为义'，义，宜也。是非可否，处之得宜，所谓义也。"

2 以上这一章出自程颐《程氏经说》。动之前是静，静之前又是动。阴之前是阳，阳之前又是阴。所以说动静与阴阳都是运行不止、圆转不已的。天道如此，人世如此，宇宙的变化也如此。

3 **序**：秩序。以上这一章出自程颐《程氏经说》。儒家认为礼针对的是社会的秩序，乐针对的是社会的和谐，叫作"礼节乐和"，而仁则是统摄礼乐的。所以孔子说："人而不仁，如礼何？人而不仁，如乐何？"

4 **明道先生**：程颢(1032—1085)，字伯淳，河南伊川(今河南伊川)人，程颐之兄，世称明道先生，与程颐并称"二程"。历任鄠县、上元县主簿，太子中允，权监察御史里行等职，为洛党领袖。著有《定性书》《识仁篇》，后人合编为《程氏遗书》《二程全书》。

5 **分**：本分、名分、职分。以上这一章出自《程氏遗书》。天地是均平的，每一事物都有其各自拥有的一份雨露润泽。万事万物既然产生，就没有欠缺，如果有不平，那一定是由于主观方面的非分之想。

原文

"忠信所以进德"[1]"终日乾乾"[2],君子当终日"对越在天"[3]也。盖"上天之载,无声无臭"[4],其体则谓之易,其理则谓之道,其用则谓之神。其命于人则谓之性,率性则谓之道,修道则谓之教。[5]孟子去其中又发挥出浩然之气,可谓尽矣。[6]故说神"如在其上,如在其左右"。大小大事而只曰"诚之不可掩如此夫"。彻上彻下,不过如此。"形而上为道,形而下为器。"[7]须着如此说。器亦道,道亦器。[8]但得道在,不系今与后、己与人。[9]

译文

孔子说过:"忠信用以进德""终日健进不已",君子应当整日依照这个话去做,如同时时面对天上的神灵一样。在天之神是无声无味的,从本体上说就称之为"易",从天理上说就称之为"道",从功用上说就称之为"神"。从赋予于人上说就称之为"性",人遵从性就称作"道",讲修道就称作"教"。孟子从其中又阐发出了"浩然之气"的道理,可以说阐发到尽头了。所以《中庸》说"天神如同在自己头顶上,如同在自己左右身边"。无论大事还是微末的小事,"自己的诚意是不能被遮掩的"。从上天的鬼神到地下的万事万物,都不过如此。《易经》中说:"形而上者谓之道,形而下者谓之器。"话语应该这样说。但是也须明白,"器"也是"道","道"也是"器"。只要"道"亘古常在,不论现在与今后、自己与他人,都只是这样。

注释

1 **忠信所以进德:**意为君子要进德修业,忠信就是在进德。语出《易经·乾卦·文言》,原文作:"君子进德修业。忠信,所以进德也;修辞立其诚,所以居业也。"

2 **终日乾乾:**语出《易经·乾卦·文言》,意为君子终日健进不已。

3 **对越在天:**语出《诗经·周颂·清庙》,原文作:"对越在天,骏奔走在庙。"意为周公祭祀文王,既上对其在天之神,又告其宗庙神主。

4 **“上天之载”二句**：语出《礼记·中庸》，意为君子之德静默无言，清明如神，而民自化。臭，同“嗅”。

5 **“其命于人则谓之性”三句**：语出《礼记·中庸》，原文作：“天命之谓性，率性之谓道，修道之谓教。”上三句说易、道、神是同一而并列的关系，这三句说性、道、教是同一而递进的关系。

6 **孟子**：名轲，战国时期邹国人，儒家学派的重要代表人物。受业于孔子之孙孔伋(字子思)，一说受业于孔伋之弟子。曾游说齐宣王、梁惠王而不果，退而与弟子万章等人讲习《诗》《书》，述孔子之意，著《孟子》七篇，汉以后析为十四篇。 **浩然之气**：正大刚直之气。

7 **“形而上为道”二句**：语出《易经·系辞上传》，原文作：“形而上者谓之道，形而下者谓之器。”“道”是抽象，“器”是具象。意为超出有形的事物之上的叫作“道”，在有形的事物之下的叫作“器”。朱熹说：“‘道’是道理，事事物物皆有个道理；‘器’是形迹，事事物物亦皆有个形迹。”

8 **“器亦道”二句**：上句话将天地万物分析为两个层面，这句话再将两个层面归纳为一个整体。朱熹说：“‘器亦道，道亦器’，有分别而不相离也。……有道须有器，有器须有道。”

9 以上这一章出自《程氏遗书》。在天之神就是天道、天理，它是存在的，但是它无声无味，没有形象可寻。但是“道”其实就在“器”之中，它并不离开万物，也并不离开人类。万物中的“理”就是“道”，人身上的“性”也就是“道”。

原文

医书言手足痿痹为不仁，此言最善名状。[1]仁者以天地万物为一体，莫非己也。认得为己，何所不至？若不有诸己，自不与己相

译文

医书中把手足的麻木、萎缩称作不仁，这句话是对不仁的最好形容。仁者将天地万物视为一体，没有什么事是和自己无关的。认识到所有事都与自己有关联，还有什么做不到的？如果不认为万事万物都与自己有关联，自然会觉得与自己不相干而无动于衷了。

干。如手足不仁，气已不贯，皆不属己。故博施济众[2]，乃圣之功用。仁至难言，故止[3]曰“己欲立而立人，己欲达而达人。能近取譬，可谓仁之方也已”。欲令如是观仁，可以得仁之体。[4]	这就像手足的不仁一样，生气已经不能从五脏贯通到全身，所以手足就都不属于自己了。所以说博加施与，救济大众，是圣人的功用。仁最难于表达，所以孔子只是说“自己想要建立的就去帮助别人建立，自己想要达到的就去帮助别人达到。学会从近前的自己身上获得省悟，就可以说是掌握了做仁者的方法了”。要让自己这样看待仁，就可以认识仁的实质了。

注释

1 **医书：**此处指《黄帝内经·素问》，书中有《痹论篇》和《痿论篇》。**痿痹：**痿，指身体筋肉的萎缩偏枯，《痿论篇》：“五脏使人痿。”痹，指由风、寒、湿引起的肿大或麻木，《痹论篇》：“痹，闭也，闭阻不通之义。”**不仁：**麻木失去知觉，《痹论篇》：“皮肤不营，故为不仁。”

2 **博施济众：**广施恩惠，拯救民众。

3 **止：**通“只”，仅仅。

4 以上这一章出自《程氏遗书》，为程颢所说。“仁”字有一种古体写作“忎”。程颢此处用中医称手足麻木为不仁，认为仁应该像天地生育万物一样，重要的是施与，而不是得到；重要的是建立自己与万事万物的联系，也就是关怀万事万物的责任心，而不是将自己与事物剥离开。爱人待物犹如自己的身体一样，有了关怀，就有生气贯通而不会麻木了。朱熹曾经批评为官之人的麻木不仁，即由不知痛痒而论，指出：“而今官员不论大小，尽不见客。敢立定某日见客，某日不见客。甚至月十日不出，不知甚么条贯如此。是礼乎？法乎？可怪！不知出来与人相应接少顷，有甚辛苦处？使人之欲见者等候不能得见，或有急干欲去，有甚心情等待？欲吞不可，欲吐不得，其苦不可言！此等人，所谓不仁之人，心都顽然无知，抓着不痒，掐着不痛矣！”

原文

生之谓性[1]。性即气，气即性，生之谓也。[2]人生气禀[3]，理有善恶[4]。然不是性中元有[5]此两物相对而生也。有自幼而善，有自幼而恶，是气禀有然也。善固性也，然恶亦不可不谓之性也。盖生之谓性，“人生而静”[6]，以上不容说[7]，才说性时便已不是性也。凡人说性，只是说“继之者善也”[8]。孟子言性善，是也。夫所谓“继之者善也”者，犹水流而就下也。皆水也，有流而至海终无所污，此何烦人力之为也？有流而未远固已渐浊，有出而甚远方有所浊。有浊之多者，有浊之少者。清浊虽不同，然不可以浊者不为水也。如此，则人不可以不加澄治之功。故用力敏勇则疾清，用力缓怠则迟清。及其清也，则却只是元初[9]

译文

生命就叫作性。性就是生命之气，生命之气就是性，是生命一旦诞生就有的。人出生既然各自接受生命之气，自然就会各有善恶。但不是在性之中原本就有善和恶两种因素互相对立而产生的。有的人从小就善，有的人从小就恶，这是各自接受不同的生命之气的缘故。善固然出于本性，然而恶也不可以说不是出于本性。因为生命就叫作性，“人的生命一旦诞生出来便是纯静的”，在此纯静之前的事情是不能够用语言描述的，语言一说到性就已经不是原本纯静的性了。凡是讨论性，只是从性已经形成、“接下来的是善”说起。孟子主张“性善”，是对的。所谓“接下来的是善”的含义，是说人接受善如同水向下面流一样。同样都是水，有的一直流到大海中也没有什么污浊，这水流是自己一直流去的，何曾劳烦人力去做呢？有的水流流得不远就渐渐污浊了，有的水流流得很远才有污浊。有的污浊多，有的污浊少。清洁和污浊虽然各有不同，但并不能因为它污浊就说它不是水了。这样说来人就不能不对自己施加澄清治理的功夫。所以有的人用力勤敏奋勇就澄清得快，有的人用力缓慢懈怠就澄清得慢。等到澄清了以后，那就都是原本的水。不是用清水来换掉浊水，也不是水也。不是将清来换却浊，亦不是取出浊来置在一隅也。水之清，则性善之谓也。故不是善与恶在性中为两物相对，各自出来。此理，天命也；顺而循之，则道也；循此而修之，各得其分，则教也。[10] 自天命以至于教，我无加损焉。此"舜有天下而不与焉"者也。[11]

取出浊水放在一边。水原本是清净的，这就是性原本善的意思了。所以说不是善与恶在性之中是互相对立的两种因素，会各自的流露出来。性善的本性，是上天所赋予的；沿着上天所赋予的而行，就是合于道；遵循道来修习，并参照其各自的情况，就是教化。从人禀受性善一直到各自的修习，我并没有去增加或者减少。这也就是孔子所说的"虞舜没有求得天下便拥有了天下"的意思了。

注释

1 **生之谓性：**语出《孟子·告子上》。告子由字义立论，"性"字从心从生，本义由"生"而来，所以"性"就是"生"。陈淳《北溪字义》："性字从生从心，是人生来具是理于心，方名之曰性。"孟子批驳告子。程朱与孟子的论述略有不同。

2 **"性即气"三句：**朱熹说："性者，人之所得于天之理也；生者，人之所得于天之气也。性，形而上者也；气，形而下者也。人物之生，莫不有是性，亦莫不有是气。"

3 **禀：**禀赋、接受、承受。

4 **理有善恶：**此处"理"字意为理当如此、应当如此。朱熹说："此'理'字不是说实理，犹云理当如此。……'理'只作'合'字看。"

5 **元有：**原有。

6 **人生而静：**语出《礼记·乐记》："人生而静，天之性也。感于物而动，性之欲也。""人生"指人的生命从无到有具有了生命，不是指从母腹中降生。"静"是纯静，生命形成之时没有任何规定性，没有任何规定性就是善，也就是诚。

7 **不容说**：意为语言无法彻底表达。

8 **继之者善也**：语出《易经·系辞上传》："一阴一阳之谓道，继之者善也，成之者性也。"

9 **元初**：原初。

10 **"此理，天命也"至"则教也"**：语出《礼记·中庸》："天命之谓性，率性之谓道，修道之谓教。""教"本义为孝，即效法天地之道而建立人道，人道又称为人文、文化、文明或教化。

11 **舜有天下而不与焉**：语出《论语·泰伯》："巍巍乎，舜、禹之有天下也而不与焉！"舜，帝舜，姚姓，有虞氏，名重华，史称虞舜、帝舜。上古帝王，《史记·五帝本纪》所载五帝之一。事迹见《尚书·尧典》《尚书·舜典》。以上这一章出自《程氏遗书》，为程颢所说。孟子说人性"非由外铄我也，我固有之也"，荀子说"凡性，天之就也不可学，不可事"，"生之所以然者谓之性"，"不事而自然谓之性"。人性也可称之为天性、本性，它是带有普遍性的，是恒久不变的，具有终极的根据。但是这恒久不变的人性说到底是倾向于善还是倾向于恶？程颢说"恶亦不可不谓之性也"，与孟子略有不同，不过儒家所强调的都是人应该依据天道而勤勉地修习，这是最终的归结。

原文

观天地生物气象。[1]

万物之生意最可观，此"元者善之长也"，斯所谓仁也。[2]

满腔子是恻隐之心。[3]

天地万物之理，无独，必有对，皆自然而然，非有安排也。[4]每中

译文

要观察天地生化万物的生机旺盛的状态。

万物的生机最为可观，这万物资始的"元是诸善中最大的善"，这就可称之为仁了。

满身都是恻隐之心。

天地间万事万物的事理，没有独自存在的，必定会有另一个和它成对，这些都是自然而然产生的，并不是谁的有意安排。每到半夜思考至此，我都会手舞足蹈，情不

夜以思，不知手之舞之足之蹈之也。[5]

中者，天下之大本，天地之间，亭亭当当、直上直下之正理。[6]出则不是。惟“敬而无失”最尽。[7]

自禁地感到欣喜。

中道是天下最根本的原则，是天地之间最为平稳妥当、不偏不倚的正理。偏离了就不对了。只有“恭敬而不要失礼”这句话能完全表达持中的含义。

注释

1 **气象：**指自然界生机旺盛的状态。以上这一章出自《程氏遗书》，为程颢所说。

2 **生意：**生机、生长的状态。以上这一章出自《程氏遗书》，为程颐所说。“元”的意思是万物之本，因此而有无限的宇宙生成，所以说它是“善之长”。朱熹解释这段话说：“物之初生，其本未远，固好看。及干成叶茂，便不好看。……万物之生，天命流行，自始至终，无非此理；但初生之际，淳粹未散，尤易见尔。只如元、亨、利、贞皆是善，而元则为善之长，亨、利、贞皆是那里来。仁、义、礼、智亦皆善也，而仁则为万善之首，义、礼、智皆从这里出尔。”

3 **腔子：**指人的躯体。 **恻隐：**哀痛、同情。以上这一章出自《程氏遗书》。

4 **理：**此处指个别的事理，而非天理。 **独：**独一、独自。 **对：**对偶。

5 **中夜：**半夜。 **不知手之舞之足之蹈之也：**形容极其欣喜的情状。以上这一章出自《程氏遗书》，是对万物自然和谐有序的赞叹。

6 **中：**意思是不喜不怒，不哀不乐，不偏不倚，无过无不及。 **亭亭当当：**平稳、妥当。又作亭当、停当、四亭八当。《朱子语类》：“问亭亭当当之说，曰：此俗语也，盖不偏不倚，直上直下之意也。” **直上直下：**形容道体透彻明白。《朱子语类》：“仁是直看，直上直下只一个道理。”“‘敬以直内，义以方外’，直，是直上直下，胸中无纤毫委曲。”

7 以上这一章出自《程氏遗书》，是程颢在阐述《中庸》时所说的。程颢用《论语》的意思阐释《中庸》之“中”，将“中”的原则归结为敬和礼，这就比较易于把握了。张伯行说:“此言未发之中,勉人当敬而无失也。万物莫不本于天,万事莫不本于性。喜怒哀乐未发之时,天命之性,即此而在,不偏不倚,无过不及,恰在中间,故曰中者天下之大本。”

原文

伊川先生曰:公则一,私则万殊[1]。“人心不同如面”,只是私心。[2]

凡物有本末[3],不可分本末为两段事。“洒扫应对”,是其然,必有所以然。[4]

杨子拔一毛不为,墨子又摩顶放踵为之,此皆是不得中。[5]至如子莫执中,欲执此二者之中,不知怎么执得?[6]识得则事事物物上皆天然有个中在那上,不待人安排也。安排着则不中矣。[7]

译文

程颐先生说:公正使天下和谐一致,私欲使人人都有分别。古人说“人心不同如面”,只是由于存有私心。

凡是事物都有本有末,不可以把一件事中的本和末分成两件事。子夏门人的“洒扫应对”,是子夏教育门人的结果,那么必定还有其达到这一步的原因。

杨朱主张即使是拔一根毫毛之劳,然而是为了有利于天下,也不去做,墨翟却又宁肯摩秃头顶、磨破脚跟,也要做有利于天下的事,这都是没能行于中道。至于子莫维持中和专一,想要中和这两派主张,不知道他怎么能够中和?认识到了天理,那么事事物物上面都有一个天然的“中和”,不需要人去求。去求就不是中和了。

注释

1 **万殊:**指各种不同的事物。

2 **人心不同如面:**人心就像人的面孔一样各个不同。以上这一章出自《程氏遗书》。子产所说的“人心之不同如其面焉”,后来演变为成语“人心不同如面”,其意如同民间《增广贤文》所说“知人知面不知心”,是一种可怕的人际关系。从程颐这段话中可以看出他对“人心不同如面”的悲哀。

3 **本末**:本义为树根与树梢。

4 **洒扫应对**:语出《论语·子张》:"子游曰:'子夏之门人小子,当洒扫、应对、进退则可矣,抑末也。本之则无,如之何?'"朱熹注解说:"子游讥子夏弟子,于威仪容节之间则可矣,然此小学之末耳,推其本,如大学正心诚意之事,则无有。"以上这一章出自《程氏遗书》。《易经·系辞下传》说"精义入神",学者认为"精义入神"是本,"洒扫应对"是末,但事虽有本末,理却无本末,"洒扫应对"是敬,"精义入神"是诚,"洒扫应对"的敬根源于"精义入神"的诚,而"精义入神"的诚也必须待"洒扫应对"的敬来反映。所以程颐说不可分为两段,"洒扫应对"与"精义入神"贯通只是一理。

5 **杨子**:杨朱,战国初道家人物,主张"为我""重己""贵生"。言论事迹散见于《列子》《庄子》《孟子》《韩非子》《吕氏春秋》和《淮南子》等书中,《列子》中有《杨朱篇》。 **拔一毛不为**:语出《孟子·尽心上》,形容极端吝啬。 **墨子**:墨翟,春秋末思想家,墨家学派的创始人物,主张"尚贤""尚同""兼爱""节用""节葬""非攻"。今存《墨子》五十三篇。 **摩顶放踵为之**:语出《孟子·尽心上》,原文作:"墨子兼爱,摩顶放踵利天下为之。"摩顶放踵,摩秃头顶和磨破脚跟。

6 **子莫**:战国时学者,汉赵岐《孟子注》以为鲁之贤人,罗根泽以为即《说苑·修文篇》中所说的颛孙子莫。 **执中**:语出《孟子·尽心上》:"子莫执中,执中为近之。执中无权,犹执一也。所恶执一者,为其贼道也,举一而废百也。"赵岐《孟子注》解释为其性中和专一。

7 以上这一章出自《程氏遗书》。子莫和儒家都讲"中",但是所讲的意思是不一样的。程颐这段话就是意在说明子莫是在杨朱和墨翟两家之间作一调和,并且他的"中"又是由"执"而求得的,说到"执"就有人为的意愿在里面了。

原文

问:时中[1]如何?曰:"中"字最难识,须是默识

译文

弟子问:"时中"应当怎么做?程颐先生说:"中"字最难领会,必须默记心

心通。且试言：一厅则中央为中；一家则厅中非中而堂为中；言一国[2]则堂非中而国之中为中。推此类可见矣。如"三过其门不入"[3]，在禹[4]、稷[5]之世为中，若"居陋巷"[6]，则非中也。"居陋巷"，在颜子[7]之时为中，若"三过其门不入"，则非中也。[8]

领。姑且举一厅为例，一厅的中央是中，在整座庭院里厅就不是中而堂屋是中，再到整座城邑则堂屋又不是中而城邑的中心是中。依此类推就可见"中"的情状。比如夏禹在外奔波，"三过家门而不入"，在夏禹、后稷那个隆盛的时代是"中"，如果"居陋巷"就不是"中"了。颜回居家避世，"居于陋巷"，在颜回那个衰乱的时代是"中"，如果"三过家门而不入"就不是"中"了。

注释

1 **时中：**随时处于中和。《礼记·中庸》："君子之中庸也，君子而时中。"朱熹解释说："盖中无定体，随时而在，是乃平常之理也。君子知其在我，故能戒谨不睹、恐惧不闻，而无时不中。"

2 **国：**此处指国都、城邑。

3 **三过其门不入：**指夏禹在外奔波三次路过家门而不回家的事例。《孟子·滕文公上》："当尧之时，天下犹未平，洪水横流，泛滥于天下。……当是时也，禹八年于外，三过其门而不入。"

4 **禹：**夏禹王，夏朝的开国之君。尧舜时天下发洪水，禹继承其父鲧担任司空之官，劳身焦思，居外十三年，过家门不敢入。开九州，通九道，陂九泽，度九山，最终治平洪水。最终，他接受帝舜的禅让成为天子，死时，将天子之位传给其子启，建立夏朝。《尚书·夏书》《史记·夏本纪》等记载其事。

5 **稷：**后稷，名弃，周人的祖先，在尧舜时为臣，掌管农业种植，担任后稷之官。《孟子·滕文公上》："后稷教民稼穑，树艺五谷，五谷熟而民人育。"

6 **居陋巷：**颜回安居家中不求仕的事例。《论语·雍也》："子曰：'贤哉，回也！一箪食，一瓢饮，在陋巷，人不堪其忧，回也不改其乐。'"

7 **颜子:**颜回,字子渊,又称颜渊,春秋末鲁国人,孔子弟子。年二十九而发白,三十一岁而早死。以德行著名,孔子称之为仁。

8 以上这一章出自《程氏遗书》。这段话讲中道须随着社会时代的变化而变化。时势不同,“中”之所在亦有所不同。孔颖达曾将时势区分为四种状态:“时运虽多,大体不出四种者:一者治时,颐养之世是也;二者乱时,大过之世是也;三者离散之时,解缓之世是也;四者改易之时,革变之世是也。”

原文

无妄之谓诚,不欺其次矣。[1]

冲漠无朕[2],万象森然已具。未应[3]不是先,已应不是后。如百尺之木,自根本至枝叶,皆是一贯。不可道上面一段事无形无兆,却待人旋安排,引入来教入途辙。[4]既是途辙,却只是一个途辙。[5]

近取诸身[6],百理皆具。屈伸往来之义[7],只于鼻息之间见之。屈伸往来,只是理,不必将既屈之气,复为方伸之气。生生之理,自然不息。如《复卦》言“七日来

译文

无妄叫作诚,不欺在其次了。

天地之理是虚寂无形的,万事万物就已然有形有象的存在着了。事物还没有出现,没有与此一事物之理应和,并不是此一事物走在了前面;事物已经出现,已经与此一事物之理应和,并不是此一事物落在了后面。如同一棵百尺高的树木,从树根、树干到树枝、树叶,都是连贯相通的。不能说天地万物之理无形迹、无征兆,却要等待人来随意安排,好比有了车,再去造一条车辙。既然有了车,车行之处就必然会有车辙了。

近则取法于自身,各种事理在此都已具备了。天道辟阖、运转、变化的道理,由鼻子进出的气息就可以见出了。事理就像气息一样屈伸往来,所不同的只是事理,不像气息那样在吸气吸到尽头时,再开始呼气。万物生发之理,是自然而不停息的。如同《易经·复卦》所说的“七天以后又循环

复”，其间元不断续，阳已复生。[8]“物极必返”[9]，其理须如此。有生便有死，有始便有终。[10]

回来”，其间原本不间断，阳气就已经产生了。“事物发展到极端就必定要向相反的方向转化”，事理都该是这样的。有诞生就有死亡，有开始就有结束。

注释

1 **无妄：**纯粹无伪，又为《易经》卦名。理学家认为“诚”是天地万物的自然之理，所以“不勉而中，不思而得”，与平常意义的诚实不欺有别。“不欺”是就具体的人或事而言，是平常意义的诚实，而“无妄是兼天地万物所同得底浑沦道理”，是“四面八方都去得”。“无妄是自然之诚，不欺是着力去做底。”“谓圣人为无妄则可，谓圣人为不欺则不可。” **诚：**儒家以“诚”为自然界和人类社会的最高道德范畴。《礼记·中庸》：“诚者，天之道也；诚之者，人之道也。诚者，不勉而中，不思而得，从容中道，圣人也。”以上这一章出自《程氏遗书》，为程颐解答弟子疑问之语。当时李邦直云：“不欺之谓诚，便以不欺为诚。”徐仲车云：“不息之谓诚。”二人向程颐请教。

2 **冲漠无朕：**虚静空阔，无形无迹。冲，空虚、渊深；朕，形迹、征兆。张伯行解释说：“泉之未发曰冲，沙地旷远曰漠，物之始生曰朕。冲漠无朕，总以形容本体之浑然耳。”

3 **应：**应和，此处指事与理的吻合。

4 **上面一段事：**指天地万物之理的存在。 **旋：**漫然、随意。 **途辙：**路途和车辙。

5 **“既是途辙”二句：**朱熹解释为：“未应如未有此物，而此理已具。到有此物，亦只是这个道理。……且如未有途辙，而车行必有途辙之理。”以上这一章出自《程氏遗书》。

6 **近取诸身：**近则取法于自身。

7 **屈伸往来之义：**天道辟阖、运转、变化之理。

8 **《复卦》：**《易经》六十四卦之第二十四卦，《震》下《坤》上。 **七日来复：**

指阳气自剥尽至复来共七天。

9 **物极必返**:事物发展到极限必然向相反的方向转化。

10 以上这一章出自《程氏遗书》,是程颢阐释《易经·咸卦》和《易经·复卦》时所说的。其意是说人的身心与天地万物完全融通,由人的自身感悟就可以达到认识宇宙万物的目的,而且宇宙万物与人的身体一样,是生生不已,运转不停的。

原文

明道先生曰:天地之间,只有一个感与应而已,更有甚事?[1]

问仁,伊川先生曰:此在诸公自思之。将圣贤[2]所言仁处类聚观之,体认出来。孟子曰:"恻隐之心,仁也。"后人遂以爱为仁。爱自是情,仁自是性,岂可专以爱为仁?孟子言:"恻隐之心,仁之端也。"既曰仁之端,则不可便谓之仁。退之言"博爱之谓仁",非也。[3]仁者固博爱,然便以博爱为仁则不可。[4]

译文

程颢先生说:天地之间,只有一个感动和响应罢了,还有什么事呢?

弟子问什么是仁?程颐先生回答说:这个要由你们自己来思索。将孔子和孟子所说过的讲仁的话,分门别类地汇集在一起观看,体会认识出来。孟子说:"恻隐之心,是仁。"后人却以爱为仁。爱本是情,仁本是性,怎么能仅仅以爱作为仁呢?孟子说:"恻隐之心,是仁的开始。"既然说它是仁的开始,就不能说它就是仁。韩愈说"博爱叫作仁",这是不对的。仁者固然会博爱,然而因此就把博爱当作仁是不可以的。

注释

1 以上这一章出自《程氏遗书》,是程颢阐释《易经·咸卦》时所说的。其意是说天地间万事万物都是互为因果而相互感应的。朱熹说:"盖阴阳之变化,万物之生成,情伪之相通,事为之终始,一为感则一为应,循环相代,所以不已也。……事事物物,皆有感应。寤寐、语默、动静亦然。

譬如气聚则风起，风止则气复聚。”

2 **圣贤**：此处指孔子和孟子。

3 **退之**：韩愈，字退之。河南河阳（今河南孟州）人。先世居昌黎，故世称韩昌黎。卒谥文，世又称韩文公。历官国子祭酒、吏部侍郎、御史大夫，志于继承儒家道统，尊孟子，著有《原道》《原性》《原人》《师说》等，工散文，居“唐宋八大家”之首，有《昌黎先生集》传世。**博爱之谓仁**：见韩愈《原道》：“博爱之谓仁，行而宜之之谓义，由是而之焉之谓道，足乎己无待于外之谓德。”

4 以上这一章出自《程氏遗书》。程颐阐释了“仁”是比恻隐之心和爱心还要高一层次的境界。仁是本体性的，是与天道合一的，而恻隐之心只是仁的开始，爱与博爱只是仁的表现。

原文

问：仁与心[1]何异？曰：心譬如谷种，生之性便是仁。阳气发处，乃情也。[2]

义训宜，礼训别，智训知，仁当何训？[3]说者谓训觉、训人，皆非也。[4]当合孔孟言仁处，大概研穷之，二三岁得之，未晚也。[5]

性即理也。天下之理，原其所自，未有不善。“喜怒哀乐未发”，何尝不善？“发而中节”，则无往而不善。凡言善恶，皆先善而后恶；言吉凶，皆

译文

弟子问：仁与心有什么不同？程颐回答说：心譬如是谷子的种子，具有生长的本性就是仁了。至于遇到暖气就生长出来，那是情了。

义解释为合宜，礼解释为分别，智解释为知晓，仁应当解释为什么呢？有人说解释为知觉、为亲人，都是不对的。应当把孔孟讲仁的话合在一起，做一总体的研究，穷根究底，两三年后得到解释也不算晚。

性就是理。天下的事理，推溯它刚发生的时候，没有不是善的。《中庸》说“喜怒哀乐之未发”，没发出来怎么会有不善？“发而皆中节”，都符合节奏自然是无一不善。凡是说到善恶，都是先说善后说恶；

先吉而后凶；言是非，皆先是而后非。[6]

说到吉凶，都是先说吉后说凶；说到是非，都是先说是后说非。

注释

1 **心**：此处指孟子所说的良心。《孟子·告子上》："仁，人心也。"又说："虽存乎人者，岂无仁义之心哉？"朱熹解释说："良心者，本然之善心，即所谓仁义之心也。"

2 **阳气**：春天的暖气。以上这一章出自《程氏遗书》，为程颐所说。这段话中程颐分析了心、仁、情三者的区别。"心"是实体，"仁"是本性，"情"是流露出来的表现。朱熹说："'仁'字是虚，'心'字是实。"儒家认为人性本善，所以人的本心便是仁。如果某人之心不善，那么一定是他没有保持住本心。

3 **训**：训诂，又称训故，以今字解释古字的字义。张伯行《近思录集解》："训，犹解也，以此字之义通乎彼字之义而得其解也。"但儒家训诂多重在义理，而非全然由文字学作出解释。 **宜**：适宜、合宜。儒家以人的行为合于名分为义，所以"义"解释为合宜。 **别**：分别、差别。儒家以人的行为举止符合各自的名分为礼，所以"礼"解释为分别。

4 **觉**：知觉。"说者"指二程的弟子谢良佐，他认为无物欲之蔽，疾痛疴痒，触之即觉，即是仁。朱熹说："仁固有知觉，唤知觉做仁却不得。" **人**：亲人。《中庸》："子曰：'仁者，人也，亲亲为大。'"

5 以上这一章出自《程氏遗书》。仁的本义据孔子解释为"亲亲"，即父子间的亲子关系。后又引申为所有人，即"泛爱众"和"老吾老以及人之老，幼吾幼以及人之幼"。孟子及宋明理学家又往往称仁为天道。儒家原本是最注重人文、人道的，程颐之所以反对将仁训为"觉"和"人"，是因为他认为仁具有比这两者更为丰富的内涵。张伯行说："仁道甚广大精微，圣贤随时言仁，各有所指，若不类聚观之，单执一说，则既失之偏，而前后亦相枘凿。……仁、义、礼、智，皆吾心之天理，而仁包乎三者，其道至大，故三者易训，而仁难训。……仁则非可以一字训也……当合孔孟之言仁处，类聚而观之。"

6 以上这一章出自《程氏遗书》，为程颐所说。这段话历来被认为阐述了程颐的重要思想。朱熹说："程子'性即理也'，此说最好。""程子云：'性即理也。'此言极无病。""伊川'性即理也'，横渠'心统性情'，二句'颠扑不破'。""伊川'性即理也'四字，颠扑不破，实自己上见得出来。""自孔孟后无人见得到此，亦是从古无人敢如此道。""'性即理也'一语，直自孔子后，惟伊川说得尽。这一句便是千万世说性之根基。"

原文

问：心有善恶否？曰：在天为命，在义为理，在人为性，主于身为心，其实一也。心本善，发于思虑则有善有不善。若既发则可谓之情，不可谓之心。譬如水，只可谓之水。至如流而为派，或行于东，或行于西，却谓之流也。[1]

性出于天，才[2]出于气。气清则才清，气浊则才浊。才则有善有不善，性则无不善。[3]

性者自然完具[4]。信[5]只是有此者也。故四端不言信。[6]

心，生道也。[7]有[8]是心，斯具是形以生。恻隐

译文

弟子问：心有善恶吗？程颐回答说：在天而言叫作命，在义而言叫作理，在人而言叫作性，主导人的身体的是心，名称虽不同，其实都是一个。心原本善，经过思虑而发出来就有的善有的不善。如果已经发出来了，就称之为情，不可以再叫作心。譬如水，只能叫作水。至于说水流动起来，成为了支流，或者流向东，或者流向西，就只称作流了。

本性原于天，品质原于气。气清品质就清，气浊品质就浊。品质有的善有的不善，本性则没有不善的。

对于"性"的认识，已经有了仁、义、礼、智四端的分别阐释，自然是完备的了。"信"是具有这四端的前提。所以四端里没有"信"。

天地有仁心，才有天地生化万物之道。人类禀受了此心，才具有了人的形体而降生下来。所以人类有恻隐之心，也就

之心，人之生道也。[9]	是人类的生长化育之道。

注释

1 **派：**支流。以上这一章出自《程氏遗书》，为程颐所说。

2 **才：**材质、品质。杨伯峻《孟子译注》引许慎《说文解字》"才，草木之初也"，说："草木之初曰才，人初生之性亦可曰才。"

3 以上这一章出自《程氏遗书》，是程颐由《孟子》中论"才"的一句话而引发的，但二人对于"才"的解释各不相同。《孟子·告子上》说："乃若其情，则可以为善矣，乃所谓善也。若夫为不善，非才之罪也。"情、才均指资质，也就是人的本性。程颐所说的才则是人的后天品质。如朱熹所说："问：性之所以无不善，以其出于天也。才之所以有善有不善，以其出于气也。要之，性出于天，气亦出于天，何故便至于此？曰：性是形而上者，气是形而下者。形而上者全是天理，形而下者只是那查滓。至于形，又是查滓至浊者也。"可见"才"已离开"性"很远，所以对"才"便有清浊、昏明、高下、贤愚等很多种区分。对"才"与"性"做出这样细致分析的目的，归根结底不是为了替古人定善恶，而是要帮助学者自勉。所以朱熹说："盖气质所禀虽有不善，而不害性之本善；性虽本善，而不可以无省察矫揉之功。学者所当深玩也。"

4 **完具：**完备。

5 **信：**诚实。儒家以仁、义、礼、智、信合称五常。董仲舒《举贤良对策一》："夫仁、谊、礼、智、信，五常之道，王者所当修饬也。"

6 **四端：**儒家以仁、义、礼、智合称四端。《孟子·公孙丑上》："恻隐之心，仁之端也；羞恶之心，义之端也；辞让之心，礼之端也；是非之心，智之端也。人之有是四端也，犹其有四体也。"以上这一章出自《程氏遗书》，为程颐所说。这段话程颐所说过于简约，主语有所省略，以致从字面上难于联缀。叶采解释说："仁、义、礼、智，分而言之，则四者各立，自然完具。实有是四者，则谓之信。故信无定位。"这样就易于贯通了。这段话的用意，则以薛瑄的解释为佳。薛瑄《读书续录》说："程子曰'四端不言信者'，既有诚心为四端，则信在其中矣。愚谓若无诚心，则四端亦无矣,故学道以诚心为本。”

7 **心,生道也:**此处“心”既指天心,又指人心。

8 **是:**代词,此、这。下同。

9 以上这一章出自《程氏遗书》,为程颐所说。

原文

横渠先生曰:气坱然太虚,升降飞扬,未尝止息。[1]此虚实动静之机,阴阳刚柔之始。浮而上者阳之清,降而下者阴之浊。其感遇聚结为风雨,为霜雪。万品之流行,山川之融结,糟粕煨烬,无非教也。[2]

游气[3]纷扰,合而成质者,生人物之万殊。其阴阳两端,循环不已者,立天地之大义。[4]

译文

张载先生说:元气盛大氤氲充满太空,上升下降地飞扬,从没有停止的时候。这是虚与实、动与静变化的契机,阴与阳、刚与柔交融的开端。浮到上面来的是阳气中清细的部分,降到下面去的是阴气中粗浊的部分。阳气与阴气互相感触,聚结在一起,形成了风和雨,形成了霜和雪。万物的流变,山川的交汇,糟粕与尘埃,无一不是在讲说天理。

四散流动的元气互相搅扰,聚合起来形成了有形体的事物,生出了人与物的万千差别。阴气与阳气这两种主体,日夜循环不停,形成了天地间的重要义理。

注释

1 **横渠先生:**张载(1020—1077),字子厚,凤翔郿县(今陕西眉县)横渠镇人,世称横渠先生。讲学关中,故其学派被称作“关学”。历官著作佐郎、崇文院校书、知太常礼院。著有《西铭》《正蒙》《易说》等,合编为《张子全书》。　**气:**元气。张载认为元气是充塞宇宙的实体,《正蒙·乾称》说:“凡可状,皆有也。凡有,皆象也。凡象,皆气也。”又认为无形的太虚也是气,《正蒙·太和》说“虚空即气”“太虚无形,气之本体”。他认为虚空是元气分散而未聚的本来状态,由元气的聚散便形成了种种事物。 **坱(yǎng)然:**茅星来《近思录集注》说:“盛大氤氲之貌。” **太虚:**太空。

2 **万品:**万物。品,品类。 **煨烬:**灰烬、尘埃。 **教:**教化、文化。以上这一章出自张载《正蒙·太和》。张载的学说是以《易经》为宗,以《中庸》为体,他关于太虚中充满元气的阐述别具一格,更为直观,更具有说服力。所以有人评价说:“此章最好看。此是张子一生学力之所至如是。常人者虽日见之,不就以知其味。唯张子深识之。此其所见尽高。古人日用之际,无处而不察道体之趣味也。”(日本泽田武冈《近思录说略》)但张载所谓元气充满太虚的思想,与二程认为性理充满天地的思想其实是一致的,元气的运转也就是道体的流行。

3 **游气:**四散而参差不齐的元气。朱熹说:“昼夜运而无息者,便是阴阳之两端。其四边散出纷扰者,便是游气。”

4 以上这一章出自《正蒙·太和》,阐述元气在构成宇宙时,由主体的阴阳二气构成大义,另由四散的元气构成细小差异的情况。

原文

天体物不遗[1],犹仁体事而无不在也。“礼仪三百,威仪三千。”[2]无一物而非仁也。“昊天曰明,及尔出王。昊天曰旦,及尔游衍。”[3]无一物之不体也。[4]

鬼神者,二气之良能也。[5]

物之初生,气日至而滋息;物生既盈,气日反而游散。[6]至之谓神,以其伸也;反之谓鬼,以其归也。[7]

译文

天运行万物而无所遗忘,犹如仁推行万事而无所不在。“《周礼》有三百个官职,《仪礼》有三千件事。”没有一个事物不是由仁推行出来的。“昊天光明,与你一起出入往来。昊天光明,与你一起游动衍溢。”没有一个事物上天不在运行。

鬼神,是阴气与阳气天然具备的能力。

事物刚产生时,元气一天天来到而增长;事物成长到完满以后,元气一天天返回而离散。来到叫作“神”,因为元气在“伸”;返回叫作“鬼”,因为元气在“归”。

注释

1 **体**:运行、实行。《淮南子·泛论训》:"故圣人以身体之。"高诱注:"体,行。"朱熹将体解释为基骨,则于运行、推行之外又有主导、主宰与支撑、支持的意思。朱熹说"体物,犹言为物之体","体物,犹言干事,事之干也","凡言体者,必是做个基骨也"。

2 **"礼仪三百"二句**:语出《礼记·中庸》,原文作:"大哉圣人之道,洋洋乎,峻极于天!优优大哉,礼仪三百,威仪三千,待其人然后行。"礼仪,指《周礼》,其中有三百六十个官职,举其成数为三百。威仪,指《仪礼》,共十七篇,所记有三千件事。

3 **"昊天曰明"四句**:语出《诗经·大雅·板》。意为天道与人同在、无所不在。及,与。出王,出入往来,王,通"往"。旦,明。游衍,游动衍溢。

4 以上这一章出自《正蒙·天道》。

5 **二气**:阴气与阳气。 **良能**:天生具备的能力。《孟子·尽心上》:"人之所不学而能者,良能也。"朱熹解释说:"良者,本然之善也。"以上这一章出自《正蒙·太和》。张载用阴阳解释鬼神,认为阴阳天然地具备"鬼神"这种性质,并非有意安排,也非无迹可寻。所以朱熹评价说程颐"鬼神者,造化之迹也"的阐述比较"浑沦",而张载的阐述比较"分明""分晓"。"'鬼神,造化之迹。'造化之妙,不可得而见,于其气之往来屈伸者足以见之。微鬼神,则造化无迹矣,横渠'物之始生'一章,尤说得分晓。"

6 **气**:元气。 **滋息**:增长。

7 **伸**:与"神"同音,故此处以二字互释。 **反**:同"返"。 **归**:与"鬼"同音,故此处以二字互释。以上这一章出自《正蒙·动物》。张载在阐述了鬼神与阴阳二气的关系后,进一步阐述了什么是"鬼神"。鬼神就是"归伸",也就是阴阳二气的往来屈伸,这样的阐释就比较清晰和易于领会了。如朱熹所举例的:"气之方来皆属阳,是神;气之反皆属阴,是鬼。日自午以前是神,午以后是鬼。月自初三以后是神,十六以后是鬼。……草木方发生来是神,凋残衰落是鬼。人自少至壮是神,衰老是鬼。鼻息呼是神,吸是鬼。"又说:"人死便是归,祖考来格便是伸。"

原文

性者，万物之一源，非有我之得私也。惟大人[1]为能尽其道，是故立必俱立，知必周知，爱必兼爱，成不独成。彼自蔽塞而不知顺吾理者，则亦末如之何矣。[2]

一故神。[3]譬之人身，四体皆一物，故触之而无不觉，不待心使至此而后觉也。此所谓"感而遂通""不行而至，不疾而速"也。[4]

心，统性情者也。[5]

凡物莫不有是性。由通蔽[6]开塞，所以有人物之别；由蔽有厚薄，故有知[7]愚之别。塞者牢不可开，厚者可以开而开之也难，薄者开之也易，开则达于天道，与圣人一。[8]

译文

在天性上面，万物都有同样的来源，不是我所私自拥有的。只有有德有位的"大人"才能穷尽这个道理，所以"大人"建立就与万物一起建立，认知就与万物一起认知，慈爱就与万物一起慈爱，成就便不只成就他自己。那些自我蔽塞而不知道顺应我所讲的道理的人，我也不能把他们怎么样。

同一所以神妙。譬如人的身体，四肢都是同一个事物，所以触动哪里都不会不觉察，不必等待心智到来这里然后才觉察。这就是"由感应而通达""不行走而到达，不疾忙而快速"的意思了。

心，是统管性和情的。

凡是事物没有不具备天性的。由于开通、蔽塞的情况不同，所以有了人与物的差别；由蔽塞的厚薄程度不同，所以有了聪明与愚笨的差别。完全蔽塞的就牢固不能开通了，蔽塞较为深厚的可以开通但比较困难，蔽塞较为浅薄的开通就容易，开通了就达到天道和圣人为一了。

注释

1 **大人：**有德有位的人。《易经》中九五爻、九二爻均称为大人。九二虽无人君之位，而有人君之德，所以也称大人。《易经·乾卦·文言传》："夫大人者，与天地合其德。"

2 以上这一章出自《正蒙·诚明》，其意是要人自勉。万物具有同一本性，他人有的我也已有了，那么由自身的反省已可以体悟道理，完全不必等待他人的教导而自我蔽塞了。

3 **一**：同一、太一。 **神**：神妙、神奇。

4 **"不行而至"二句**：语出《易经·系辞上传》，原文作："夫易，圣人之所以极深而研几也。唯深也，故能通天下之志；唯幾也，故能成天下之务；唯神也，故不疾而速，不行而至。"以上这一章出自张载《易说·系辞上》。阴阳看似有两个，却又合而同一。可以由一而二，也可以由二而一，所以说它"神妙"。张载《易说·说卦》及《正蒙·参两》"一故神"一句后，又有"两在故不测，两故化，推行于一"数语，朱熹称其"说得极好，须当子细看"。"只是这一物，却周行乎事物之间。如所谓阴阳、屈伸、往来、上下，以至于行乎什伯千万之中，无非这一个物事，所以谓'两在故不测，两故化'，注云推行乎一'。凡天下之事，一不能化，惟两而后能化。且如一阴一阳，始能化生万物。虽是两个，要之亦是推行乎此一尔。此说得极精，须当与他子细看。"又说："一是一个道理，却有两端，用处不同。譬如阴阳：阴中有阳，阳中有阴；阳极生阴，阴极生阳，所以神化无穷。"

5 **统**：统管。以上这一章出自张载《张子语录》。性和情不同，性是体，情是用；性是静态，情是动态。但是心可以统管这二者。孟子也说："仁、义、礼、智根于心。"又说："恻隐之心，人皆有之；羞恶之心，人皆有之；恭敬之心，人皆有之；是非之心，人皆有之。"仁、义、礼、智是性，恻隐、羞恶、恭敬、是非之心是情，可知孟子所说的心也有兼统性情二者的含义。

6 **蔽**：遮掩、蒙蔽。《论语·阳货》："子曰：'由也，汝闻六言六蔽矣乎？'"邢昺解释说："蔽，谓蔽塞，不自见其过也。"

7 **知**：同"智"。

8 以上这一章出自张载《张子语录》。既然万事万物的天性并没有什么不同，那么所不同的就只在通蔽、开塞上，其效果如何则要由每个人的资质和后天努力来决定。所以对于道、理、性的讨论，最后都归结为一点，就是要开通蔽塞，也就是说要学习。由此便进入了本书的第二卷"为学"。

二　为学大要

导读

这一卷是《近思录》的第二卷，依次辑录北宋著名理学家周敦颐、程颢、程颐、张载四人的有关语录，共一百一十一条。

这一卷的标题，据《朱子语类》卷一百五十，原为“为学大要”，叶采《近思录集解》题为“为学”，现在定为“为学大要”。

为学即治学，本卷所论包括了治学的目的、学习的方法以及学者所应当抱持的态度等各个方面，其中对于儒家所主张的求仁、存善、为己的治学目的尤其强调。《礼记·中庸》说“君子尊德性而道问学”。既已阐述了天道的本体，接下来则首在于治学，故列之为第二卷。叶采说：“此卷总论为学之要。盖尊德性矣，必道问学。明乎道体，知所指归，斯可究为学之大方矣。”茅星来说：“首篇言本然之理，自此至十二卷皆言当然工夫，而此篇及第八卷则所谓统论纲领指趣也。此则‘明明德’之事，于学者尤为切要。盖必于此知所趋向，而后可语以学问之全功焉。”

原文

濂溪先生曰：圣希天，贤希圣，士希贤。伊尹[1]、颜渊，大贤也。伊尹耻其君不为尧[2]舜，一夫不得其所，若挞于市。颜渊“不迁怒，不贰过”[3]“三月不

译文

周敦颐先生说：圣人要向往天道，贤人要向往圣人，士人要向往贤人。伊尹和颜回，是大贤人。伊尹以他的君主不如尧舜为耻辱，国中如果有一人不安于其位，他自己就有像被在街市上遭鞭挞的耻辱感。颜回“有怒不过分，有过失不重犯”，

违仁”[4]。志伊尹之所志，学颜子之所学，过则圣，及则贤，不及则亦不失于令名[5]。

“长久保持仁心而不违背”。以伊尹的愿望为愿望，学习颜回所学的学问，超过他们则可以成为圣人，赶上他们则可以成为贤人，即使赶不上也可以赢得美名。

圣人之道，入乎耳，存乎心，蕴之为德行，行之为事业。彼以文辞而已者，陋矣。[6]

圣人的大道，听在耳朵里，存在内心里，蕴藏在自身就体现为德行，推行出来就体现为事业。那些学到文辞便停止的人，真是太狭隘了。

注释

1 **伊尹**：又名伊挚、阿衡、保衡，商代贤相。本为处士，脱身为有莘氏之媵臣，“负鼎俎以滋味说汤，致于王道”，汤举任以国政。辅佐商汤王灭夏，商汤死后继续辅佐外丙、中壬二王。后太甲即位，无道，他放逐太甲三年。太甲悔过，他又召之复其位。《尚书·说命下》：“王曰：昔先正保衡作我先王，乃曰：‘予弗克俾厥后惟尧舜，其心愧耻，若挞于市。一夫不获，则曰时予之辜。’”王指商王武丁，先王为商汤，先正保衡即伊尹。

2 **尧**：帝尧，名放勋，都唐，号陶唐氏，故又称唐尧。上古帝王，《史记·五帝本纪》所载五帝之一，在黄帝、颛顼、帝喾之后，虞舜之前。在位七十年，后将帝位禅让给虞舜。《尚书·尧典》《史记·五帝本纪》等记载其事。古代尧舜、唐虞并称，如称“尧舜之道”“唐虞之道”。

3 **不迁怒，不贰过**：语出《论语·雍也》：“哀公问：‘弟子孰为好学？’孔子对曰：‘有颜回者好学，不迁怒，不贰过。’”

4 **三月不违仁**：语出《论语·雍也》：“子曰：‘回也，其心三月不违仁，其余则日月至焉而已矣。’”三月为一时，也就是一季。一时而不违仁，形容时间长久。

5 **令名**：美名、善名。令，美、善。以上这一章出自周敦颐《通书》。这段话大意是说为学要向好的人看齐，而伊尹与颜回的典范实属两类，伊尹主为政，颜回主为学。颜回之“学”在于学道，伊尹之“志”在于行道。朱熹曾特别讨论伊尹，说“大抵古人之学，本是欲行”，“伊尹终是担当底意思多”。宋明以前的儒家，在尧、舜、禹、汤、文、武、周公、孔、孟之中，只有孔孟二人因其政治理想的落空而定位为学者，其余七人都是为政的践行者，可知儒家之学本是实学。

6 **已**:停止。**陋**:狭隘、偏僻、低贱。以上这一章出自周敦颐《通书》。“文”字的本义是象形的文字，许慎《说文解字》:“错画也，象交文。”引申为人文、以人弘道。德行是指人的内心品德和行为举止具有涵养，事业是指对于国家社会的实际贡献，文辞是指文章的华美。三者有层次高低的不同。为学应当以德行为主，其次是事业，再其次才是文辞。“问‘经天纬地曰文’。曰:经是直底，纬是横底。理会得天下事横者直者各当其处，皆有条理分晓，便是经天纬地。其次如文辞之类，亦谓之文，但是文之小者耳。’”“或问:‘文之大者，莫是唐虞、成周之文?’曰:‘裁成天地之道，辅相天地之宜，此便是经天纬地之文。’”

原文

或问:“圣人[1]之门，其徒三千，独称颜子为好学[2]。夫《诗》《书》六艺[3]，三千子非不习而通也，然则颜子所独好者，何学也?”伊川先生曰:“学以至圣人之道也。”

“圣人可学而至欤?”曰:“然。”

“学之道如何?”曰:“天地储精，得五行之

译文

有人问:“孔子的门下，门徒多至三千，唯独称赞颜回好学。那些《诗》《书》六经，三千弟子们不是没有学习贯通过。那么颜回所唯独喜好的，是什么学问呢?”程颐先生回答说:“学习达到圣人的方法。”

“圣人是可以通过学习而达到的吗?”程颐先生说:“是。”

“学习的方法是怎样的?”程颐先生说:“天地积蓄着精华，获得了水、火、木、金、土五行的灵秀就成为人。人的本性纯真而宁静，这本性还没有表现出来时，五性就已经具备了，叫作仁、义、礼、智、信。人的形体既

秀者为人。其本也真而静，其未发也五性具焉，曰仁、义、礼、智、信。形既生矣，外物触其形而动其中矣。其中动而七情出焉，曰喜、怒、哀、乐、爱、恶、欲。情既炽而益荡，其性凿[4]矣。是故觉者约其情，使合于中，正其心，养其性。愚者则不知制之，纵其情而至于邪僻，梏其性而亡之。然学之道，必先明诸心，知所往，然后力行以求至，所谓'自明而诚'也。诚之之道，在乎信道笃。信道笃则行之果，行之果则守之固。仁义忠信，不离乎心。'造次必于是，颠沛必于是'，出处语默必于是。[5]久而弗失，则居之安。动容周旋[6]中礼，而邪僻之心无自生矣。故颜子所事，则曰：'非礼勿视，非礼勿听，非礼勿言，非礼勿动。'仲尼称之，则曰：'得一善则拳拳服

然产生出来了，外物接触人的形体，内心就有触动了。内心触动，七情就表现出来了，就是喜、怒、哀、乐、爱、恶、欲。情欲炽热而更加放荡，本性就被干扰扭曲了。所以觉悟的人就会约束他的情欲，使它符合中和的标准，端正他的内心，修养他的本性。愚笨的人就不知道制约它，放纵他的情欲而发展到邪僻的程度，桎梏他的本性而失去纯真、宁静。那么学习的方法，一定要先使自己的内心明白，知道应当往何处去，然后努力实行以求达到目的，这就是《中庸》所说的'由明白自己的内心而达到诚实完善'了。诚实完善自己的方法，在于要诚恳地相信天道。诚恳地相信天道就实行得果决，实行得果决就保持得牢固。仁义忠信，要不离开内心。'境遇仓促也一定在这里，遭逢倾覆也一定在这里'，出仕或退隐、议论或沉默都一定在这里。长久而不失去，就会住得安稳。举动仪容、揖让进退都合于礼，而后邪僻的心念就没有地方萌生了。所以颜回尊奉的话，就有'不合于礼的不看，不合于礼的不听，不合于礼的不说，不合于礼的不做'。孔子称赞他的话，就有'学到一个好的道理就恳切地佩服而不再失去它'。又说：'有怒不过分，有过失不重犯。''有不好的地方从来没有不知道的，知道了以后从来没有再犯过的。'这是因

膺而弗失之矣。’又曰：‘不迁怒，不贰过。’‘有不善未尝不知，知之未尝复行也。’此其好之、笃学之之道也。然圣人则‘不思而得，不勉而中’，颜子则必思而后得，必勉而后中，其与圣人相去一息，所未至者，守之也，非化[7]之也。以其好学之心，假[8]之以年，则不日而化矣。后人不达，以谓圣本生知[9]，非学可至，而为学之道遂失。不求诸己而求诸外，以博闻强记、巧文丽辞为工[10]，荣华[11]其言，鲜有至于道者。则今之学与颜子所好异矣。”[12]

为他诚恳地喜好天道，学习有正确的方法。那么孔子是‘不思虑而可以获得，不劝勉而达到中和’，颜回是一定要加以思考而后获得，一定要加以劝勉而后达到中和，他和孔子相差只在呼吸之间，他所没有做到的是，他是保持本性，不是随心所欲出神入化。以他的好学之心，给予他年月，不用过多久就出神入化了。后人不明白，以为孔子是天生具备智慧的，不是靠学习就可以达到的，因而做学问的途径就丢失了。不向自己寻求而向外界寻求，将博闻强记和巧妙的文章、华丽的辞藻看作精致，美化他们的语言，这样的人少有达到大道的。这样说来，现在人们所做的学问与颜回所喜好的是不同的。”

注释

1 **圣人：**此处指孔子。

2 **独称颜子为好学：**《论语·雍也》：“哀公问：‘弟子孰为好学？’孔子对曰：‘有颜回者好学，不迁怒，不贰过。不幸短命死矣，今也则亡，未闻好学者也。’”又《先进》：“季康子问：‘弟子孰为好学？’孔子对曰：‘有颜回者好学，不幸短命死矣，今也则亡。’”

3 **六艺：**又称六经，即《诗》《书》《礼》《乐》《易》《春秋》，六经为三代王官政典，传为周公、孔子所编订。

4 **凿：**穿凿、破损、毁坏。

5 **造次：**仓促、急遽。 **颠沛：**倾覆、仆倒。 **出处：**出仕和退隐。 **语默：**议论和沉默。

6 **动容周旋:**动容,举动和仪容。周旋,指行礼之揖让进退。

7 **化:**不必有意用力即可与天理保持一致的境界。

8 **假:**借、给予。

9 **生知:**生而知之,即天生具有认识天理的能力。

10 **工:**精巧、精密。

11 **荣华:**此处指辞藻华美。

12 这篇文章节选自《伊川文集·颜子所好何学论》,是程颐在十八(一说二十)岁始冠游于太学时,胡瑗考试诸生,程颐所作的一篇答卷。答卷虚拟了问答的形式,其实是一篇构思完整的论文。朱熹称道说:“看程先生《颜子所好何学论》,说得条理,只依此学,便可以终其身也。”

原文

横渠先生问于明道先生曰:“定性未能不动,犹累于外物[1],何如?”

明道先生曰:“所谓定者,动亦定,静亦定,无将迎[2],无内外。苟以外物为外,牵己而从之,是以己性为有内外也。且以性为随物于外,则当其在外时,何者为在内?是有意于绝外诱,而不知性之无内外也。既以内外为二本,则又乌可遽语定哉?[3]夫天地之常[4],以其心普万物而无心;圣人之常,以其情顺万事而无情。故君子之学,

译文

张载先生问程颢先生说:“人们安定自己的心性,但是心性不能不动,这就还是要受身外事物的牵累,怎么办?”

程颢先生回答说:“我所说的安定,是动也安定,静也安定,不分送迎,不分内外。如果将身外的事物看作是外,牵累自己去顺从它,这就是认为自己的心性有内外了。况且把自己的心性看作是追随事物而处于身外的,那么在它处于身外时,什么是处于身内的呢?这就是有心想断绝身外的诱惑,却不知道心性是不分内外的了。既然认为内外是不相干的两件事,那么又怎么可以仓促地讨论安定心性呢?天地之道,是用它的心遍在于万物上面而没有自己的心;圣人之道,是用他的情顺应万事而没有自己的

莫若扩然而大公，物来而顺应。《易》曰：‘贞吉，悔亡，憧憧往来，朋从尔思。’[5]苟规规[6]于外诱之除，将见灭于东而生于西也，非惟日之不足，顾其端无穷，不可得而除也。人之情各有所蔽，故不能适道，大率患在于自私而用智。自私则不能以有为为应迹[7]，用智则不能以明觉[8]为自然。今以恶外物之心，而求照无物之地，是反鉴[9]而索照也。《易》曰：‘艮其背，不获其身。行其庭，不见其人。’[10]孟氏[11]亦曰：‘所恶于智者，为其凿也。’与其非外而是内，不若内外之两忘也，两忘则澄然无事矣。无事则定，定则明，明则尚何应物之为累哉？圣人之喜，以物之当喜；圣人之怒，以物之当怒；是圣人之喜怒，不系于心，而系于物也。是则圣人岂不应于物哉？乌得以从外者为非，而更求在内者为是也？今以自私用智之

情。所以君子所要学习的，没有比宽广而极其公正、事物来临而顺应对待更重要的了。《易经》中说：‘吉利，无悔，往来不绝，朋友们都跟随着你。’如果拘泥地计较如何去除外物，外物会从西边消灭而又从东边生出，不仅时间不足，更严重的是外物的产生是无穷的，没有办法去除。人的情欲各有其弊端，所以不能达于天道，最大的弊端在于自私而依靠智力。自私就不能把人的有为当成顺应世事的无为，依靠智力就不能把人的智慧当成不存己见的自然。现在用厌恶外物的心，去寻求照亮没有事物的地方，这就好比是归还了镜子而又要求照明了。《易经》中说：‘回视其背而不见其身，行走在庭中而不见有人。’孟子也说：‘所以会厌恶智力，是因为智力容易穿凿附会。’与其否定身外的事物而肯定内心的心性，不如身外与内心两者都被遗忘，两者都被遗忘就澄净无事了。无事了就安定，安定了就澄明，澄明了，还有什么应对的事物成为自己的牵累呢？圣人高兴，是因为这事物应当高兴；圣人愤怒，是因为这事物应当愤怒。这就说明圣人的喜怒不集中在心上，而集中在事物上。这样说来圣人难道不是顺应事物吗？怎么能认为顺从外物是错的，而另外寻求内

喜怒，而视圣人喜怒之正，为如何哉？夫人之情，易发而难制者，惟怒为甚。第能于怒时遽忘其怒，而观理之是非，亦可见外诱之不足恶，而于道亦思过半矣。"[12]

心的正确呢？现在用由自私和智力得来的喜怒，来比较圣人的喜怒，又成了什么样子呢？人的性情，容易发作而又难于抑制的，只有愤怒最突出。只要能在愤怒时很快忘了愤怒，而观察事理的是非，就可以看出身外的诱惑是不足以引起厌恶的，并且对于天道也就理解到超过一半了。"

注释

1 **外物：**身外的事物。

2 **将迎：**送迎。《庄子·知北游》："颜渊问乎仲尼曰：'回尝闻诸夫子曰：无有所将，无有所迎。回敢问其游？'仲尼曰：'……圣人处物不伤物，不伤物者，物亦不能伤也。唯无所伤者，为能与人相将迎。'"

3 **乌可：**怎么可以。乌，疑问词，哪里、怎么。 **遽：**急速、仓促。

4 **天地之常：**天地之道。常，常道。

5 **"贞吉"四句：**语出《易经·咸卦》九四爻辞，意为有众多朋友相随，往来不绝，举事则吉，可以无悔。

6 **规规：**拘泥浅陋的样子。

7 **应迹：**顺应世事。应，顺应；迹，事迹。古人言"应迹"有顺应自然而无为之义，郭象《庄子序》："夫心无为，则随感而应。"

8 **明觉：**智慧，人的澄明本性。古人常用以指对世界存在的大彻大悟，与人为的智谋相对。

9 **鉴：**镜子。

10 **"艮其背"四句：**语出《易经·艮卦》卦辞，《象传》解释其意为"时止则止，时行则行，动静不失其时"。"艮"字的本义，高亨《周易古经今注》解释为"顾、还视"。

11 **孟氏：**孟子。

12 **第：**姑且、只要。这篇文章就是程颢所作的著名的《定性书》，出自《程氏文集·明道先生文》,原题《答横渠张子厚先生书》,又题《答横渠先生定性书》,为程颢二十二三岁任鄠县主簿时所作。朱熹说:“伊川《好学论》,十八时作。明道十四五便学圣人,二十及第,出去做官,一向长进,《定性书》是二十二三时作。”“明道《定性书》自胸中泻出,如有物在后面逼逐他相似,皆写不辨。……一篇之中,都不见一个下手处。……这须是见得,须是知得天下之理,都着一毫私意不得,方是,所谓‘知止而后有定’也。……‘知止而后有定’,只看此一句,便了得万物各有当止之所。知得,则此心自不为物动。”所以此文实为程颢的成名之作。

原文

伊川先生《答朱长文[1]书》曰:圣贤[2]之言,不得已也[3]。盖有是言,则是理明,无是言,则天下之理有阙焉。如彼耒耜陶冶之器,一不制则生人之道有不足矣。圣贤之言,虽欲已,得乎?然其包涵尽天下之理,亦甚约[4]也。后之人始执卷则以文章为先,平生所为动[5]多于圣人。然有之无所补,无之靡所阙,乃无用之赘言也。[6]不止赘而已,既不得其要,则离真失正,反害于道必矣。来书所谓“欲使后人见其不忘乎善”,此乃世人之私心也。夫

译文

程颐先生在《答朱长文书》中说:孔孟著书都是出于不得已。有这个言论,这个道理才明;没有这个言论,天下的道理就有欠缺了。如同那些耒耜和陶冶的器具,一件不具备,人们在生产中就会有所不足。孔孟的言论即使想要止息,能够吗?然而它们却包含尽了天下的道理,也真是很简约了。后世人们刚刚拿起书本就以写文章为重,一生所写的动不动就超过了孔孟。但是有这些文章没有什么补益,没有这些文章也没有什么缺少,都是没有用处的多余的话。不只是多余而已,既然没有把握住学问的要领,就会离开真义失去正路,反而危害了大道。来信中说“这是他们想使后人见到自

子“疾没世而名不称焉”者，疾没身无善可称云尔，非谓疾无名也。[7]名者可以厉[8]中人，君子所存[9]，非所汲汲。[10]	己不忘记善”，这却是他们的私心了。孔子“忧心死后名声不被称颂”的意思，是忧心死后没有善可以称道，不是说没有名声。名声可以振奋中等才智的人，君子心中所想念的，不是世人所追求的。

注释

1 **朱长文**：字伯原。宋嘉祐四年(1059)进士，历任太学博士、秘书省正字等。《宋史》有传。

2 **圣贤**：此处指孔孟。

3 **不得已也**：《孟子·滕文公下》："予岂好辩哉？予不得已也。"

4 **约**：简约。

5 **动**：动辄。

6 **靡**：无、没有。 **阙**：同"缺"。 **赘言**：多余的话。

7 **夫子"疾没世而名不称焉"**：语出《论语·卫灵公》，原文作："子曰：'君子疾没世而名不称焉。'"夫子，指孔子。

8 **厉**："砺"的古字，意为磨砺，引申为鞭策、振奋。

9 **存**：存念、想念。

10 **汲汲**：急切的样子，引申为追求。这封书信节选自程颐的《伊川文集》。书信指出君子以学为己任，务求深沉自得。如朱熹所说："人看文字，只看得一重，更不去讨他第二重。""圣人言语，一重又一重，须入深去看。若只要皮肤，便有差错。须深沉，方有得。""大凡事物须要说得有滋味，方见有功。而今随文解义，谁人不解？须要见古人好处。……须要自得言外之意始得。须是看得那物事有精神，方好。若看得有精神，自是活动有意思，跳踯叫唤，自然不知手之舞，足之蹈。这个有两重：晓得文义是一重，识得意思好处是一重。若只是晓得外面一重，不识得他好底意思，此是一件大病。"

原文

内积忠信，所以进德也。[1]择言笃志，所以居业也。[2]知至至之，致知也。求知所至而后至之，知之在先，故可与幾。[3]所谓“始条理者，知之事也”。[4]知终终之，力行[5]也。既知所终，则力进而终之。守之在后，故可与存义[6]。所谓“终条理者，圣之事也”。此学之始终也。[7]

君子主敬以直其内，守义以方其外。[8]敬立而内直，义形而外方。义形于外，非在外也。敬义既立，其德盛矣，不期大而大矣，德不孤也。[9]无所用而不周，无所施而不利，孰为疑乎？[10]

译文

内心积聚忠信，这样来使自己的德行日日有所进步。选择言辞、从事文教，忠诚于自己的志向，这样来建立功业。知道所要到达的地方而去达到它，这是获得知识。求得认知所要到达的地方而后去达到它，认知它在先，这样就可以同他讨论幾微的事理了。这也就是孟子所说的“开始明白圣人之道的条理，是由于智”。知道结果，最终要由亲身实践。既然知道了所要达到的结果，那么尽力前进就可以到达。保守其位在后，这样就可以同他持守道义了。这也就是孟子所说的“能圆满完成圣人之道的前后始终，是圣人才能做到的事”。这是做学问的始终。

君子保持诚敬，来使他的内心平直；守持道义，来使他的外表方正。诚敬立下了，内心就平直；道义体现了，外表就方正。道义体现在外表，但并不是外在的。诚敬和道义都立下了，德行就盛大了，不想大就大了，因为德行是不单独存在的。没有什么地方用起来会不周全，没有什么地方实施起来会不便利，为什么要怀疑呢？

注释

1 **“内积忠信”二句**：语出《易经·乾卦·文言传》：“忠信，所以进德也。”忠信，孔颖达解为“推忠于人，以信待物”。进德，孔颖达解为“其德日进”。

2 **“择言笃志”二句**：语出《易经·乾卦·文言传》：“修辞立其诚，所以居业也。”辞，孔颖达解为“文教”。居业，孔颖达解为“有功业可居”。

3 **“知至至之”五句**：语出《易经·乾卦·文言传》：“知至至之，可与幾也。知终终之，可与存义也。”达到为“至”，使之达到为“致”，所以《大学》说“致知”，又说“知至”。幾，幾微，孔颖达解为“去无入有，有理而未形之时”。

4 **“始条理者”二句**：语出《孟子·万章下》：“金声也者，始条理也。玉振之也者，终条理也。始条理者，智之事也。终条理者，圣之事也。”“条理”原义指音乐的脉络、层次。

5 **力行**：亲身实践。《中庸》：“好学近乎知，力行近乎仁。”

6 **存义**：孔颖达解为“可与保存其义”。“义者，宜也。保全其位，不有失丧，于事得宜。”

7 以上这一章出自程颐《程氏易传》，是程颐在阐释孔子所作《易经·乾卦·文言》时所说的。

8 **“君子主敬以直其内”二句**：语出《易经·坤卦·文言》：“君子敬以直内，义以方外。”直，平直。方，方正。

9 **“敬义既立”四句**：语出《易经·坤卦·文言》：“敬义立而德不孤。”“德不孤”一句又见《论语·里仁》：“子曰：‘德不孤，必有邻。’”期，邀约、希望。孤，单独。

10 **“无所用而不周”三句**：语出《易经·坤卦·文言》：“‘直方大，不习无不利’，则不疑其所行也。”以上这一章出自程颐《程氏易传》，是阐释《易经·坤卦·文言》时所说的。程颐提出“敬”是体现在内心的，“义”是体现在外表的，体现在内心则平直，体现在外表则方正。朱熹也说：“‘敬以直内’，是持守工夫。‘义以方外’，是讲学工夫。”此外《管子·戒篇》也说：“仁从中出，义从外作。”《孟子·告子上》引述告子的话说：“告子曰：‘仁，内也，非外也；义，外也，非内也。’”但程颐又特别阐释说，“义”虽然体现在外表，但并不是外在的，“义形于外，非在外也”。朱熹也解释说：“敬而无义，则做出事来必错了。只义而无敬，则无本，何以为义？”

原文

动以天为无妄，动以人欲则妄矣。[1]《无妄》之义大矣哉！[2]虽无邪心，苟不合正理，则妄也，乃邪心也。既已无妄，不宜有往，往则妄也。故《无妄》之《彖》曰："其匪正有眚，不利有攸往。"[3]

人之蕴蓄[4]，由学而大。在多闻前古圣贤之言与行。考迹以观其用，察言以求其心，识而得之，以蓄成其德。[5]

译文

行动依据天理就无妄，行动依据人欲就虚妄了。《无妄》的意义很重大啊！虽然没有邪心，如果不合乎正理，就虚妄，就是有邪心。既然已经无妄了，就不宜再过头，过头就虚妄了。所以《无妄卦·彖传》中说："不合乎正道就会有过失，不利于到所要去的地方。"

人的品德的积累是由于学习而增大的。学习在于多听古代圣贤的言论和事迹。考察行迹，这样来观摩他们的作为；考察言论，这样来寻求他们的内心；辨识和获得它们，这样来积蓄自己的德行。

注释

1 **"动以天为无妄"二句：**解释《易经·无妄卦·彖传》"刚自外来而为主于内，动而健，刚中而应"之语。动，即"动而健"的动。天，天理、天道。无妄，孔颖达解为"无敢诈伪虚妄，俱行实理"；又为卦名，《易经》六十四卦之第二十五卦，《震》下《乾》上。

2 **《无妄》之意大矣哉：**此句解释《易经·无妄卦·彖传》"大亨以正，天之命也"。王弼《周易注》说："刚自外来而为主于内，动而愈健。刚中而应，威刚方正，私欲不行，何可以妄？使有妄之道灭，无妄之道成，非大亨利贞而何？刚自外来，而为主于内，则柔邪之道消矣。动而愈健，则刚直之道通矣。刚中而应，则齐明之德著矣，故'大亨以正'也。天之教命，何可犯乎？何可妄乎？是以匪正则有眚，而不利有攸往也。"

3 **"其匪正有眚(shěng)"二句：**语出《易经·无妄卦·彖传》，又见《易经·无妄卦》爻辞。匪，同"非"。眚，过失、灾害。攸，所。以上这一章出自程颐《程氏易传》,是阐释《易经·无妄卦·彖传》时所说的。程颐提出"无妄"是儒家修身的一个重要概念,是与《易经·乾卦》的天道相联系的。无妄的标准是"动以天理",相反则是"动以人欲"。程颐还指出无邪心尚不是无妄,一定要合乎正理才是无妄。朱熹也曾举例说:"有人自是其心,全无邪,而却不合于正理。……佛氏亦岂有邪心者?""如杨、墨何尝有邪心?只是不合正理。"

4 **蕴蓄**:此处指人的品德的积累。《易经》有《大畜》《小畜》二卦,此处就其卦名而阐释含义。

5 以上这一章出自程颐《程氏易传》,是阐释《易经·大畜卦·象传》时所作的。

原文

《咸》之《象》曰:"君子以虚受人。"[1]《传》[2]曰:中无私主,则无感不通。以量而容之,择合而受之,非圣人有感必通之道也。[3]

其九四[4]曰:"贞吉,悔亡。憧憧往来,朋从尔思。"《传》曰:感者,人之动也。故《咸》皆就人身取象,四当心位而不言咸其心,感乃心也。[5]感之道无所不通,有所私系,则害于感通,所谓悔也。圣人感天下之心,如寒暑雨旸[6]无不通、无不应者,亦贞而已矣。贞者,虚中无我之谓也。若

译文

《易经·咸卦·象传》中说:"君子虚心容受别人。"《程氏易传》说:心中没有私心主宰,就没有什么感应不通达。用自己的器量容纳别人,选择符合自己的才接受,这不是圣人有感应必定通达的做法。

《易经·咸卦》的九四爻辞说:"吉利,无悔,往来不绝,朋友们都跟随着你。"《程氏易传》说:感是人在动。所以《咸卦》都从人身上得到形象,九四这一爻对应人的心脏部位而没有标明"咸其心",是因为感就是心。感的方法是无处不通达,有私心牵挂,就妨害感的通达,就是所说的要有"悔"了。圣人能感应天下人的心,就像感觉到寒暑和晴雨那样,无处不通达,无处不感应,说到底也就是"贞"了。"贞"是虚心无我的意思。像那种往来

往来憧憧然，用其私心以感物，则思之所及者，有能感而动，所不及者不能感也。以有系之私心，既主于一隅一事，岂能廓然无所不通乎？[7]

不绝的样子，如果是用私心去感应事物，那么思虑所能达到的地方，还有能感应互动的，思虑所不能达到的地方就不能感应了。有牵累的私心已偏于一个角落、一件事情上，怎么能开阔得无处不通达呢？

注释

1 **《咸》：**卦名，《易经》六十四卦之第三十一卦，《艮》下《兑》上。**《象》：**《象传》，又称《象辞》，共有上下两篇。与《彖传》（《彖辞》）上下、《系辞》上下及《文言》《序卦》《说卦》《杂卦》共为十篇，合称《易十翼》，又称《易传》《易大传》，相传为孔子所作。 **君子以虚受人：**语出《易经・咸卦・象传》："象曰：山上有泽，咸。君子以虚受人。"

2 **《传》：**此处指程颐所作《程氏易传》。下同。

3 **"中无私主"五句：**此五句解释"感"，"感"即咸卦之"咸"，《易经・咸卦・彖传》："咸，感也。柔上而刚下，二气感应以相与。……天地感而万物化生，圣人感人心而天下和平。"

4 **九四：**《易经》用九、六标明六十四卦各爻的性质，九为阳爻，六为阴爻。另用初、二、三、四、五、上，按照自下而上的顺序标明爻的位次。九四就是自下向上第四位的阳爻。

5 **"故《咸》皆就人身取象"二句：**《咸卦》取象于人身，在各爻的爻辞中都明确标出，初九为咸其拇（足大趾），六二为咸其腓（腿肚），六三为咸其股，九五为咸其脢（背脊），上六为咸其辅、颊、舌（面颊和舌），只有九四为咸其心没有标出。

6 **旸**(yáng)**：**晴、日出。

7 以上这一章出自程颐《程氏易传》，是阐释《易经・咸卦》时所说的。这段话的大意是说君子要虚心容受别人，要感怀天下所有的事物，无处不通达。虚心容受别人的关键是要心中不存私心，也就是"心无私主"。朱熹解释"心无私主"的意思就是："心无私主，如天地一般，寒则遍天下皆寒，热则遍天下皆热。"

原文

君子之遇艰阻[1],必自省于身,有失而致之乎?有所未善则改之,无歉于心则加勉,乃自修其德也[2]。

非明则动无所之,非动则明无所用。[3]

习[4],重习也。时复思绎,浃洽于中,则说也。[5]以善及人而信从者众,故可乐也。虽乐于及人,不见是而无闷,乃所谓君子。[6]

古之学者为己,欲得之于己也;今之学者为人,欲见知于人也。[7]

译文

君子遇到艰难险阻时,一定要自己反省,是自己有过失因而导致的吗?有什么地方不完善就改正它,内心没有歉疚就更加勤勉,这就是自己修养德行了。

没有光明,行动就没有了方向;没有行动,光明就无法发挥作用。

习的意思,是反复温习。时时再加以思索,贯通于内心,就喜悦了。将善传达给别人而信从的人很多,所以带来快乐。虽然乐于传达给别人,但是并不见有结果,心中也还是没有郁闷,这就叫作君子。

古时的学者学习是为了提高自己,想要由自己的努力而获得成就;现在的学者学习是为了别人,为的是要别人看重自己。

注释

1 **君子之遇艰阻:**《易经·蹇卦·彖传》:"蹇,难也,险在前也。"

2 **乃自修其德也:**《易经·蹇卦·象传》:"象曰:山上有水,蹇。君子以反身修德。"以上这一章出自程颐《程氏易传》,是阐释《易经·蹇卦》时所说的。意思是说人在遇到艰难险阻的时候,应该继续修养德行,不要中止。

3 以上这一章出自程颐《程氏易传》,是阐释《易经·丰卦》所说的。《易经·丰卦·彖传》说:"丰,大也。明以动,故丰。"日中之时太阳照耀于天下,充满光明且运动不息,程颐引申为智慧和行动,即知与行二者的关系。朱熹也说："徒明不行，则明无所用，空明而已。徒行不明，则行无所向，冥行而已。"

4 **习：**本义为鸟类练习飞翔，翅羽频频开阖，引申为反复学习。

5 **思绎：**思索。"绎"本义为抽丝，引申为连续不断地推究、寻求。 **浃洽：**遍及、融合、贯通。 **中：**内心。 **说：**通"悦"，喜悦。

6 **闷：**烦忧、愤懑、抑郁。以上这一章出自程颐《程氏经说》。"学而时习之"是儒家一个浅近而又博大的道理，朱熹在引述《程氏经说》时所说的话很值得参考，他说："'浃洽'二字宜子细看，凡于圣贤言语，思量透彻，乃有所得。"

7 这段话是程颐在阐释《论语·宪问》中的"子曰：'古之学者为己，今之学者为人'"一句话时所说的。程子还说："古之仕者为人，今之仕者为己。……古之强有力者将以行礼，今之强有力者将以为乱。"这句话也同样精辟。儒家是讲究及人、成物的，但是首先要自己进德才可以，这就要学习。自己不能进德，而急于及人，不仅不能及人，反而还会丧己。

原文

伊川先生谓方道辅[1]曰：圣人[2]之道，坦如大路，学者病[3]不得其门耳。得其门，无远之不可到也。求入其门，不由于经乎？今之治经者亦众矣，然而买椟还珠[4]之蔽，人人皆是。经所以载道也，诵其言辞，解其训诂，而不及道，乃无用之糟粕耳。觊足下由经以求道，勉之又勉，异日见卓尔有立于

译文

程颐先生对方道辅说：孔子的路，是一条平坦的大路，学者的困苦在于找不到门径罢了。找到门径，无论多远都没有不能达到的。要进入这个门径，不从经书吗？现在研究经书的人很多，然而买椟还珠、本末倒置的弊病，人人都有。经书是用来记载大道的，背诵它的言辞，注解它的字句，却不涉及大道，就是没有用的糟粕。希望足下由经书寻求大道，努力而再努力，他日见出足下高高地在前面有所建树，然后不知不觉高兴得手

前，然后不知手之舞、足之蹈，不加勉而不能自止矣。[5]

舞足蹈，那时就是不加以努力，你自己也不能停止了。

注释

1 **方道辅：**名元采。程颐弟子，仕终宣议郎，威武军节度推官。

2 **圣人：**指孔子。

3 **病：**忧虑、困苦。

4 **买椟还珠：**意为去取不当，本末倒置。

5 **觊：**希冀、希图。 **足下：**古代下对上或同辈之间相称的敬辞。此处指方道辅。以上这一章出自《伊川文集》，是程颐写给方道辅的信。信中指出学习孔子和儒家不能舍弃经书，而研读经书的目的是要领悟其中包含的道理，而不是背诵言辞，注解字句。

原文

明道先生曰：修辞立其诚，不可不子细理会。言能修省言辞，便是要立诚。若只是修饰言辞为心，只是为伪也。若修其言辞，正为立己之诚意，乃是体当自家“敬以直内，义以方外”之实事。道之浩浩，何处下手？惟立诚才有可居之处。有可居之处，处则可以修业也。终日乾乾，大小大事[1]，却只是忠信所以进德为实下手处，修辞立其诚为实修业处。[2]

译文

程颢先生说：“修辞立其诚”这句话，不能不仔细领会。这句话说能够修饰言辞，就是要立下诚心。如果只把修饰言辞作为诚心，就只是虚伪了。至于说修饰言辞，那正是为了立下自己的诚心，这是体会自己“保持诚敬，来使内心平直；守持道义，来使外表方正”的切实的事。大道浩浩无边，从何处着手？只有立诚心才有可以居止的地方。有了可以居止的地方，就可以修治功业了。终日乾乾健进，不知休止，无论多少大事，只用忠信来进德，这是切实着手的地方。修饰言辞要先立下诚心，这是切实的修治功业的地方。

伊川先生曰：志道恳切，固是诚意。若迫切不中理，则反为不诚。盖实理中自有缓急，不容如是之迫。观天地之化乃可知。[3]

孟子才高，学之无可依据。学者当学颜子，入圣人为近，有用力处。

又曰：学者要学得不错，须是学颜子。[4]

明道先生曰：且省外事，但明乎善，惟进诚心。其文章虽不中，不远矣。所守不约[5]，泛滥无功。[6]

学者识得仁体[7]，实有诸己[8]，只要义理栽培。如求经义，皆栽培之意。[9]

又说：有志于道恳切，固然是有诚意。若是求得迫切，不契合事理，就反而是不心诚了。因为在切实的事理中自然会有缓有急，不容许这样迫切。观察天地的化育就可以知道了。

孟子的才气高，学习他无处可以依凭。学者应当学习颜回，他离孔子更近，有用得上力的地方。

又说：学者要想学得不出错，应该学习颜回。

程颢先生说：姑且省略掉外事，只来明白善，唯独进修诚心。他的文章虽然不是很好，但是距离大道却不远了。如果所持守的不专一，就会泛滥开来没有功效。

学者要认识仁的本体，切实地依靠自己追求仁道，只要把从事物中得出的义理用来栽培就可以了。譬如研求经书的义理，都是栽培的意思。

注释

1 **大小大事**：张伯行《近思录集解》卷二解释为“无论多少大的事”。

2 以上这一章出自《程氏遗书》，是程颢在阐释《易经·乾卦·文言》时所说的。据孔颖达《周易正义》，修辞之意为修治文教，与后世所说的修饰语言不同。但修辞一语的古义往往湮没不闻，所以张伯行说：“此程子因《易》中‘修辞立诚’一语，恐人误认为修饰言辞之意，故切指而言之也。”

3 以上这一章出自《程氏遗书》。有志于道应该是一件很快乐的事，如孔子的“闻《韶》，三月不知肉味”，颜回的“一箪食，一瓢饮，在陋巷，人不堪其忧，回也不改其乐”，必定都有不易言说的悦心之处。但如果对求道念念不忘，徒自煎熬，就不是正道了。

4 这两段话出自《程氏遗书》。儒家学习讲究因材施教，按照次序而进，不要躐等。孟子虽然只是私淑孔子，但对孔子的学说却有较多发明，如果不按次序而进，不免会有一些误解。关于孟子的才气，朱熹曾经评价说："近略整顿孟子说，见得此老直是把得定。但常放教到极险处，方与一斡转，斡转后便见天理人欲直是判然。非有命世之才，见道极分明，不能如此。然亦只此便是英气害事处，便是才高无可依据处，学者亦不可不知也。"

5 **约:**约束、简略。

6 以上这一章出自《程氏遗书》。这段话中，程颢着重讲了一个"约"字。"约"即专，与博相对。据朱熹解释，"外事""文章"这里指礼文制度。与"外事"相对的是每个人的切己之事。"善"指在这些切己之事上所体现出来的道理。要想有成效，就要省略礼文制度这些冗杂事务，专心明辨事理，进修诚心。

7 **仁体:**仁的本体。

8 **诸己:**之于自己。诸，之于、之乎。

9 以上这一章出自《程氏遗书》，大意是说学者最重要的目的是认识仁道，而仁道需要将从事物中得出的义理时时取来栽培，才能成长壮大。

原文

昔受学于周茂叔，每令寻颜子、仲尼乐处，所乐何事。[1]

所见所期，不可不远且大，然行之亦须量力有渐[2]。志大心劳，力小任重，恐终败事。[3]

译文

从前跟随周敦颐学习，每每让我寻找颜渊、孔子的快乐之处，以及所快乐的是什么事。

所见识、所期望的不可以不远大，然而做起来也必须衡量自己的能力，有一个逐渐发展的过程。志向大心思就操劳，能力小责任重大，恐怕最终会坏事。

朋友讲习,更莫如"相观而善"工夫多。[4]

朋友之间讲习学问,再没有比"互相观察而感受对方的善处"收益更多的了。

须是大其心,使开阔。譬如为九层之台,须大做脚始得。[5]

应该放宽自己的心胸,使它开阔。譬如建造九层的高台,一定要把基础建造得深广才可以建成。

明道先生曰:自"舜发于畎亩之中"[6]。至"孙叔敖举于海",若要熟,也须从这里过。[7]

程颢先生说:从"虞舜被发现于农夫之中"到"孙叔敖在海边被提拔",如果想要学问纯熟,也应该从这艰难困苦之中经过。

注释

1 以上这一章出自《程氏遗书》,是程颢对自己做学生时经历的回顾。真正的学问是应该给人带来快乐的,体会自身的快乐是验证所学的一个重要标准。

2 **渐:**慢慢地发展。

3 以上这一章出自《程氏遗书》。"渐"字的本义有滋润、浸渍、流入的意思,程颢用"有渐"来阐明逐渐学习的过程,是非常值得玩味的。有了"渐"的滋润,才可以有"涵"的优游。在一个人的学习经历中,见识广博、志向远大都是比较容易做到的,而切实地提高自己的能力则比较难,所以最重要的是在所见、所期与实际能力之间有一个合理的平衡。

4 **工夫:**又写作"功夫"。原意为所付出的精力,此处指造诣、收效。以上这一章出自《程氏遗书》。儒家论学论教,有"游学"与"独学"之分。游学就是朋友之间的相互切磋,是获取真知的一个重要途径。与"游学"相违的是"独学",《礼记·学记》说:"独学而无友,则孤陋而寡闻。"

5 **大做脚:**基础建造得深广。以上这一章出自《程氏遗书》。"大其心"的"大"可以有两种理解,其一理解为远大,志在于上仅得乎中,志在于中仅得乎下,所以说立志一定要高远,上面程颢所说的"所见所期不可不远且大"即此意。其二理解为宽大,是海纳百川、有容乃大的意思,所以程颢在此又说“使开阔”。因为宽大才能宽容,宽容才能博大,博大才能融通,融通才能有大成就。

6 **舜发于畎亩之中:**史载舜曾居于民间,微为庶人,耕于历山,渔于雷泽,陶于河滨,作什器于寿丘,就时于负夏。帝尧年老时四岳推举他摄政,死后又将帝位禅让给他,史称帝舜。畎亩,田地,意为耕田、做农夫。

7 **熟:**指学问的纯熟、有成就。以上这一章出自《程氏遗书》。程颢借助古代六位明君贤臣的事迹,意在说明“故天将降大任于斯人也,必先苦其心志,劳其筋骨”的道理。按照孟子所说,孔子以及他自己也都经历了不同寻常的艰苦,而后才得以大成。

原文

参也,竟以鲁得之。[1]

明道先生以记诵博识为“玩物丧志”。[2]

礼乐只在进反之间,便得性情之正。[3]

父子君臣,天下之定理,无所逃于天地之间[4]。安得天分[5],不有私心,则行一不义,杀一不辜,有所不为。有分毫私,便不是王者事。[6]

译文

曾参,竟然因为迟钝而获得了成就。

程颢先生认为注重记忆、背诵和知识广博是“玩物丧志”。

对于礼和乐只要把握在前进和返回之间,就可以使性情中正。

父子和君臣的秩序,是天下的定理,只要处于天地之间,就无处逃避。安于这个天理,不存有私心,那么做一件不义的事,杀一个无辜的人,也是不会去做的。存有分毫的私心,就不是王者的所为。

注释

1 **参:**曾子,名参,字子舆,孔子弟子,以孝著称,相传《大学》《孝经》均为其所作。 **鲁:**迟钝。以上这一章出自《程氏遗书》。程颢这句话不是嘲笑曾参的投机和为其他弟子鸣不平,而是强调迟钝并非获得成就的障碍。朱熹也说:“曾子鲁钝难晓,只是他不肯放过,直是捱得到透彻了方住，不似别人，只略绰见得些小了便休。”

2 **玩物丧志：**语出《尚书·旅獒》，意为沉溺于外物而丧失本心。以上这一章出自《程氏遗书》。程颢这句话的意思是不要以博闻强记作为学问的最后目标，这与《礼记·学记》中“记问之学不足以为人师”的思想是一脉相承的。

3 **进反：**进，前进。反，同“返”，返回。以上这一章出自《程氏遗书》。什么是“进”和“反”？朱熹解释说：“礼减而进，以进为文；乐盈而反，以反为文。礼，如凡事俭约，如收敛恭敬，便是减。须当着力向前去做，便是进，故以进为文。乐，如歌咏和乐，便是盈。须当有个节制，和而不流，便是反，故以反为文。礼减而却进前去，乐盈而却反退来，便是得情性之正。”礼的性质是约束，约束不能太过分，所以还要向前进；乐的性质是洋溢，洋溢也不能过分，所以还要返回来。总之是要保持中和，保持中和就是“得性情之正”了。

4 **无所逃于天地之间：**意为无处逃避。

5 **天分：**天理、本分。

6 **王者：**行王道之君，亦即行仁道之君，与“霸道”相对。以上这一章出自《程氏遗书》。所谓父子君臣，就是父亲、君主要有父亲和君主的地位，同时也要有父亲和君主的责任；儿子、臣下要有儿子和臣下的地位，同时也有儿子和臣下的义务。父亲、君主对儿子和臣下要慈爱，儿子、臣下对父亲和君主要孝忠。双方各有自己的职分，安守自己的职分而不逾越就是安分。父子君臣的秩序，对于万物而言叫作天理，对于个体而言叫作职分，职分也是由天理所规定的。

原文

论性不论气，不备；论气不论性，不明。[1] 二之则不是。[2]

论学便要明理，论治便须识体。[3]

译文

只讨论本性不讨论气质，不完备；只讨论气质不讨论本性，不明白。把本性和气质分割为二就不对了。

讨论学问就要明白天理，讨论政治就要认识事体。

曾点、漆雕开已见大意，故圣人与之。[4]

曾点和漆雕开已经领悟到学问的大意，所以孔子赞同他们。

根本须是先培壅，然后可立趋向也。趋向既正，所造浅深，则由勉与不勉也。[5]

对于根本必须是先培土，然后才能确定它的生长方向。生长的方向已经端正了，它的造诣是深是浅，就由自己的勤勉或不勤勉来决定了。

敬义夹持，直上达天德自此。[6]

由敬和义相夹持，一直向上到达天德。

懈意一生，便是自弃自暴[7]。

带着懒散的态度度过一生，就是自暴自弃。

不学便老而衰。[8]

不学习，年纪一老就衰弱了。

注释

1 **性:**本性、天性。 **气:**气质。 **备:**完备、完善。

2 **二:**分割为二，此处以名词作动词用。**不是:**不对。"是"表示肯定的意思。以上这一章出自《程氏遗书》，为程颐所说。本性是共同的、不变的，具有中和至善的性质。气质是各自不同的、可以变化的，具有清浊、昏明、刚柔、强弱的多样性，并且可以为善可以为恶。只看见本性的共同性，而忽略了气质的多样性，就是不完备。只看见气质的多样性，而忽略了本性的共同性，就是不明白。每一个人都既有人类的共同本性，又有其自己的气质，如果只看见本性，而不见气质，则人人尽善，无需改进；如果只看见气质，而不见本性，则改进就失去了依据。

3 以上这一章出自《程氏遗书》。张伯行说："此明道先生示人以内圣外王之要也。""理"是天理，天理只趋于至善，是不可变的。"体"是事体，是事物所当然、所应该如此的状况。

4 **曾点:**名皙，字子皙，曾参之父，孔子弟子。 **漆雕开:**复姓漆雕，字子开，孔子弟子。 **与:**赞同。以上这一章出自《程氏遗书》，为程颐所说。

5 **造:**到、至。引申为造诣、成就。以上这一章出自《程氏遗书》，为程颐所说。师长可以给学生确立一个方向，能否取得成就最终要取决于学生自己。朱熹说："此段只如'弟子入孝出弟，行谨言信，爱众亲仁，行有余力则以学文'之意耳。先只是从实上培壅一个根脚，却学文做工夫去。"

6 **天德**：天性、天理。以上这一章出自《程氏遗书》。"夹持"的"夹"字的本义，是二人从两面紧紧夹住。朱熹评论说："最是他(指程颐)下得'夹持'两字好。敬主乎中，义防于外，二者相夹持，要放下霎时也不得，只得直上去，故便达天德。"

7 **懈**：放松、懒散。以上这一章出自《程氏遗书》。孟子说"求则得之，舍则失之"，又说"学问之道无他，求其放心而已矣"，关键在一个"求"字。所以儒家最重视《易经》"天行健，君子以自强不息"一句，而"懈意"就是最要克服的了。张伯行说："道原于天，体道者必与天相似，方全尽此天理。天行之健，无时或息，君子自强不息，乃所以法天。懈意一生，便与道隔，岂非自暴自弃乎？"

8 以上这一章出自《程氏遗书》。"老"字的本义是专指年龄，"衰"是事物由强盛渐趋微弱，与"盛"字相对。年龄的增长是不可阻止的，而"衰"却是可以改变的。照此，"不学便老而衰"一句可以有三种理解。一是身体的状况分为心志和血气两方面，如果没有了心志方面的坚持，血气就会随着年龄的衰老而衰老了，而如果有了心志方面的坚持，就可以阻止血气的衰老。因为心志针对的是学问，学问以义理为主，而义理是推演无穷，永远不会衰老的。所以叶采说："学问则义理为主，故阅理久而益以精明。不学则血气为主，故阅时久而益以衰谢。"张伯行也说："天下无不衰之人，而有不衰之学。学者，学乎义理者也，义理无穷，岂有衰时？不学则理不足以养心，志不足以帅气。"二是虽然血气有衰老，但是心志却仍可以不老，心志不老也就不会感觉到衰老，也就是"老当益壮"的意思。所以孔子说："学而不厌，诲人不倦。""发愤忘食，乐以忘忧，不知老之将至。"三是即使生命衰老了，也有言语留下来，传之不朽。孔子曾说："及其老也血气既衰，戒之在得。"又说："甚矣，吾衰也！"孔子并不是不承认生命的衰老，而是君子立言立行，自有不衰老的东西在。所以张伯行说:“即吾衰有叹,死而后已,尚留此不衰之学,以振励万古。”

原文

人之学不进,只是不勇。[1]

学者为气所胜,习所夺,只可责志。[2]

内重则可以胜外之轻,得深则可以见诱之小。[3]

董仲舒[4]谓:“正其义不谋其利,明其道不计其功。”孙思邈曰:“胆欲大而心欲小,智欲圆而行欲方。”[5]可以为法矣。[6]

大抵学不言[7]而自得者,乃自得也;有安排布置者,皆非自得也。[8]

视听、思虑、动作,皆天[9]也。人但于其中要识得真与妄尔。[10]

译文

一个人的学问没有进境,只是由于不勇猛。

学者如果被气质所战胜,被习惯所更改,只能责备自己的意志。

内心的道义重就可以胜过外物,使外物变得轻微;所得的见识深切就可以显出利欲诱惑的渺小。

董仲舒说:“处置事物使之合宜而不贪图它的利益,阐明道义使之光大而不计较它的功效。”孙思邈说:“胆子要大心要细,智虑要圆熟行为要正直。”可以取法。

大抵学者不待别人讲述而自己有心得的,是自得的;有别人帮助安排布置的,都不是自得的。

视听、思虑、动作,都是发自天理。人只是在其中要看出真实与虚妄罢了。

注释

1 以上这一章出自《程氏遗书》,为程颢所说。一个人如果学问没有进境,不能推托说气质低下,环境恶劣。懦弱无志,妥协因循,都是由于不勇猛。其实越是环境恶劣,越需要勇猛发愤。孔子鼓励心有愤愤的人说:“不愤不启,不悱不发。”又说:“三军可夺帅也,匹夫不可夺志也。”孟子称赞勇士说:“志士不忘在沟壑,勇士不忘丧其元。”所以张伯行阐释这段话的大意说:“学期日进。然既学矣,自当有进境。……若勇往直前,则食可忘,忧可忘,何论时势? 愚必明,柔必强,何论气质? 有不进者,断无是理也!”

2 **气:**气质。 **胜:**胜过、超过。 **习:**习惯。 **夺:**混淆、更改。 **志:**意志。以上这一章出自《程氏遗书》,为程颐所说。气质是在生命之初形成的,习惯是在已生之后形成的,这些后天形成的东西都可能改变人的先天本性。人要想不受其干扰,只有靠自己的意志。《朱子语类》记载:“或以科举、作馆废学自咎者,曰:不然,只是志不立,不曾做工夫尔! 孔子曰:‘不怨天,不尤人。’自是不当怨尤,要你做甚耶! ……若志立,则无处无工夫,而何贫贱患难与夫夷狄之间哉!”

3 **内:**内心的修养,指心性、道义。 **外:**外物,指利欲。以上这一章出自《程氏遗书》。大抵人的内心有所不足,才会感到外物的富足;心中没有切实的收获,才会对外界的纷华觉得喜悦。之所以如此,是因为这些人还不懂得道义的价值。

4 **董仲舒:**西汉大儒,少治《公羊春秋》,为经学博士,仕为江都王相、胶西王相。汉武帝召贤良对策,董仲舒上《天人三策》,倡议“罢黜百家,独尊儒术”,“诸不在六艺之科,孔子之术者,皆绝其道,勿使并进”,从此确立了儒学的正统地位。著有《春秋繁露》传世。

5 **孙思邈:**隋末唐初名医,又钻研诸子百家,擅长阴阳之术,兼通佛典。著有《千金方》《千金翼方》。 **圆:**指委婉。 **方:**指正直。

6 以上这一章出自《程氏遗书》,是程颢称引两位古人的话。

7 **不言:**不待人言。

8 以上这一章出自《程氏遗书》,为程颢所说。学问要由自己主动思考,找到适合自己的路,潜心积虑,自然而然,这样成长起来才是可以“成一家之言”的大家。朱熹说:“学者须敬守此心,不可急迫,当栽培深厚。栽,只如种得一物在此。但涵养持守之功继继不已,是谓栽培深厚。如此而优游涵泳于其间,则浃洽而有以自得矣。苟急迫求之,则此心已自躁迫纷乱,只是私己而已,终不能优游涵泳以达于道。”

9 **天**:天理、天性。

10 **但**:只是。**真与妄**:叶采《近思录集解》:"顺理则为真,从欲则为妄。"罗钦顺《困知记》:"动以天之谓真,动以人之谓妄。"以上这一章出自《程氏遗书》,为程颢所说。

原文

明道先生曰:学只要鞭辟近里[1],著己[2]而已。故"切问而近思",则"仁在其中矣"。[3]"言忠信,行笃敬,虽蛮貊之邦,行矣。言不忠信,行不笃敬,虽州里,行乎哉?立则见其参于前也,在舆则见其倚于衡也,夫然后行。"[4]只此是学。质美者明得尽,查滓便浑化,却与天地同体。[5]其次惟庄敬持养,及其至则一也。[6]

"忠信所以进德,修辞立其诚,所以居业"者,乾道也。"敬以直内,义以方外"者,坤道也。[7]

译文

程颢先生说:学习只是要鞭辟近里,贴身而已。所以孔子说"切近地反问自己,切近地反思自己,仁就在其中了"。"言语忠实守信,行为诚恳恭敬,即使远在蛮貊之国,也行得通。言语不忠实守信,行为不诚恳恭敬,即使是近在家乡,能行得通吗?站立时就看见'忠实守信诚恳恭敬'在自己前面,乘车就看见它刻在车前的横木上,然后才能行得通。"这些就是学问。资质好的人看得彻底,渣滓就消化了,与天地合为一体。资质不好的人只有严肃、恭敬、保持、修养,以渐渐除去渣滓,至于目的都是一致的。

"内心积聚忠信,这样来使自己的德行日日有所进步。选择言辞从事文教,忠诚自己的志向,这样来建立功业。"《易经》这句话说的是乾道。"君子保持诚敬,来使他的内心平直;守持正义,来使他的外表方正。"《易经》这句话说的是坤道。

注释

1 **鞭辟近里**:鞭策到自身里面,形容探求透彻。

2 **著己**:张伯行说:"犹言贴身也。"

3 **“切问而近思”二句：**语出《论语·子张》：“子夏曰：博学而笃志，切问而近思，仁在其中矣。”“近思”二字即《近思录》得名之由。

4 **“言忠信”十一句：**语出《论语·卫灵公》，原为孔子及其弟子困于陈蔡之间时，弟子子张“问行”，孔子所作的回答。蛮貊之邦，意为边远的国家。州里，意为家乡、乡里。《周礼·大司徒》以二千五百家为一州，二十五家为一里。立，站立。参，并立。舆，车。衡，车辕前端的横木。

5 **查滓：**即“渣滓”，指人身上的私欲。 **浑化：**消化。

6 **庄敬：**庄，严肃、端庄。敬，恭敬。以上这一章出自《程氏遗书》，为程颢所说。程颢引《论语》的话说“切问而近思”，这也正是朱熹将本书命名为《近思录》的出处。何晏《论语集解》解释“切问而近思”说：“‘切问’者，切问于己所学未悟之事。‘近思’者，思己所未能及之事。”关键在于一个“己”字。朱熹也说：“切问近思，言忠信，行笃敬云云，何尝有一句说做外面去？学要博，志须要笃。志笃，问便切，思便近，只就身上理会。”

7 以上这一章出自《程氏遗书》，为程颢所说。乾道，即《易经·乾卦》之道，又称乾德，指刚健不已。坤道，即《易经·坤卦》之道，又称坤德，指守持包容。程颢认为乾德、坤德都要具备，二者一经一纬，互相配合。张伯行说：“此两引《乾》《坤》文言之词，以明为学之道也。乾健而动，一而实，有清明强固之意。……坤顺而静，二而虚，有恭谨整齐之意。……大抵人之气质清明者，可以用乾道。而气质简重者，可以用坤道。”

原文

凡人才学，便须知着力处。既学，便须知得力处。[1]

有人治园圃，役知力甚劳。[2]先生曰：《蛊》之《象》：“君子以振民育德。”[3]君子之事，惟有此二者，余无

译文

人在刚刚做学问时，就应该知道着力的地方。已经做了学问，就应该知道能够得力的地方。

有人种植园圃，驱使自己的智力很辛劳。程颢先生说：《蛊卦·象传》中说：“君子振济下民，养育仁德。”君子所要做的事，只有这二者，其余没有别的了。

他焉。二者为己为人之道也。[4]

“博学而笃志，切问而近思”，何以言“仁在其中矣”？学者要思得之。了此便是彻上彻下之道。[5]

弘而不毅，则难立；毅而不弘，则无以居之。[6]

这二者就是为他人和为自己的途径了。

“使自己学问广搏，志向坚定，切近地反问自己，切近地反思自己”，为什么说“仁就在其中了”呢？学者要思考出这个道理。明了这个道理就是贯通上下的学问了。

博大而没有毅力，则难以有建树；有毅力而不博大，则无处可以居守。

注释

1 以上这一章出自《程氏遗书》。着力，是说使得上力，应该在此处下功夫。得力，是说有得于此，从中有了收获。但是无论着力还是得力，无论下功夫还是收获，都是以切己为核心。

2 **治**：治理，此处指种植。 **知力**：智力。知，同“智”。

3 **《蛊》**：卦名，《易经》六十四卦之第十八卦，《巽》下《艮》上。 **振民**：济民。 **育德**：养德。

4 以上这一章出自《程氏遗书》，为程颢所说。这段话中所说的“有人”，是指读书人。读书人就应该学做君子，要以济民、养德为己任。如果只专心于种植园圃，就把自己看得小了。程颢这段话与《论语·子路》中所载樊迟向孔子问稼，孔子责备他为“小人”的意思是一样的。

5 **了**：明了、明白。 **彻上彻下**：贯通上下。以上这一章出自《程氏遗书》，为程颢所说。贯通上下指的是学问，学问的目的是求“仁”，求“仁”的方法是反躬自省。张伯行说：“学所以求仁，然求仁者，非一个仁在彼，而切切求之也。仁即在吾心，亦即在日用事物之间。”

6 以上这一章出自《程氏遗书》，为程颢引用张载的话。理学家认为，“弘”是指博爱众理，宽广能容，不弘则是见识狭陋；“毅”是指有规矩，能担当，不毅则是意志颓废松弛。“弘”主要讲万物，“毅”主要讲自身，所以弘毅讲的是人与天地万物的关系。

原文

伊川先生曰：古之学者，优柔厌饫，有先后次序。[1]今之学者，却只做一场话说[2]，务高而已。常爱杜元凯语："若江海之浸，膏泽之润，涣然冰释，怡然理顺，然后为得也。"[3]今之学者，往往以游、夏[4]为小，不足学。然游、夏一言一事，却总是实。后之学者好高，如人游心于千里之外，然自身却只在此。[5]

修养之所以引年，国祚之所以祈天永命，常人之至于圣贤，皆工夫到这里，则有此应。[6]

忠恕[7]所以公平。造德则自忠恕，其致则公平。[8]

译文

程颐先生说：古代的学者，从容自得，饱满自足，学问有先后次序。现在的学者，却仅仅成了一场说书，务求清高而已。我常常喜爱杜预的一句话："如同江海的浸润，雨水的润泽，冰的融解，喜悦地理顺贯通，然后才叫作有了收获。"现在的学者，往往认为子游、子夏的学问做得小，不值得学。然而子游、子夏的一言一行，却总是实事。后来的学者喜欢清高，如同心思周游在千里以外，然而自身却还在此地。

修炼身体之所以可以延年，国运之所以可以祈祷上天获得长久，平凡的人之所以成为圣贤，都是因为功夫到了这里，就有这样的报应。

忠恕是为了达到公平。进德就从忠恕开始，进德的极致就是公平。

注释

1 **优柔：**宽容、宽舒、从容自得。 **厌饫：**饮食饱足，引申为饱满自足，无须外求。

2 **话说：**古代称艺人讲唱的历史演义或小说故事为"话"，讲唱"话"称为"说话"或"话说"，讲唱依据的稿本称为"话本"，类似现代的说书。

3 **杜元凯：**杜预，字元凯。西晋史学家，官至镇南大将军、都督荆州诸军事，率兵灭吴，因功封当阳县侯。精熟《左传》，著《春秋左氏经传集解》，自称"有《左传》癖"。 **膏泽：**甘雨。膏，甘美。 **涣然：**冰融解的样子。涣，流散。 **怡然：**喜悦的样子。怡，和悦、喜悦。

4 **游、夏:**游,言偃,字子游。夏,卜商,字子夏。均为孔子弟子,以长于文学(即读书)齐名。

5 以上这一章出自《程氏遗书》。这段话中程颐所引用的杜预的话,是杜预称赞左丘明为孔子编订的《春秋》所作的传文写得好,因为这传文不仅能阐明经义,还能补经文所未备,而且文笔优美,善于启发和解疑。

6 **修养:**修身养性,此处专指对身体的修炼。 **引年:**延年。引,延长。 **国祚:**国运。祚,皇位。 **永命:**长命。 **应:**报应。以上这一章出自《程氏遗书》。向上天祈祷是因为在此之前已下了功夫,切不可因为向上天做了祈祷,而不再下功夫。功夫是第一位的,祈祷是第二位的,这样的祈祷才会生效。

7 **忠恕:**忠,忠诚;恕,宽容。

8 **造德:**进德。造,成就。以上这一章出自《程氏遗书》。"忠恕"是儒家专有的概念。《论语·里仁》:"曾子曰:'夫子之道,忠恕而已矣。'"就是说孔子的思想可以用"忠恕"一语概括。"忠恕"是一对关系的两个方面,朱熹说:"尽己之谓忠,推己之谓恕。""尽己"可以理解为"己欲立而立人,己欲达而达人","推己"可以理解为"己所不欲,勿施于人"。

原文

仁之道,要之只消道一"公"字。公只是仁之理,不可将公便唤做仁。公而以人体之故为仁。只为公则物我兼照[1],故仁所以能恕,所以能爱。恕则仁之施,爱则仁之用也。[2]

今之为学者,如登山麓。方其迤逦[3],莫不阔步,

译文

仁的道理,总之,只说一个"公"字就足够了。公只是仁的本性,不可以把公就叫作仁。公由人实行出来因此称为仁。只有公,那么万物和自我就都可以得到观照,所以仁可以用来宽容,也可以用来爱抚。宽容是仁的实施,爱抚是仁的作用。

现在治学的人,如同攀登山麓。当山路曲折连绵时,没有人不阔步向前走,

及到峻处便止。须是要刚决果敢以进。[4]

等到了高峭、险峻之处就止步了。必须要刚决果敢地向前进。

人谓要力行[5]，亦只是浅近语。人既能知，见一切事[6]皆所当为，不必待着意[7]，才着意便是有个私心。这一点意气[8]，能得几时子？[9]

人们说要身体力行，也只是一句浅近的话。人既然能够认知，见到一切符合仁道的事情，都是他所应当做的，不必等待用心考虑，才一用心就是有了私心。这一点一时的情绪，能够坚持得了几时？

注释

1 **照**：本义指阳光的照耀，此处引申为人心的观照。

2 以上这一章出自《程氏遗书》。这一章主要讲一个"公"字。"私"字古文写作"厶"。"公"和"私"相对而言，"自环者谓之私，背私谓之公"。

3 **迤逦**：曲折连绵。

4 以上这一章出自《程氏遗书》。张伯行说："此言有志为学者，不可以无勇也。……如人之登山，必至其巅，所谓有志者也。然欲至巅，必须直上；欲造极，则必须勇行。"

5 **力行**：努力实践。

6 **一切事**：此处指一切符合仁道的事。

7 **着意**：注意、用心。

8 **意气**：一时的情绪。

9 以上这一章出自《程氏遗书》。儒家最强调行，"学至于行而已矣"，所以身体力行是非常重要的。

原文

知之必好之，好之必求之，求之必得之。古人此个学，是终身事。果能

译文

了解它必定喜好它，喜好它必定寻求它，寻求它必定可以得到它。古人把治学当作一生的事情。果真能够在遭逢倾

颠沛造次必于是，岂有不得道理？[1]

覆和境遇仓促的时候也守在这里，岂有不能得到的道理？

古之学者一，今之学者三，异端不与焉。[2]一曰文章之学，二曰训诂之学，三曰儒者之学。欲趋道，舍儒者之学不可。[3]

古代的学者所学的只是一个，现在的学者所学的是三个，异端还不在其内。一个叫作文章之学，一个叫作训诂之学，一个叫作儒者之学。要想追求道，除了儒者之学是不行的。

注释

1 以上这一章出自《程氏遗书》。这段话中所说的知之、好之、求之、得之，正是为学的几个具体的阶段。《论语·雍也》中也说："子曰：'知之者，不如好之者。好之者，不如乐之者。'"可与此段相互参考。

2 **异端**：指佛教和道教。 **不与**：不在其内。与，在其中。

3 文章之学又称词章之学，指专门作诗文。训诂之学又称章句之学，指专门解释字句。孔子是兼通文章与训诂之学的，他说过"言之无文，其行不远"，说过学《诗经》可以"多识草木鱼虫之名"，但是文章与训诂只是枝叶，道才是根本。后来文章与训诂逐渐脱离了根本，成为专门之学，学术就分裂了。程颐这段话意在指出，专门的文章之学与训诂之学是无法求得大道的。

原文

问："作文害道否？"曰："害也。凡为文不专意则不工，若专意则志局[1]于此，又安能与天地同其大也？《书》曰：'玩物丧志。'为文亦玩物也。吕与叔[2]有诗云：'学如元凯方成癖，文似相

译文

弟子问："作文章妨害道吗？"程颐说："妨害。凡是作文章，不专心就不精致，如果专心那么心思就局限在这里，又怎么能像天地那样广大呢？《尚书》中说：'沉溺于外物而丧失本心。'作文章也是沉溺于外物。吕大临有一首诗写道：'治学要如同杜预才叫作成癖，作

如始类俳。独立孔门无一事，只输颜氏得心斋。'[3] 古之学者，惟务养情性，其他则不学。今为文者，专务章句[4]悦人耳目。既务悦人，非俳优而何？"

文章似司马相如那几乎就像俳优。独自站立在孔子门下没有一件事惭愧，只是在获得心斋上输给了颜回。'古代的学者，只是专心修养性情，其他是不学的。现在的学者，专门学习章句以取悦别人。既然是专门取悦别人，不是俳优还是什么？"

曰："古者学为文否？"曰："人见'六经'，便以谓圣人亦作文，不知圣人亦摅发胸中所蕴，自成文耳，所谓'有德者必有言'也。"

弟子问："古代的学者作文章吗？"程颐说："人们见了'六经'就说孔子也作文章，不知道孔子也只是抒发胸中蕴积的感触，自然而然地写成了文章罢了，就像孔子所说的'有德行的人必然要有文章'。"

曰："游、夏称文学[5]，何也？"曰："游、夏亦何尝秉笔学为词章也？且如'观乎天文以察时变，观乎人文以化成天下'，此岂词章之文也？"[6]

弟子问："子游和子夏以文章著称，为什么？"程颐说："子游和子夏又何曾握着笔学习作文章呢？况且像'观察天文以考察时间的变化，观察人文以教化天下'，这里所说的'文'哪里是词章的'文'呢？"

注释

1 **局：**局限。

2 **吕与叔：**吕大临，字与叔。蓝田人（今陕西蓝田），官至太学博士、秘书省正字。初学于张载，张载去世后又学于二程，与游酢、杨时、谢良佐并称为二程门下"四先生"。

3 **元凯：**即杜预。 **相如：**即司马相如，字长卿，西汉蜀郡成都（今四川成都）人，大文学家，以赋著名。 **俳：**俳优，古代以乐舞作谐戏的艺人，多为宫廷所畜养。 **颜氏：**即颜回。 **心斋：**摒除杂念，心境虚静纯一。

4 **章句：**专门训诂书中篇章字句的治学方法。

5 **游、夏称文学**：游、夏，子游和子夏。称文学，以文学著称。

6 这三段话出自《程氏遗书》，是程颐在回答弟子疑问时所说的。《易传》中所说的“天文”是指天象，“人文”是指人类的礼乐教化，而文章的“文”仅限于文字方面，有时专指文采辞藻，与儒家所追求的大道自然是不能相比的。至于取悦于人而类似俳优，就更是求道者应该引以为戒的了。叶采解释这段话的大意说：“天文，谓日月星辰之文。人文，谓人伦礼乐之文。”张伯行说：“文以载道也。后人习气大盛，富丽相夸，而不知其去道已远。……愿当世学者慎毋轻弄笔墨，而以文害道也。”

原文

涵养[1]须用敬，进学则在致知。[2]

莫说道将第一等让与别人，且做第二等。才如此说，便是自弃。虽与“不能居仁由义”者差等不同，其自小一也。[3]言学便以道为志，言人便以圣为志。[4]

问：“‘必有事焉’[5]，当用敬否？”曰：“敬是涵养一事。‘必有事焉’，须用集义[6]。只知用敬，不知集义，却是都无事也。”

又问：“义莫是中理否？”曰：“中理在事，义在心。”[7]

译文

涵养应该以敬为主，进学的目的则在于获得知识。

不要说把第一等让给别人，姑且做第二等。刚刚这样说了，就是自弃。虽然和不能居仁由义的自弃等级不同，都是自己小看了自己却是一样的。说到治学就要以道为志向，说到做人就要以做圣人为志向。

弟子问：“‘人在做仁义的事情时，必定有福分在其中’，这时应该以恭敬为主吗？”程颐回答说：“恭敬是在涵养上的事情。‘人在做仁义的事情时，必定有福分在其中’，这时应该累积一件件合乎道义的事。只知道恭敬，不知道累积一件件合乎道义的事，就成了无须做什么事了。”

弟子又问：“义是合乎事理吗？”程颐回答说：“合乎事理是就事情而言的，义是发自内心的。”

注释

1 **涵养**：存养其心性，犹言修养。

2 以上这一章出自《程氏遗书》。

3 **不能居仁由义**：即指自弃。语出《孟子·离娄上》："吾身不能居仁由义，谓之自弃也。" **差等**：等级、级别。 **自小**：小看自己。

4 以上这一章出自《程氏遗书》。朱熹说："为学须思所以超凡入圣。"

5 **必有事焉**：赵岐《孟子注》："言人行仁义之事，必有福在其中。"

6 **集义**：犹积善，行事合乎道义。

7 以上这一章出自《程氏遗书》，是程颐在解答弟子的疑问时所说的。

原文

问："敬、义何别？"曰："敬只是持己[1]之道，义便知有是有非。顺理而行，是为义也。若只守一个敬，不知集义，却是都无事也。且如欲为孝，不成只守着一个'孝'字？须是知所以为孝之道，所以侍奉当如何，温清[2]当如何，然后能尽孝道也。"[3]

学者须是务实，不要近名方是[4]。有意近名，则是伪也。大本已失，更学何事？为名与为利，清浊虽不同，然其利心则一也。[5]

"回也其心三月不违仁"[6]，只是无纤毫私意。有

译文

弟子问："敬和义有什么分别？"程颐回答说："敬只是约束自己的方法，义就是知道有是有非了。依循天理去做，这是义。如果只守持一个敬，不知道积善，就是无须做什么事了。就如同想要尽孝，不能只守着一个'孝'字吧？必须知道怎样做才是尽孝，侍奉应该怎么样，温凉应该怎么样，然后才能算尽了孝道。"

学者应该务实，不要接近名誉才对。有意接近名誉，就是虚伪了。大的根本已经丧失了，还学什么？为名誉和为利益，虽然有清廉和污浊的不同，然而两者都是出于功利之心则是一致的。

"颜回的内心长久地没有违背仁"，只是因为他没有丝毫的私心。有

少私意便是不仁。[7]

一点私心就不是仁了。

注释

1 **持己:**律己。持,握住,引申为约束。

2 **温凊:**温凉。凊,寒、凉。《礼记·曲礼上》:"凡为人子之礼,冬温而夏凊,昏定而晨省。"

3 以上这一章出自《程氏遗书》,仍是程颐对"敬"和"义"的阐释。

4 **是:**正确。

5 以上这一章出自《程氏遗书》。

6 **回也其心三月不违仁:**语出《论语·雍也》,为孔子表扬颜回的话,意为颜回的内心长久地没有违背仁。三个月是喻其长久,并非确指。

7 以上这一章出自《程氏遗书》。求仁,除私心最重要。朱熹说:"仁与心本是一物,被私欲一隔,心便违仁去,却为二物。若私欲既无,则心与仁便不相违,合成一物。心犹镜,仁犹镜之明,镜本来明,被尘垢一蔽,遂不明。若尘垢一去,则镜明矣。"

原文

"仁者先难后获",有为而作,皆先获也。[1] 古人惟知为仁而已,今人皆先获也。[2]

有求为圣人之志,然后可与共学;学而善思,然后可与适道;思而有所得,则可与立;立而化之,则可与权。[3]

古之学者为己,其终至于成物[4];今之学者为

译文

"仁者先承担困难而后再收获",有目的去做,都是先求收获。古代的人只知道遵循仁而已,现在的人都是先求收获。

有希求孔子的志向,然后才可以和他一起学习。学习时善于思考,然后才可以和他一起去追求道;思考以后有了心得,这时就可以和他一起有所建树;有了建树以后又能随时宜而变化,这时就可以和他一起权衡轻重。

古代的学者治学是为了自己,最终成就了别人;现在的学者治学是为了别人,最

物，其终至于丧己。[5]

君子之学必日新[6]。日新者，日进也。不日新者，必日退，未有不进而不退者。唯圣人之道，无所进退，以其所造者极也。[7]

终丧失了自己。

君子的学问一定要每日有新的收获。每日有新收获，就是每日有进步。不每日有进步，必定会每日退步，没有不进步而可以不退步的。只有孔子的学问，没有进退的分别，因为他所达到的境界极高了。

注释

1 **仁者先难而后获：**语出《论语·雍也》，是弟子樊迟问仁，孔子所作的解答。难，困难。获，收获。 **有为：**有所为而为。

2 以上这一章出自《程氏遗书》。朱熹说："获，有期望之意。学者之于仁，工夫最难，但先为人所难为，不必有期望之心可也。"

3 **适：**去、到。**立：**建树。**化：**变化。**权：**衡量。以上这一章出自《程氏遗书》，是程颐阐释《论语》中孔子的话时所说的。《论语·子罕》载："子曰：'可与共学，未可与适道。可与适道，未可与立。可与立，未可与权。'"学、思、适道、立、权五者，大体标示了治学由低到高的层次。

4 **成物：**使自身以外的一切有所成就。古代称"物"包括人物与事物二者。

5 以上这一章出自《程氏遗书》。《论语·宪问》中说："子曰：'古之学者为己，今之学者为人。'"程颐就此加以阐释。

6 **日新：**每日有新的领悟。《礼记·大学》引《汤之盘铭》曰："苟日新，日日新，又日新。"张伯行《近思录集解》说："'日新'者，学既上进，则所见闻非复旧日境界也。"

7 **造：**往、至。以上这一章出自《程氏遗书》。

原文

明道先生曰：性静者可以为学。[1]

译文

程颢先生说：性情安静的人可以治学。博大而没有毅力，则没有规矩；有毅力弘而不毅则无规矩，毅而不弘则隘陋。[2]

而不博大，则狭隘浅陋。

知性善以忠信为本，此“先立其大者”。[3]

想认识性善，要以忠实守信为主，这就是孟子所说的“先树立根本”的意思了。

伊川先生曰：人安重则学坚固。[4]

程颐先生说：人安稳厚重，学问就坚实牢固。

“博学之，审问之，慎思之，明辨之，笃行之。”五者废其一，非学也。[5]

“广博地求取学问，精详地发出问题，谨慎地思考探索，明智地辨别是非，最后笃实地去实践它。”这五者废弃任何一个，都不能成就真正的学问。

注释

1 以上这一章出自《程氏外书》。朱熹说：“心不定，故见理不得。今且要读书，须先定其心，使之如止水，如明镜。暗镜如何照物！”又说：“未有心不定而能进学者。人心万事之主，走东走西，如何了得！”

2 以上这一章出自《程氏外书》，是程颐对《论语・泰伯》中孔子所说“士不可以不弘毅”所作的阐释。

3 **知**：认识。 **性善**：本性善良。 **忠信**：忠实守信。 **先立其大者**：语出《孟子・告子上》，原文作：“先立乎其大者，则其小者弗能夺也。”意为为学为人先要树立根本，就不会被次要的因素所干扰了。

4 **安重**：安稳、厚重。 **坚固**：坚实、牢固。以上这一章出自《程氏外书》。《论语・学而》：“子曰：‘君子不重，则不威，学则不固。’”程颐这句话是对孔子所说而作的正面阐释。重是厚重、敦厚，不重则轻浮、浮躁，总之是学忌轻浮的意思。

5 以上这一章出自《程氏外书》，是程颐对《礼记・中庸》中所述治学过程的强调，其中共有五个方面，五者循序渐进，依次而行。最后一个方面同时也是最高的一个境界是“行”，这是儒家所反复强调的。无论所学的是什么，最终都要见之于行，最忌讳流为空言。

原文

张思叔[1]请问，其论或太高，伊川不答。良久[2]，曰："累高必自下。"[3]

明道先生曰：人之为学，忌先立标准。若循循不已，自有所至矣。[4]

尹彦明见伊川后，半年方得《大学》《西铭》看。[5]

有人说无心[6]。伊川曰："无心便不是，只当云无私心。"[7]

译文

张绎请教学问，他的论述有时太高远，程颐不作回答。过了很久，才说："学问想累积得高必定要从下面平实处开始。"

程颢先生说：人们做学问，忌讳先树立标准。如果耐心循序渐进而不停顿，自然会达到目的。

尹焞见到程颐以后，半年才被准许看《大学》《西铭》。

有人说应该无心。程颐说："无心就不对了，只应当说没有私心。"

注释

1 **张思叔：**张绎，字思叔，程颐弟子，程颐曾称赞他"高识"。

2 **良久：**很久。

3 以上这一章出自《程氏外书》。《中庸》："行远必自迩，登高必自卑。"高识是好事情，是学者所共同追求的目标，但是要想获得高识，一定要先打好基础。程颐不回答张绎，就是要他打好基础的意思。

4 **循循：**有顺序的样子。以上这一章出自《程氏外书》。

5 **尹彦明：**尹焞，字彦明，赐号和靖处士。程颐弟子，侍奉程颐二十年，程颐曾称赞他"笃行""鲁者终有守也"。官至侍讲、权礼部侍郎。著有《论语解》《和靖集》。**《大学》：**《礼记》第四十二篇，传为曾子所作。至二程、朱熹时，从《礼记》中抽出单行，又与《论语》《孟子》及《中庸》合为"四书"，字句也有改动。**《西铭》：**张载所著名篇，又名《订顽》，收入《正蒙·乾称篇》。以上这一章出自《程氏外书》。《大学》《西铭》本是二程、朱熹极为看重的经典，半年才准许尹焞看，是因为先要他感染气氛、积养忠信、反省自己，仍是循序渐进的意思。

6 **无心:**佛教《四十二章经》:“佛言人有二十难……触事无心难。”张伯行《近思录集解》:“有人说无心,不问可知为禅学矣。……此正佛氏‘无心意’‘无受想’之说。”

7 以上这一章出自《程氏外书》。“无心”的说法是从一概否定的方面讲,是来自佛教的概念,儒家所不提倡,所以程颐提出来加以纠正,改称为无私心,或者说有公心。朱熹说:“天下之物,至微至细者,亦皆有心,只是有无知觉处尔。且如一草一木,向阳处便生,向阴处便憔悴,他有个好恶在里。至大而天地,生出许多万物,运转流通,不停一息,四时昼夜,恰似有个物事积踏恁地去。天地自有个无心之心。”

原文

谢显道[1]见伊川,伊川曰:“近日事如何?”对曰:“天下何思何虑?”[2]伊川曰:“是则是有此理,贤[3]却发得太早。”

在伊川直是会锻炼得人[4],说了又道:“恰好着工夫也。”[5]

谢显道云:“昔伯淳[6]教诲,只管着他言语。伯淳曰:‘与贤说话,却似扶醉汉,救得一边,倒了一边。’只怕人执着一边。”[7]

译文

谢良佐拜见程颐,程颐问:“近来在做什么事?”谢良佐回答说:“天下何思何虑?”程颐说:“道理是有这个道理,你却讲得太早。”

程颐真是善于锻炼人,说了这话以后又说:“这恰好是你该下功夫的地方。”

谢良佐说:“从前听程颢先生的教诲,只管牢记他的言语。程颢先生说:‘和你说话,好似扶醉汉,救了一边,倒了另一边。’他惟恐弟子执着于一边。”

注释

1 **谢显道:**谢良佐,字显道,上蔡(今河南上蔡)人,世称上蔡先生。二程弟子,著有《论语说》《上蔡语录》。

2 **天下何思何虑:**意为事物各依天理运行,自然而然,无思无虑。

3 **贤:**贤明的人,此处为对谢良佐的敬称。

4 **在伊川直是会锻炼得人:**这一句是谢良佐所加的评论。直是,真是。

5 以上这一章出自《程氏外书 · 传闻杂记》所引《上蔡语录》,为谢良佐追忆二十年前往见伊川之语。

6 **伯淳:**程颢,字伯淳。

7 **只怕人执着一边:**这一句为谢良佐评论程颢之语。执着,此处为拘泥、壅蔽的意思。以上这一章出自《程氏外书·传闻杂记》所引《上蔡语录》,为谢良佐对自己求学情形的追述之语。

原文

横渠先生曰:"精义入神"[1],事豫吾内,求利吾外也。"利用安身"[2],素利吾外,致养吾内也。"穷神知化"[3],乃养盛自至,非思勉之能强。故崇德而外,君子未或致知也。[4]

形而后有气质之性。善反之,则天地之性存焉。[5]故气质之性,君子有弗性者焉。[6]

译文

张载先生说:"万物的精微感触了心神",这句话的意思和我的内心相关,但是可以有利于我身外的致用。"要想致用应该先安静自身",这句话的意思和我的身外致用相关,但是可以有利于涵养我的内心。"穷极细微的神妙,知晓变化的规律",这句话的意思是说涵养隆盛以后,致用自然会有结果,不是役使思虑就可以勉强得到的。所以除了尊崇德行以外,君子不会刻意求取其他的方法获得知识。

有了形体以后就有了气质之性。善于反省它,天地之性就保持下来了。所以对于气质之性,君子有时是没有的。

注释

1 **精义入神:**语出《易经 · 系辞下传》,原文作:"精义入神,以致用也。利用安身,以崇德也。过此以往,未之或知也。穷神知化,德之盛也。"孔颖达《周易正义》解释为:"言圣人用精粹微妙之义,入于神化,寂然不动,乃能致其所用。"

2 **利用安身**:出处同上。孔颖达解释为:“言欲利己之用,先须安静其身,不须役其思虑。”

3 **穷神知化**:出处同上。孔颖达解释为:“穷极微妙之神,晓知变化之道,乃是圣人德之盛极也。”

4 **崇德**:出处同上。孔颖达解释为:“身既得安,然后举动,德乃尊崇。”以上这一章出自张载《正蒙·神化》,是张载对《易经·系辞下传》所作的阐释,其大意认为要想成就身外的致用,必须先“养内”,其基础就是尊崇德行。

5 **善**:善于。 **反**:反省、返回。

6 以上这一章出自张载《正蒙·诚明》。气质之性与天地之性的区分始于张载、程颐。张载认为,人性有“天地之性”与“气质之性”两种。天地之性是先天的,是善的,又叫作天性、本性。气质之性是后天的,是可善可恶的,是需要改造的。张载这段话的意思是说,人先有天地之性,后有气质之性,气质之性掩盖了天地之性。如果善于反省气质之性,磨砺、变化它,那么天地之性就可以恢复,这叫作“复性”。张载的用意,就是要人“变化其气质”。

原文

德不胜气[1],性命于气;德胜其气,性命于德。穷理尽性[2],则性天德[3],命天理[4]。气之不可变者,独死生修夭而已。[5]

莫非天也。阳明胜则德性用,阴浊胜则物欲行。“领恶而全好”[6]者,其必由学乎![7]

大其心,则能体[8]天下之物。物有未体,则心

译文

德性胜不过气质,性命就听由气质;德性胜过了气质,性命就听由德性。穷究天理和本性,性命就出于天德和天理。气质一点都不能改变的,唯独只有人的生死和寿命的长短罢了。

没有什么不是出于天性。人的气质如果是光明,属于阳的一面胜了,德性就是主导;如果是阴暗浑浊胜了,物欲就是主导。要想“治理恶而保全善”,一定要从学习开始啊!

扩大自己的内心,就能体认天下的事

为有外[9]。世人之心，止于见闻之狭。圣人尽性，不以见闻梏[10]其心，其视天下无一物非我。孟子谓“尽心则知性知天”，以此。天大无外，故有外之心，不足以合天心。[11]

理。如果天下的事理还有没有体认到的，就是心中还有内外之分。世人的内心，在见闻狭隘之处就止住了。圣人能够穷尽天性，不因为见闻的狭隘而拘禁他的内心，他看待天下的事理，没有一件不与自己相关。孟子说“穷尽自己的内心就知道性了，就知道天了”，就是因为这个缘故。天地至大没有内外，所以有了内外的想法，就不足以契合天道。

注释

1 **德：**万物所禀受于天的性质，又称德性、生生之德。 **气：**气禀、气质。

2 **穷理尽性：**朱熹《周易本义》解为：“穷天下之理，尽人物之性，而合于天道。”

3 **性天德：**性出于天德。

4 **命天理：**命出于天理。

5 **修夭：**寿夭。修，长，此处指长寿。夭，少壮而死，即夭折。“气之不可变者”一句，是强调气禀对于人的巨大影响，除生死寿夭外无不影响。以上这一章出自张载《正蒙·诚明》，大意认为人的气禀之性与人的先天本性相伴随，二者始终相互制约。人应克服气禀之性，穷尽天理本性，最终使自己的性命与天理、天性相合为一。

6 **领恶而全好：**郑玄《礼记注》：“领，犹治也。好，善也。”

7 以上这一章出自《正蒙·诚明》。“莫非天也”，是说善与恶都是出于天理，合于天性，有其根据。张载的这一思想与程颐基本相同，程颐说：“善固性也，然恶亦不可不谓之性也。”

8 **体：**体察、体认。

9 **有外：**有内外之分。

10 **梏：**原为用在手上的刑具，引申为拘禁。

11 以上这一章出自《正蒙·大心》。“天大无外”，是说天地之大无穷无尽，无所谓内外。尽心即是通过反省穷尽自己的内心，因为人的心性是由天地所赋予的，两者具有天然的联系。学者的使命便是体认天地间万事万物的道理并穷尽自己的内心，做到天人合一、物我合一。

原文

仲尼绝四[1]，自始学至成德，竭两端[2]之教也。意，有思也。必，有待也。固，不化也。我，有方[3]也。四者有一焉，则与天地为不相似矣。[4]

上达反天理，下达徇人欲者欤！[5]

译文

孔子禁绝不为的四件事，是从开始学习到成就德业，竭尽终始两端的教诲。意，是有心意。必，是有期待。固，是不能感化。我，是有一己之见。这四者有了一个，就与天地之道不相似了。

追求德义就返于天理，追求财利就顺从了人的欲望！

注释

1 **仲尼绝四**：语出《论语·子罕》，原文作："子绝四：毋意，毋必，毋固，毋我。"绝，禁绝。

2 **竭两端**：竭，竭尽；两端，终始两端。

3 **方**：古称有一家之见或艺有专精的人为方家。

4 以上这一章出自《正蒙·中正》。张载认为，孔子"四绝"是与天地之道相合的，所以学者遵循四绝的教诲，也就是遵循了天地之道。

5 **上达**：追求本原，指德义。**下达**：追求末节，指财利。以上这一章出自《正蒙·诚明》，是张载发挥孔子思想所说的话。《论语·宪问》中说："子曰：君子上达，小人下达。"

原文

知崇，天也，形而上也。[1]通昼夜而知[2]，其知崇矣。知及

译文

"智"是崇高的，是由效法"天"而来的，是在有形的事物之上的。通晓幽明之道而无所不知，这样的"智"真是太崇高了。"智"达到了，而不用礼义使自己顺从本性而实践出来，这"智"就不是你所有的

之而不以礼性之，非己有也。[3] 故知礼成性而道义出，如天地位而易行。[4]

了。所以是“智”和“礼”共同成就了万物的本性，而道义就从其间显现出来了，就如同天地各有其位置而易道就在其中运行一样。

《困》之进人[5]也，为德辨[6]，为感速。孟子谓“人有德慧术智者，常存乎疢疾”[7]，以此。[8]

困难能促使人进步，能使人明辨德操，能使人的感发迅速产生出来。孟子说“人之所以有德性、智慧、道术、才智，常常由于他有灾患”，就是因为这个缘故。

言有教，动有法；昼有为，宵有得；息有养，瞬有存。[9]

一说话就要对世人有教化的功效，一个举动都要合乎规矩法度；白天要有所作为，夜晚要总结心得；呼吸之间要对道义保持涵养，一瞬间要对道义心怀思念。

注释

1 **知崇，天也：**朱熹解为“知识高明如天”。知，同“智”。崇，高。 **形而上：**意为超越有形事物之上的、抽象的本体。《易经・系辞上传》：“形而上者谓之道，形而下者谓之器。”

2 **通昼夜而知：**意为圣人通晓幽明之道而无所不知。

3 **知及之：**在知识方面已经达到了。 **不以礼性之：**张伯行解为“既已知之而不能行之以礼”。 **非己有也：**张伯行解为“尚非己有也”“未善也”。

4 **知礼：**智与礼。 **成性：**成就万物的本性。 **天地位：**天地各有其位置。 **易行：**易道运行于天地之中。以上这一章出自《正蒙・至当》。

5 **《困》之进人：**《困》，卦名，《易经》第四十七卦，《坎》下《兑》上。困，困难。进人，促使人进步。

6 **为德辨：**辨，辨别、辨明。《易经・系辞下传》：“困，德之辨也。”王弼注：“困而益明。”孔颖达疏：“若遭困之时，守操不移，德乃可分辨也。”

7 **“人有德慧术智者”二句：**语出《孟子・尽心上》，原文作：“人之有德慧术智者，恒存乎疢疾。”德慧术智，赵岐解为德性、智慧、道术、才智。疢疾，灾患。

8 以上这一章出自《正蒙·三十》。困难可以促使人获得成功,这在古今中外的历史上已有极多先例。但困难本身其实并不能使人有所成就,由于面临困境而逼使自己努力,则一定会使人获得成就。

9 **宵:**夜晚。 **息:**呼吸。 **瞬:**眨眼。 **存:**怀念、思念。以上这一章出自《正蒙·有德》。张伯行说:“此示人以无息之学也。言君子自一身以至于一日一刻,皆当操存省察,无少间断,然后能进进不已。”

原文

横渠先生作《订顽》[1]曰:乾称父,坤称母。予兹藐焉[2],乃混然中处[3]。故天地之塞[4],吾其体[5]。天地之帅[6],吾其性[7]。民吾同胞,物吾与也。[8]人君者,吾父母宗子,其大臣,宗子之家相也。[9]尊高年,所以长其长;慈孤弱,所以幼吾幼。[10]圣其合德[11],贤其秀也[12]。凡天下疲癃残疾茕独鳏寡,皆吾兄弟之颠连而无告者也。[13]于时保之,子之翼也;乐且不忧,纯乎孝者也。[14]违曰悖德,害仁曰贼。济恶者不才[15],其践形惟

译文

张载先生所作《订顽》一文说:乾是父,坤是母。我是这样的弱小,我的形气与天地混合着,处于天地乾坤之间。所以天地乾坤的阴阳二气充塞着我的全身,我以阴阳二气为体,全身的气血都禀受于它。天地刚健、和顺的性质为阴阳二气所遵循,我也因此而成就了自己的本性。所有的人民都是我的同胞,所有的生物都是我的同类。大子是我们父母的嫡长子,大臣就是嫡长子家中的管家。天地间尊崇年纪大的,所以人类也尊崇他们年长的人;天地间爱抚孤单弱小的,所以人类也爱抚他们弱小的人。圣人与天地的德性相合为一,所以成为了圣人;贤人钟集了天地的灵秀,所以成为了贤人。天下年老多病,孤苦无依和老而无妻或无夫的人,都是我们众兄弟中困苦无可诉告的人。敬畏上天的威严而保护自己,这是你要小心翼翼的;乐天知命而没有忧虑,这才可称为孝道纯笃。违背天地叫作悖德,毁坏仁爱称为贼人。助长为恶的人是才能不健全的人,能够体现出天赋品质的

肖[16]者也。知化则善述其事，穷神则善继其志。[17]不愧屋漏为无忝[18]，存心养性为匪懈[19]。恶旨酒，崇伯子之顾养。[20]育英材，颍封人[21]之锡类。不弛劳而底豫，舜其功也。[22]无所逃而待烹，申生其恭也。[23]体其受而归全者，参乎！[24]勇于从而顺令者，伯奇也！[25]富贵福泽，将厚吾之生也。[26]贫贱忧戚，庸玉汝于成也。[27]存吾顺事，没吾宁也。[28]

圣人只是因为他们形似天地父母。圣人懂得天地乾坤的化育，所以善于模仿天地的作为；懂得天地乾坤的神妙，所以善于继承天地的意志。不愧于宗庙中不可见的神灵叫作无愧，存养自己的天性叫作不懈。厌恶美酒而喜欢有益的话，这是夏禹对父母养育之恩的顾念。招致天下英才而教育他们，就可以实现君子称赞颍考叔时所说的“孝子无穷，永远赐予你们人类”的话。勤劳不懈而使父母快乐，这是虞舜所获得的成功。无所逃避而甘心受死，这是申生谥号为“恭”的原因。身体发肤受之于父母，所以要保全身体，归还给父母，这是曾参吧！勇于顺从父母的旨意而甘愿被放逐，这就是伯奇！生逢福利恩泽，这是天地想要丰厚我的衣食。生逢贫贱忧患，这是天地想要雕琢我而使我获得成就。生存是我顺从天地的安排，死亡是天地使我获得了安宁。

注释

1 **《订顽》：**即《西铭》，原为《正蒙·乾称篇》中的一部分，张载曾将其录于学堂双牖的右侧，题为《订顽》，将篇中的另一部分录于左侧，题为《砭愚》。后程颐将《订顽》改名为《西铭》，《砭愚》改名为《东铭》。至朱熹又将《西铭》从《正蒙·乾称篇》中分出，加以注解，成为独立的一篇，一向被视为张载的代表著作。

2 **予兹藐焉：**予，我。兹，语气词。藐，弱小，多指幼儿。

3 **混然中处：**混然，张伯行解为“形气与天地混合无间”。中处，处于天地之中。

4 **天地之塞：**乾坤的阴阳二气充塞天地。

5 **吾其体:**我以天地二气为体,此身气血都禀受于它。朱熹说:"塞只是气,吾之体即天地之气。"

6 **天地之帅:**天地乾健坤顺的性质为阴阳二气所遵循。帅,带领、遵循。

7 **吾其性:**我因此而成就了自己的本性。《朱子语类》卷九十八:"帅是主宰,乃天地之常理也,吾之性即天地之理。"

8 **"民吾同胞"二句:**民,人民。同胞,同一父母所生的兄弟姐妹。物,万物,此处指人类以外的生物。与,同类。

9 **大君:**指天子。 **吾父母:**指乾坤、天地。 **宗子:**嫡长子。 **家相:**家宰。相,宰相。

10 **"尊高年"四句:**所以,以此、用来。长其长,前长字为动词,后长字为名词,意为尊重年长之人。幼吾幼同,意为爱抚年幼之人。

11 **圣其合德:**圣人与天地德性相合为一。

12 **贤其秀也:**贤人是钟集了天地的灵秀而产生的。秀,灵秀。

13 **"凡天下疲癃残疾茕独鳏寡"二句:**疲癃,年老多病的人。茕独,孤苦无依的人。鳏寡,鳏夫和寡妇。颠连,困顿、苦难。无告,无可诉告。

14 **"于时保之"二句:**《诗经·周颂·我将》:"畏天之威,于时保之。"于时,郑玄笺:"时,是也。"保之,郑玄解为"得安文王之道"。翼,小心翼翼。《诗经·大雅·大明》:"维此文王,小心翼翼。"郑玄笺:"小心翼翼,恭慎貌"。

15 **济恶者不才:**济恶,助长为恶。不才,没有才能。

16 **践形惟肖:**践形,体现出人的天赋品质。践,实现、实行。肖,相似。此处专指子对父的相似。

17 **"知化则善述其事"二句:**两"其"字都指天地乾坤而言。天地乾坤所做之事为化育,所存之志为神妙的天机,圣人继承其事、其志犹如孝子继承父母。

18 **不愧屋漏为无忝:**屋漏为宗庙的西北隅。无忝,不羞愧。

19 **匪懈:**不懈。匪,同"非"。

20 **"恶旨酒"二句:**恶旨酒,意为禹不喜欢美酒,而喜欢有益的话。崇伯子,夏禹之父鲧封于崇,史称崇伯,崇伯子即夏禹。顾养,顾念父母的养育之恩。

21 **颍封人：**即颍考叔，春秋时郑国人，为颍谷封（今河南登封）人，以事母至孝著称，《左传·隐公元年》记载其事。

22 **"不弛劳而底豫"二句：**不弛劳，勤劳不松懈。弛，本义为放松弓箭，引申为松懈、延缓、减弱。底豫，致使其快乐。底，同"厎"，《尔雅》："厎，致也。"豫，快乐。舜其功也，意为这是舜所获得的成功。史称舜事其父瞽瞍至孝。

23 **"无所逃而待烹"二句：**文中所说"待烹"，犹言待死，并非确指。申生，春秋时晋献公太子，晋献公宠爱骊姬，申生为其所僭，自杀。恭，申生死后的谥号，《谥法》："敬顺事上曰恭。"事见《国语》及《左传》。

24 **"体其受而归全者"二句：**体其受，身体发肤，受之于父母。归全，保全身体，归之于父母。参，曾参。

25 **勇于从而顺令：**勇于顺从父母的旨意。 **伯奇：**古代孝子。

26 **富贵：**福利恩泽。 **厚吾之生：**使我生计温厚，丰衣足食。

27 **"贫贱忧戚"二句：**忧戚，忧虑烦恼。戚，忧患、悲哀。庸，用、以、乃。玉汝于成，爱护而使之有成就。

28 **"存吾顺事"二句：**存，生存。顺事，顺从天地之事。没，通"殁"，死亡。本句以下原有"明道先生曰"一段，当为注文，故省略。

原文

又作《砭愚》[1]曰：戏言出于思也，戏动作于谋也。发于声，见乎四支[2]，谓非己心，不明也。欲人无己疑[3]，不能也。过[4]言非心也，过动非诚也。失于声，缪迷[5]其

译文

又作《砭愚》一文说：平日偶然戏谑的话本是出于心中的思想，平时偶然戏谑的举动本是出于心中的谋虑。由声音发出来，由四肢显现出来，还认为不是出于自己的本心，这是不明智。想要别人不怀疑自己，这是不可能的。过分的言论本不是人心所固有的，过分的举动本不是人的诚心所应该如此的。既已发出了错误的言语，肢体又有纰缪迷乱的

四体，谓已当然，自诬也。欲他人已从[6]，诬人也。或者谓出于心者，归咎为己戏；失于思者，自诬为己诚。不知戒其出汝者，归咎其不出汝者。长傲且遂非，不知孰甚焉！[7]

举动，却认为自己本应如此，就是自诬了本心。既已如此而想要别人顺从自己，就是诬毁别人的本心。有人认为自己的言论举动虽然出于本心，但自己的过失却出于一时的随意戏耍。又认为自己的无心之过只是未经思考，而本心其实并未丧失真诚。这是不知道警戒出于自己的错误之念，却归罪于并不出于自己的本心。骄傲的习气将日益增长而错误将一直延续下去，没有比这更不明智的了。

注释

1 **《砭愚》：**即《东铭》。

2 **四支：**即四肢。

3 **无己疑：**即无疑己，意为不怀疑自己，为宾语前置的倒装句。

4 **过：**过分。

5 **缪迷：**纰缪迷乱。

6 **己从：**即从己，为宾语前置的倒装句。

7 **长：**助长、增长。 **遂：**因循、顺应。这两段话本是张载为批评人的顽愚品性而说的，因为很好地阐述了儒家思想，所以一向被视为儒家经典篇目，评价极高。特别是在两宋之际，佛道鼎沸，儒学不竞，面临极大的危机与挑战。所以文章一出现，程颢就立即称道："《订顽》之言，极醇无杂，秦汉以来学者所未到。"又说："《订顽》一篇，意极完备，乃仁之体也。学者其体此意，令有诸己，其地位已高。到此地位，自别有见处，不可穷高极远，恐于道无补也。"朱熹对此也倍加赞誉。所谓"极醇无杂"，就是在学术思想上，与佛道二家严格区分，因此维护了儒家的尊严。这与朱熹高度评价周敦颐的《太极图说》"无一字出私意""不著毫发意见夹杂"，用意相同。本句以下原有"横渠学堂双牖"一段，当为注文，故省略。

原文

将修己，必先厚重以自持[1]。厚重知学，德乃进而不固[2]矣。忠信进德，惟尚友而急贤[3]。欲胜己者亲，无如改过之不吝。[4]

横渠先生谓范巽之[5]曰："吾辈不及古人，病源何在？"巽之请问，先生曰："此非难悟。设此语者[6]，盖欲学者存意之不忘，庶游心浸熟，有一日脱然如大寐之得醒耳。"[7]

译文

将要修养自己，一定要先厚重矜持。厚重而又懂得学习，德业就可进步而不会滞涩。要求得忠信和德业的进步，只有尊重朋友和求贤。要想让胜过自己的朋友和贤才亲近自己，没有比不吝惜改过更好的方法了。

张载先生问范巽之说："我们不如古人，病源在哪里？"范巽之请问，张载先生说："这答案不难明白。我这样提问，是想让学者时常保存这个念头而不忘记，希望他们在心中思虑得逐渐熟悉，有一天会突然像大梦醒来一样。"

注释

1 **持：**持重、矜持。

2 **固：**胶固、滞涩。

3 **急贤：**以求贤为当务之急。

4 **胜己者：**胜过自己的人。 **亲：**与自己亲近。 **改过之不吝：**不吝惜改过。以上这一章出自《正蒙·乾称》，是张载解释《论语·学而》时所说的。《论语·学而》说："子曰：君子不重则不威，学则不固。主忠信。无友不如己者。过则勿惮改。"但《论语》中所讲的"固"意为坚固，认为学习要"固"才好。张载所说的"固"则是滞固之意，所以提出学习要"不固"才好，这是首先需要辨明的。

5 **范巽之：**名育，张载弟子，历官知县、知府，仕至户部侍郎。

6 **设此语者：**指上文"不及古人，病源何在"一语。

7 **庶：**希望。 **浸：**渐进、逐渐。 **脱然：**猛然、突然。 **大寐：**犹言大梦。以上这一章出自张载《横渠先生文集》。佛教中有由渐悟而至顿悟一说，其结果是将世事一齐放下,堕入偏空。张载这段话则是提倡经过不懈的修养功夫,“存意不忘”,最后获得较大的成就。

原文

未知立心,恶思多之致疑。[1]既知所立,恶讲治之不精。讲治之思,莫非术内,虽勤而何厌。[2]所以急于可欲[3]者,求立吾心于不疑之地,然后若决江河以利吾往。“逊此志,务时敏,厥修乃来。”[4]故虽仲尼之才之美,然且敏以求之。[5]今持不逮之资,而欲徐徐以听其自适,非所闻也。[6]

明善为本[7]。固执之乃立,扩充之乃大,易视之则小。[8]在人能弘之而已。[9]

译文

不知道坚定本心,憎恶思考太多以致产生疑虑。已经知道坚定本心了,憎恶讲习的不精细。在讲习时所作的思考,无一不在道理之内,即使勤勉又有什么满足的。所以说当务之急在于断绝可以企求的欲望,以求使自己的本心建立在不会产生疑虑的基础上,然后就像江河决口顺流而下一样利于达到目的了。“心中谦逊,做事勤勉,德业就可以实现。”即使是孔子那样美好的才质,尚且要勤勉地探求。现在以不及孔子的才质,而想要慢慢地听任自己发展,这是从未听说过的。

显明善良的天性是根本的事情。善良的天性,坚定地保持它才能有所立;扩大充实它才能光大;轻易地看待它就微小。这取决于人们能否弘扬它罢了。

注释

1 **心:**指本心、天性。 **恶:**憎恶。

2 **术内:**儒家道理之内。 **厌:**满足。

3 **可欲:**可以企求的欲望。

4 **“逊此志”三句:**语出《尚书·说命下》。逊,谦逊。敏,勤勉。厥,代词。

5 **仲尼:**孔子,名丘,字仲尼。 **然且:**尚且。

6 **不逮:**不及、不如。 **资:**天资、才质。 **徐徐:**缓慢的样子。 **自适:**自己发展。以上这一章出自张载《横渠先生文集》。这段话中张载提出为学要先立本心，对于人类性善、仁爱的本性要先有一坚定的信念，信念未立不能有太多的思考。一但信念已经坚定，那么思考自然是多多益善、无往不利了。

7 **明善为本：**显明善良的天性是根本的事情。明，显明、光大。善，善良的本性。

8 **固执：**坚定地保持。固，坚定、坚决。执，保持、执着。**之：**此处指善。**易视：**轻易地看待。易，轻易、忽略。

9 以上这一章出自张载《性理拾遗》。张载所说非常直截地道出了儒家有为的思想原则。天性固然是善良的，但是实际结果能否表现出善良，能够表现出多大的善良，完全取决于人们能否弘扬它、显明它。孔子说“人能弘道，非道弘人”，便是这个意思。

原文

今且只将“尊德性而道问学”为心，日自求于问学者有所背否？[1] 于德性有所懈否？此义亦是博文约礼，下学上达[2]。以此警策一年，安得不长[3]？每日须求多少为益，知所亡，改得少不善。此德性上之益。读书求义理，编书须理会有所归着[4]，勿徒[5]写过，又多识前言往行。此问学上益也。勿使有俄顷闲度，逐日似此，三年，庶几有进。[6]

译文

现在姑且把《中庸》“尊崇至诚的天性而经由勤学”的话记在心上，每日责求自己对于勤学一事违背没有？对于至诚的天性松懈没有？这个意思也就是孔子所说的“博学先王遗文，用礼约束自己”，“下学人事，上知天命”。用这个办法鞭策自己一年，怎么会没有长进？每日必须学习增进多少，知道自己所不懂的，改掉一些不好的毛病。这是在至诚天性上的收益。读书要探求其中的义理，编书要理会它的用意，不要只是抄写一遍，还要多知道前人的言论行迹。这是在学问上的收益。不要让自己有片刻的虚度，一天天都像这样，三年以后，差不多就有长进了。

注释

1 **尊德性而道问学：**郑玄注："德性，谓性至诚者。道，犹由也。问学，学诚者也。" **为心：**存心、记在心上。

2 **下学上达：**语出《论语·宪问》，何晏注解为"下学人事，上知天命"。

3 **长：**长进。

4 **归着：**归属，此处指用意、旨意。

5 **徒：**白白地。

6 **闲度：**虚度。 **庶几：**差不多。这段话见于张载《近思录拾遗》，是张载对《中庸》"尊德性而道问学"一句所作的阐释。

原文

为天地立心[1]，为生民立道[2]，为去圣继绝学，为万世开太平。[3]

载所以使学者先学礼者，只为学礼则便除去了世俗一副当。[4]习熟[5]缠绕，譬之延蔓之物，解缠绕即上去。苟能除去了一副当，世习便自然脱洒[6]也。又学礼则可以守得定。[7]

须放心宽快，公平以求之，乃可见道，况德性自广大。[8]《易》曰："穷神知化，德之盛也。"岂浅心可得？[9]

译文

为天地显明生生之心，为人民指明仁爱之路，为以往的圣贤继承中断了的学说，为子孙万代开创太平盛世。

我所以要学者先学习礼仪，只是因为学习了礼仪就除去了世俗的一切俗套。世俗缠绕着人们，就像蔓延的植物，解开这些缠绕就能直通上去。如果能除去一切俗套，世俗习惯就自然被摆脱掉了。另外学习了礼仪就可以守志坚定。

必须放开心胸使其宽坦，公平地探求，才可以领悟到道，更何况人的德性本身便广大。《易经》中说："穷极微妙知晓变化，这是德行的极盛境界。"难道是心胸浅薄的人可以领悟到的吗？

注释

1 **为天地立心**：叶采解为："天地以生生为心，圣人参赞化育，使万物各正其性命，此为天地立心也。"

2 **为生民立道**：张伯行解为："生民以伦常为道，爱亲敬长。"道，《张子全书》作"命"。

3 **去**：有本作"往"。 **绝学**：中断了的学说。以上这一章出自张载《张子语录·语录中》。张伯行评论说："张子数语，老实指出，思深言伟，真是儒者气象！学者于此拓开心胸，子细思量可也。"

4 **载**：张载自称。 **一副当**：关中方言，张伯行解为"一副习套繁文"。

5 **习熟**：指本段中所说的世俗、世习。

6 **脱洒**：摆脱、超脱。

7 以上这一章出自张载《张子语录》。

8 **放心**：放开心胸。 **宽快**：宽坦、舒适。

9 **浅心**：浅薄之心。以上这一章出自张载《横渠易说》。

原文

人多以老成[1]则不肯下问，故终身不知。又为人以道义先觉[2]处之，不可复谓有所不知，故亦不肯下问。从不肯问，遂生百端欺妄人我，宁终身不知。[3]

多闻不足以尽天下之故。[4]苟以多闻而待天下之变，则道足以酬其所尝知。[5]若劫之不测，则遂穷矣。[6]

译文

人们多由于年事已高就不肯向别人请问，所以终身不知。又由于业已取得了以道义相推重、以先觉相称许的地位，不可以再说自己还有不知道的事情，所以也不肯向别人请问。由这不肯向别人请问一件事，就产生出百种弊端，欺骗他人以及自己，宁肯终生不知。

博闻强记的方法不足以穷尽天下的事情。如果用博闻强记的方法面对天下的变化，那么博闻强记仅足以应对他所曾经知道的事情。如果以难以预测的变故向他问难，就理屈词穷了。

注释

1 **老成**:此处指年长的人。张伯行说:“人多以年纪已长,既属老成,则欲自尊大,不肯下问于后辈。”

2 **道义先觉**:此处指已经成名的人。张伯行说:“平日以道义相推重,以先觉相称许,自当无所不知,若一旦问人,是见理不明,而有愧其名也,故亦不肯下问。”

3 以上这一章出自张载《横渠论语说》,是张载对《论语·公冶长》中“敏而好学,不耻下问”一语所作的阐释。

4 **多闻**:指博闻强记。 **尽**:穷尽。 **故**:事情。

5 **苟**:如果。 **变**:变化。 **道**:此处指多闻。 **酬**:应对。 **其所尝知**:他所曾经记得的。尝,曾经。知,此处指由多闻而获得的知识。

6 **劫**:逼迫,此处指问难。 **不测**:难以预测的变故。 **穷**:理屈词穷。以上这一章出自张载《横渠孟子说》。

原文

为学大益,在自求变化气质。[1]不尔,皆为人之弊,卒无所发明,不得见圣人之奥。[2]

文要密察,心要洪放。[3]

不知疑者,只是不便实作。[4]既实作则须有疑。必有不行处,是疑也。[5]

心大则百物皆通,心小则百物皆病。[6]

译文

治学最大的益处,在于求得自身的气质变化。如果不是这样,都会产生为了别人而学习所带来的弊端,最终没有什么阐发显明,不能够见到圣人的精妙。

对于经典中的文字记载要细密辨察,读书时自己的心胸要宽广舒展。

不知道提出疑问的人,只是因为没有下实在的功夫。既已下了实在功夫就应该有疑问。书上的义理有行不通的地方,这就是疑问所在了。

心胸宽广所有事物都可以通达,心胸狭隘所有事物都有窒碍。

注释

1 **大益**:最大的益处。 **变化气质**:使人的心性矫邪归正,归于善道。

2 **不尔**:如果不是这样。尔,代词,这。 **为人之弊**:为了别人而学习所带来的弊端。 **卒**:最终。 **发明**:阐发显明。 **奥**:精妙。以上这一章出自张载《张子语录》。

3 **文**:文理,指经典中的文字记载。 **洪放**:宽广舒展。以上这一章出自张载《经学理窟·礼乐》。

4 **不便**:不是、没有。 **实作**:下实在功夫。

5 **不行处**:义理上行不通的地方。以上这一章出自张载《经学理窟·气质》。

6 **心大**:心胸宽广。 **通**:通达。 **心小**:心胸狭隘。 **病**:朱熹解为"窒碍"。以上这一章出自张载《经学理窟·气质》。

原文

人虽有功,不及于学,心亦不宜忘。[1] 心苟不忘,则虽接人事即是实行,莫非道也。[2] 心若忘之,则终身由之,只是俗事。[3]

合内外,平物我,此见道之大端。[4]

既学而先有以功业为意[5]者,于学便相害。既有意,必穿凿创意作起事端也。德未成而先以功业为事,是代大匠斫,希不伤手也。[6]

译文

人虽然有其他事务要做,无法学习,存仁之心也不应该忘怀。心中如果不忘怀,那么即使是待人接物的事,也就是在躬行仁道了,没有不是仁道的。心中若是忘怀了,那么即使终生都在学习仁道,也只是俗事。

人的内外表里吻合一致,自己与万物平等相待,是求得仁道的主要途径。

已经开始学习而首先存有建立功业的愿望,对于治学就有害处。既然有了这样的愿望,必定会穿凿附会,造成纷乱。德业还没有养成却首先要做建立功业的事,这是代替有成就的木匠砍伐木材,很少有不砍伤手的。

注释

1 **有功**：此处指有其他事务。 **心**：此处指存仁之心。

2 **人事**：待人接物之事。 **实行**：躬行实践，指仁道而言。

3 **只是**：有本作"则是"。以上这一章出自张载《经学理窟·义理》。学者是否合乎仁道，不在于学习还是做事，而在于是否有存仁之心。

4 **合内外**：指人自己的内外表里吻合一致。 **平物我**：指人与万物平等相待。 **大端**：主要的途径。以上这一章出自张载《经学理窟·义理》。

5 **意**：心意、愿望。

6 **大匠**：优秀的工匠，此处指木匠。 **斫**：砍伐木材。 **希**：稀少。以上这一章出自张载《经学理窟·学大原上》。

原文

窃尝病孔孟既没[1]，诸儒嚣然[2]，不知反约穷源[3]，勇于苟作[4]，持不逮[5]之资，而急知后世[6]。明者一览，如见肺肝然[7]，多见其不知量也。方且创艾[8]其弊，默养吾诚。顾所患日力不足，而未果他为也。[9]

学未至而好语变者，必知终有患。盖变不可轻议。若骤然语变，则知操术已不正。[10]

译文

我曾经忧患孔子和孟子死后，诸儒议论纷纷，不知道由博返约，穷尽本源，却勇于草率著述，身怀不够好的资质，而急于在后世留名。聪明的人一看，就如同分辨肝肺那样分明，看出很多他们不自量力的地方。学者应该畏惧这种弊端，默默地修养诚心。只忧虑默养的时间不足，不能再去做其他事情了。

学业还不完备而喜好谈论变革的人，最终会有灾患。变革不可以轻易地议论。如果突然谈论起变革，就可以得知这个人的操行已经不端正了。

注释

1 **窃**：作者自谦之词。 **病**：忧虑。 **没**：通"殁"，去世。

2 **诸儒**：茅星来说指汉唐儒者。 **嚣然**：争吵的样子。

3 **反约穷源：**返回简约，穷尽本源。反，同“返”。约，与“博”相对。

4 **苟作：**草率著述。

5 **不逮：**不及、不如。 **资：**资质、才干。

6 **急知后世：**急于为后世所知，亦即急于留名。

7 **如见肺肝然：**形容看得清清楚楚。

8 **创艾：**因受惩治而畏惧。

9 **顾：**只是。 **日力：**指时间。 **他为：**做其他的事情，此处指著述。以上这一章出自张载《与赵大观书》，原载吕祖谦编《皇朝文鉴》。

10 **操术：**操行。术，做事的方法。以上这一章出自张载《经学理窟·义理》。“学未至而好语变者”一语，据茅星来解释，是针对王安石而发。

原文

凡事蔽盖不见底，只是不求益。[1]有人不肯言其道义所得所至，不得见底，又非“于吾言无所不说”。[2]

耳目役于外。[3]揽外事者，其实是自堕，不肯自治[4]。只言短长，不能反躬者也。[5]

学者大不宜[6]志小气轻。志小则易足，易足则无由进；气轻则以未知为已知，未学为已学。[7]

译文

凡事都遮盖起来，不让人看出自己的情形，只是因为他们不求进益。有的人不肯说出他们对于道义的心得体会，看不到他们的情形，这不是孔子评论颜回“我所说的话他无所不喜欢”了。

耳目容易受外界的役使。延揽外面事务的人，其实是自甘堕落，不肯修养自己。只评论别人的是非，不能够反躬自省。

学者最不应当志愿狭小，气度轻浮。志愿狭小就易于满足，易于满足就没办法进步；气度轻浮就会把不知道当作知道，把没有学成当作已经学成。

注释

1 **蔽盖不见底：**指人遮掩自己的言行，不使人知，恐人加以批评。蔽盖，遮掩、遮盖。 **益**:增益、进益。

2 **吾言无所不说**:《论语·先进》载孔子评论颜回之语。说,同"悦"。以上这一章出自张载《经学理窟·义理》,是张载对于学者沉默不语、逃避交流所作的批评。

3 **耳目**:犹言见闻。 **役于外**:受外界的役使。

4 **自治**:修养自己。

5 **短长**:犹言是非。此处指对别人加以评论。 **反躬**:反省自己。躬,自己、亲身。以上这一章出自张载《经学理窟·义理》。

6 **大不宜**:最不应当。大,同"太",最大的。

7 以上这一章出自张载《经学理窟·大学原下》。

三　格物穷理

导读

这一卷是《近思录》的第三卷，依次辑录北宋著名理学家周敦颐、程颢、程颐、张载四人的有关语录，共七十八条。

本卷标题据《朱子语类》，原为"格物穷理"，叶采《近思录集解》题为"致知"，现在定为"格物穷理"。

程朱学派认为，只要穷究事物个别的道理，一旦豁然贯通，便可以领悟万物共同的道理，称为"格物穷理"，又称"格物致知"，简称"格致"。程颐说"格犹穷也，物犹理也，犹曰穷其理而已矣"，将"格物"直接解释为"穷理"。朱熹说"言欲致吾之知，在即物而穷其理"，则是认为"致知"就是"格物穷理"。

叶采说："此卷论致知。知之至，而后有以行之，自首段至二十二段，总论致知之方。然致知莫大于读书，二十三段至三十三段，总论读书之法。三十四段以后，乃分论读书之法，而以书之先后为序。始于《大学》，使知为学之规模次序，而后继之以《论》《孟》《诗》《书》。义理充足于中，则可探大本一原之妙，故继之以《中庸》。达乎本原，则可以穷神知化，故继之以《易》。理之明，义之精，而达乎造化之蕴，则可以识圣人之大用，故继之以《春秋》。明乎《春秋》之用，则可推以观史，而辨其是非得失之致矣。《横渠易说》以下，则仍语录之序，而《周官》之义因以具焉。"

茅星来说："自此以后则细论条目工夫，而此一篇乃《大学》致知格物也。自首卷所论阴阳性命，以至末卷圣贤气象，皆物也，皆其所当格者也，而此卷则其格之之法。……此篇乃明善之要，四卷、五卷则诚身之本，朱子于《大学章句》所谓‘在初学尤为当务之急，而不可以其近而忽之’者也。”

原文

伊川先生《答朱长文[1]书》曰：心通乎道，然后能辨是非，如持权衡[2]以较轻重，孟子所谓“知言”[3]是也。心不通乎道，而较古人之是非，犹不持权衡而酌轻重，竭其目力，劳其心智，虽使时中，亦古人所谓“亿则屡中”，君子不贵也。[4]

译文

程颐先生在《答朱长文书》中说：心中通晓道理，然后才能分辨是非，如同手持秤砣秤杆称量轻重，孟子所说的“善于辨析他人的言辞”就是这样了。心中不通晓道理，却要称量古人的是非，犹如不拿秤砣秤杆而度量轻重，竭尽他的眼力，劳烦他的心智，即使有时言中，也是古人所说的“出于臆测幸而言中”，是君子所不尊崇的。

注释

1 **朱长文**：字伯源。

2 **权衡**：称量物体轻重的工具。权，秤砣。衡，秤杆。

3 **知言**：善于辨析他人的言辞。

4 **较**：称量、评价。　**虽使**：即使。　**时中**：偶尔说中。时，有时。中，击中目标。　**亿则屡中**：出于臆测幸而言中。亿，通“臆”，臆测、臆度。这封书信出自《伊川文集》。

原文

伊川先生《答门人[1]》曰：孔孟之门，岂皆贤哲，固多众人[2]。以众人观圣贤，弗识[3]者多矣！惟其不敢信己而信其师，是故

译文

程颐先生在《答门人》的书信中说：孔孟的弟子中，哪能都是贤人，固然多数是普通人。由普通人来观察圣贤，看不出来的多了！只有不敢相信自己而相信他的老师，因此经过探求而后取得了收获。

求而后得。今诸君于颐言才不合则置不复思,所以终异也。[4]不可便放下,更且思之,致知之方也。[5]

现在你们对我所说的话刚一不合心意就搁置下来不再思考,所以最终与圣贤有差别。不可以就这样放下,还要再加以思考,这是获得知识的方法。

伊川先生答横渠先生曰:所论大概,有苦心极力之象,而无宽裕温厚[6]之气。非明睿所照,而考索至此,故意屡偏而言多窒,小出入时有之。更愿完养思虑,涵泳义理,他日自当条畅。[7]

程颐先生答复张载先生的书信说:来信中所作的阐述概括说来,有苦于用心极力雕琢的迹象,却没有宽容温和的气象。这不是由天性的智慧来引发,而是由思考推求来达到的,所以意思屡屡出现偏差,言辞多有窒碍,小的出入时时存在。还希望修养完备你的思虑,沉潜涵泳在义理之中,他日自然会条理畅通。

注释

1 **门人:**弟子,又称门弟子。

2 **众人:**普通人。

3 **弗识:**此处指看不出来。弗,不。

4 **颐:**程颐自称。 **置:**搁置、放下。 **异:**此处指圣贤与众人之间的差异。

5 **方:**方法、办法。这封书信出自《伊川文集》。程颐所说大致为学者初学时的一种状况,此时学者不仅对于学问茫然不知如何措手,而且也看不清学问所至到底能有多远,所以学者初学时的障碍,多在不自信。

6 **温厚:**一本作"温和"。

7 以上这一章出自《伊川文集》。

原文

欲知得与不得,于心气上验之。思虑有得,中心悦豫,沛然有裕者,实得

译文

要想知道学习有没有收获,可从心气上来验证。思虑有收获,心中愉悦,从容有余裕,这是实有心得;思虑上有收获,

也；思虑有得，心气劳耗者，实未得也，强[1]揣度耳。尝有人言，比因学道，思虑心虚。[2]曰："人之血气，固有虚实[3]。疾病之来，圣贤所不免。然未闻自古圣贤，因学而致心疾者。"[4]

今日杂信鬼怪异说者，只是不先烛理[5]。若于事上一一理会，则有甚尽期？[6]须只于学上理会。[7]

学原于思。[8]

心气上劳损消耗的人，实际上并没有收获，只是勉强在揣度罢了。曾经有人说，近来因为学习道理，思虑得神经衰弱。我说："人的气血，固然有的人虚，有的人实。疾病发作时，即使是圣人也不能避免。但是从来没有听说过自古圣贤有因为学习道理而导致心疾的。"

现在相信鬼怪异说的人，只是因为没有先洞察事理。如果对于事物能够一一理会，那么还有什么企求？应该只在学问上理会。

学问出于思考。

注释

1 **强**：勉强。

2 **尝**：曾经。　**比**：近来。　**心虚**：神经衰弱的病症。

3 **虚实**：指两种疾病症候。茅星来说："虚是不足之疾，实是有余之疾。"

4 **心疾**：由心劳、心忧引起的疾病。古人心脑不分，所说心疾实为脑神经的疾病。以上这一章出自《程氏遗书》，大意认为真正学道有得，应当气色宽裕温厚，而不应当心气劳耗。

5 **烛理**：洞察事理。烛，照明、洞察。

6 **有甚**：有什么。　**尽期**：全部希望。尽，全部、都。期，希望，此处指毫无结果的企求。

7 以上这一章出自《程氏遗书》。

8 以上这一章出自《程氏遗书》，为程颐所说。

原文

所谓"日月至焉"[1]与

译文

《论语》中所说的"其余弟子或者一

久而不息[2]者，所见规模虽略相似，其意味气象迥别[3]。须潜心默识[4]，玩索[5]久之，庶几[6]自得。学者不学圣人则已，欲学之，须熟玩味圣人之气象，不可只于名上理会，如此只是讲论文字。[7]

日或者一个月做到符合仁”与颜回久久不止息地做到符合仁，看起来样子虽然大略相似，意思、情态却迥然有别。必须潜心默记，久久品味，希望可以自己体会出来。学者不学习圣人就罢了，要想学习圣人，必须反复品味圣人的情态，不能只从名理上理会，这样只是在讲论文字。

注释

1 **日月至焉：**邢昺解释为“或一日或一月而已矣”。

2 **久而不息：**指颜回“三月不违仁”。

3 **气象迥别：**指“日月至焉”与“久而不息”间的差别，朱熹说：“日月至者，至得不长久。不息者，纯然无间断。”

4 **默识：**默默记忆。识，记住。

5 **玩索：**研习、品味。

6 **庶几：**希望、差不多。

7 以上这一章出自《程氏遗书》，为程颐所说。儒家认为学者学习应当注重默识、玩味，除在语言文字上学习以外，更应当细心体会圣人的“气象”，而且这种体会最终应该通过“自得”呈现出来。“气象”本多指自然界的景象，程颐此处则是以“气象”一词说明人的一种情态。圣人心中存仁，必有情态表现于容貌举止，同样地，有此种情态表现于容貌举止，也必有仁心存于心中。

原文

问：“忠信进德[1]之事，固可勉强，然致知甚难。”伊川先生曰：“学者固当勉强，然须是知了方行得。

译文

弟子问：“‘忠信用以进德’这件事，固然可以勉强做得到，但要‘致知’就很困难了。”程颐先生回答说：“学者固然应当勉强自己，然而必须是有了知识才可若不知，只是觑却[2]尧，学他行事，无尧许多聪明睿智，怎生得如他动容周旋中礼？如子所言，是笃信而固守之，非固有之也。[3]未致知，便欲诚意，是躐等也。[4]勉强行者，安能持久？除非烛理明，自然乐循理。性本善，循理而行，是顺理事，本亦不难，但为人不知，旋[5]安排着，便道难也。知有多少般数，煞[6]有深浅。学者须是真知，才知得是，便泰然行将去也。某年二十时，解释经义与今无异，然思今日，觉得意味与少时自别。"[7]

以实行。如果没有知识，只是看着唐尧，学他的样子做事，没有唐尧那么多的聪明智慧，怎么能像他那样举动、仪容、交往应酬都合于礼？像你所说的，是深信而坚守道理，而不是原本就有道理。没有'致知'，就想要'诚意'，这是越级了。勉强去实行，怎么能持久？除非洞察道理，自然就会乐于遵循道理。人的天性原本善良，遵循道理而实行，这是顺从着道理，本来也不难做到，但因人们不懂得，刻意地安排，就感到困难了。知识有很多名目，很有深浅。学者必须具有真知，才知道得正确，这样就可以坦然地去实行了。我在二十岁时，解释经典的含义和现在没有不同，然而现在想来，感觉到的意味与年轻时自然是有差别的。"

注释

1 **忠信进德：**此处指做到为人忠信。

2 **觑却：**看着。觑，窥视。

3 **笃信：**深信。笃，真诚、纯一。 **固守：**坚守。固，坚固。 **固有：**本来所具有。固，原本、本来。

4 **诚意：**心意诚实，此处专指儒家所提倡的一种修养方法。《礼记·大学》："所谓诚其意者，毋自欺也。" **躐等：**越级、不循次序。

5 **旋：**顷刻、不久。

6 **煞：**甚、极其。

7 以上这一章出自《程氏遗书》，为程颐晚年解答弟子的疑问时所说。

原文

凡一物上有一理,须是穷致其理。穷理亦多端[1],或读书讲明义理,或论古今人物别其是非,或应接事物而处其当,皆穷理也。

或问:"格物[2]须物物格之,还只格一物而万理皆知?"曰:"怎得便会贯通?若只格一物便通众理,虽颜子[3]亦不敢如此道。须是今日格一件,明日又格一件,积习既多,然后脱然自有贯通处。"[4]

"思曰睿"[5],思虑久后,睿自然生。若于一事上思未得,且别换一事思之,不可专守着这一事。盖人之知识,于这里蔽着,虽强思亦不通也。[6]

译文

凡是一件事物上面都有一个道理,应当穷究这个道理。"穷理"也有许多方法,或者读书讲明其中的义理,或者评论古今人物分辨其中的是非,或者待人接物而处置适当,都是"穷理"。

有弟子问:"'格物'应当每件事物都'格',还是只'格'一件事而后万事万物的道理都能够知道?"程颐先生回答说:"怎么会贯通?如果只是'格'一件事物就能贯通所有道理,即使是颜回也不敢这样说。应当是今天'格'一件事,明天又'格'一件事,积累多了,然后自然会有贯通的地方。"

"思考则有通达",思考久了以后,通达自然会产生出来。如果在一件事情上面思考不通,姑且另外换一件事情思考,不能专门守着这一件事情。人的知识,在这里遮蔽着,即使勉强思考也不会想通。

注释

1 **端:**途径、方法。

2 **格物:**专指儒家的一种治学、修养方法。语出《礼记·大学》,格,郑玄解为"来"。物,郑玄解为"事"。二程和朱熹多解"格物"为"穷理",程颐说:"'格'犹穷也,'物'犹理也,犹曰穷其理而已矣。"朱熹说:"言欲致吾之知,在即物而穷其理也。"

3 **颜子:**颜回。

4 以上这一章出自《程氏遗书》，为程颐所说。格物是宋明儒者所强调的一种认识、探求事物的方法。但格物的具体途径，仍以程颐此处所说"今日格一件，明日又格一件"最为简明。原书此段后有旧注一条，此处省略。

5 **思曰睿：**睿，孔安国《尚书传》云"通也"，"必通于微"。

6 **蔽：**遮蔽。 **强：**勉强。以上这一章出自《程氏遗书》，为程颐所说。

原文

问："人有志于学，然知识蔽固，力量不至，则如之何"？曰："只是致知，若智识明，则力量自进。"[1]

问："观物察己，还因见物反求诸身[2]否？"曰："不必如此说。物我一理，才明彼，即晓此，此合内外[3]之道也。"

又问："致知先求之四端，如何？"曰："求之情性，固是切于身，然一草一木皆有理，须是察。"[4]

译文

弟子问："有的人愿意学习，然而知识壅蔽胶固，力量达不到，怎么办？"程颐先生回答说："只需要'致知'，如果知识明白，力量自然会增进。"

弟子问："考察外物和自身，见到外物是否都要返回来省察自身？"程颐先生回答说："不必这样讲。外物和我们自身是一个道理，刚刚明白那里，立刻就知晓这里，这是自身与外物合为一体的道理。"

弟子又问："'致知'要在仁、义、礼、智这'四端'中探求，怎么样？"程颐先生回答说："在性情中探求，固然切近自身，但是一草一木也都蕴含道理，应当考察。"

注释

1 **蔽固：**壅蔽、胶固。以上这一章出自《程氏遗书》，为程颐所说。

2 **反求诸身：**返回来求之于自身。《礼记·中庸》："子曰：'射有似乎君子。失诸正鹄，反求诸其身。'"反，回。诸，之于、之乎。

3 **合内外：**指自身与外物合为一体。

4 以上这一章出自《程氏遗书》，为程颐所说。

原文

“思曰睿，睿作圣[1]。”致思[2]如掘井，初有浑水，久后稍引动得清者出来。人思虑始皆溷浊，久自明快。[3]

问：“如何是近思？”曰：“以类而推。”[4]

学者先要会疑。[5]

译文

“思考则通达，通达则称为圣明。”获得正确的思考如同掘井，开始时只有浑水，长久以后就渐渐引出清水来。人的思考开始时都浑浊，长久以后自然会明白畅快。

弟子问：“怎样是‘近思’？”程颐先生回答说：“按照同类的事物去推理。”

学者先要学会提出疑问。

注释

1 **睿作圣：**通达则称为圣明。孔安国《尚书传》：“于事无不通，谓之圣。”

2 **致思：**获得正确的思考。意同“致知”。

3 **溷(hùn)浊：**浑浊。以上这一章出自《程氏遗书》。

4 **近思：**邢昺《论语疏》：“近思者，思己所未能及之事，不远思也。”以上这一章出自《程氏遗书》，为程颐所说。

5 以上这一章出自《程氏外书》，为程颐所说，其见解可与卷二张载所说“不知疑者，只是不便实作。既实作则须有疑。有不行处，是疑也”一段相参。关于治学提疑问，朱熹尚有较为系统的阐述，他说：“熹窃谓生于今世而读古人之书，所以能别其真伪者，一则以其义理之所当否而知之，二则以其左验之异同而质之，未有舍此两涂而能直以臆度悬断之者也。”

原文

横渠先生《答范巽之》曰：所访物怪神奸[1]，此非难语，顾语未必信耳。孟子所论“知性”“知

译文

张载先生在答复范巽之的信中说：所问鬼神作怪为害，这并非难讲，只是讲出来你们未必信服。孟子曾论及“知道本性”“知道天性”，学问到了知道天性，那么万物从

天”，学至于知天，则物所从出，当源源自见。知所从出，则物之当有当无，莫不心谕[2]，亦不待语而后知。诸公所论，但守之不失，不为异端所劫，进进不已，则物怪不须辨，异端不必攻，不逾期年，吾道胜矣！[3]若欲委之无穷[4]，付之以不可知，则学为疑挠，智为物昏[5]，交来[6]无间，卒无以自存，而溺于怪妄必矣。[7]

中产生之处，就应当原原本本地自己显露出来。知道万物从中产生之处，那么事物会存在或不会存在，无不心中明白，也不用等到讲过以后才知道。你们所讲论的孔孟之说，只要谨守不失，不受异端的挟持，健进不停，那么鬼怪不用争辩，异端不用攻击，不过一年，我们的儒道就会胜出。如果想要推委说事物之理变化无穷，以不可知作为答案，那么学业被疑问阻挠，心智被外物遮蔽，鬼神作怪交错不断，最终儒学无法自存，必定要陷溺在怪诞虚妄之中了。

注释

1 **物怪神奸：**指鬼神作怪为害之事。

2 **心谕：**心中明白。谕，明白、理解。

3 **诸公：**指范巽之等众弟子。 **所论：**指孔孟之言。 **不逾：**不过。逾，超过。 **期年：**一周年。

4 **无穷：**指事物之理变化无穷，神奇莫测。

5 **智为物昏：**张伯行解为“外物亦易昏我之明”。

6 **交来：**指鬼神作怪之事，张伯行解为“将所谓奸怪之来，交错迭见”。

7 这段话节选自张载《答范巽之书》，见于《张载集 · 文集佚存》。关于鬼神问题，儒家早有论述，但都是以一种清醒的理性看待鬼神。如《易经 · 系辞上传》载孔子说：“精气为物，游魂为变。”《论语 · 为政》载孔子说：“非其鬼而祭之，谄也。”《论语 · 雍也》载孔子说：“务民之义，敬鬼神而远之，可谓知矣。”

原文

子贡[1]谓："夫子之言性与天道，不可得而闻。"既言"夫子之言"，则是居常[2]语之矣。圣门[3]学者"以仁为己任"，不以苟知[4]为"得"，必以了悟[5]为"闻"，因有是说。[6]

义理之学，亦须深沉方有造，非浅易轻浮之可得也。[7]

学不能推究事理，只是心粗。至如颜子未至于圣人处，犹是心粗。[8]

译文

子贡说："夫子关于性与天道的言论，不能够获得、耳闻。"既然说"夫子所说的话"，那么就是平常已说过了。圣人门下的学者是"以仁道作为自己的责任"的，不会将粗浅的了解当作"获得"，必定以彻底领悟叫作"闻"，所以子贡有这样的说法。

儒家义理的学问，也必须深心沉潜，穷究到底，才有造诣，不是浅易轻浮可以获得的。

做学问不懂得推究事理，只是由于心粗。至于颜回没能做到孔子这一步，还是由于心粗。

注释

1 **子贡：**复姓端木，名赐，字子贡，春秋末卫国人，孔子弟子。

2 **居常：**平常。

3 **圣门：**孔子之门。圣，指孔子。门，指孔子弟子。

4 **苟知：**马虎的了解，意为不求甚解。

5 **了悟：**明白、领悟。了，明了。

6 以上这一章出自《张子语录》，是张载分析《论语·公冶长》中子贡评述孔子的话而说的。

7 **深沉：**有本作"深玩"。 **造：**造诣、成就。以上这一章出自张载《经学理窟·义理》。

8 以上这一章出自《经学理窟·义理》。

原文

"博学于文"者，只要得"习坎心亨"[1]。盖人经历险阻艰难，然后其心亨通。[2]

义理有疑，则濯[3]去旧见，以来新意。心中有所开，即便札记。[4]不思则还塞[5]之矣。更须得朋友之助，一日间朋友论著，则一日间意思差别，须日日如此讲论，久则自觉进也。[6]

译文

"博学先王遗文"的含义，只是要达到"经过数次坎坷后心胸通达"。人经历了险阻艰难，然后他的心胸才会通达。

经义上有疑问，就要去除旧的见解，引出新的见解。心中有了启发，随即记录下来。不思考思想就会重新蔽塞了。还需要得到朋友的帮助，一天与朋友谈论，就一天思考有差别，必须天天这样谈论，时间久了自然就会感觉到进步。

注释

1 **习坎心亨**：经过数次坎坷后心胸通达。语出《易经·坎卦》卦辞，原文作："习坎，有孚，维心亨，行有尚。"习，反复多次。坎，坎坷。亨，通达。

2 这段话见于张载《近思录拾遗》。

3 **濯**：洗濯、去除。

4 **开**：启发。 **札记**：指记录读书的心得体会。

5 **塞**：蔽塞。

6 **论著**：此处指谈论。以上这一章出自《经学理窟·学大原下》，说到使学业进步的几种方法。朱熹在论及这段话时，对其中"濯去旧见，以来新意"一语最为赞赏，认为新意的产生不是层层累加，而是旧见去除以后引发而来，所以"以来"二字说得最为恰当，说："此说甚当。若不濯去旧见，何处得新意来？"

原文

凡致思到说不得处，始复审思[1]明辨，乃为善

译文

凡思考到了说不得的地方，要开始重新精心思考，仔细辨察，这才是善于学

学也。若告子则到说不得处遂已，更不复求。[2]

习。像告子那样则是到了说不得的地方就终止，不再探求。

伊川先生曰：凡看文字[3]，先须晓其文义[4]，然后可求其意[5]。未有文义不晓而见意者也。[6]

程颐先生说：凡是读书，先应当看懂字句的含义，然后再去寻求它的旨意。没有字句的含义不清楚，而能看出它的旨意的。

学者要自得[7]。"六经"浩渺[8]，乍来难尽晓。且见得路径后，各自立得一个门庭，归而求之可矣。[9]

学者要自己有所体会。"六经"典籍众多，刚一看来难以全都明白。等到看出路径以后，各自立下一个门庭，回去探求就可以了。

注释

1 **审思：**精思。

2 **告子：**名不害，战国时学者，曾与孟子辩论，主张人性无善、无不善。言论事迹主要见于《孟子》。以上这一章出自张载《横渠先生孟子说》，今见于《近思录拾遗》。

3 **文字：**此处指书籍。

4 **文义：**指字句的含义。

5 **意：**指文章的旨意、思想。

6 以上这一章出自《程氏遗书》。

7 **自得：**自己有心得体会。

8 **浩渺：**又作"浩淼"，此处指篇卷众多。

9 以上这一章出自《程氏遗书》，为程颐所说。

原文

凡解文字，但易[1]其心，自见理。理只是人理，甚分明，如一条平坦底道路。

译文

凡是理解典籍，只要心中平易，自然能够看出其中的义理。这义理只是人世的道理，很明白，如同一条平坦的道路一

《诗》曰:“周道如砥,其直如矢。”[2]此之谓也。

或曰:“圣人之言,恐不可以浅近看他。”曰:“圣人之言,自有近处,自有深远处。如近处怎生强要凿教深远得?[3]扬子[4]曰:‘圣人之言远如天,贤人之言近如地。’颐与改之曰:‘圣人之言,其远如天,其近如地。’”[5]

样。《诗经》中说:“大路平坦如同磨刀石一般,大路笔直如同弓箭一般。”说的就是这个道理。

有人说:“圣人的话,恐怕不可以这样浅近地看待。”程颐先生说:“圣人的话,自然有浅近的地方,自然有深远的地方。如果是浅近的地方,怎么能够勉强穿凿使它深远?扬雄说:‘圣人的话深远如同苍天,贤人的话浅近如同大地。’我将它改为:‘圣人的话,深远如同苍天,浅近如同大地。’”

注释

1 **易:**平易,指不带主观成见。

2 **“周道如砥”二句:**语出《诗经·小雅·大东》。周道,大路。砥,即磨刀石,引申为平坦。矢,箭,引申为笔直。

3 **凿:**穿凿。 **教:**使得。

4 **扬子:**扬雄,字子云,东汉成帝时任给事黄门侍郎,新莽时校书天禄阁,官至大夫。效仿《周易》著《太玄》,效仿《论语》著《法言》。又有《甘泉》《长杨》等赋传世。

5 以上这一章出自《程氏遗书》。

原文

学者不泥文义者,又全背却远去;理会文义者,又滞泥不通。如子濯孺子为将之事[1],孟子只取其不背师之意[2],人须就上面理

译文

学者们不拘泥于字句的含义,又全都违背文章的真正的旨意;理会字句的含义的人,又拘泥于字句而不通晓文章的旨意。譬如子濯孺子任郑国将军的事,孟子只是用以说明不背离老师的意思,人们应

会事君之道如何也。又如万章问舜完廪浚井事[3]，孟子只答他大意，人须要[4]理会浚井如何出得来，完廪又怎生下得来。若此之学，徒费心力。[5]

当在这上面理会侍奉君主的方法是怎样的。又譬如万章问虞舜修缮谷仓和挖井的事，孟子只回答他大意，人们却要理会下去挖井怎么样才出得来，修缮谷仓又怎么样才下得来。像这样做学问，是白费心力。

凡观书不可以相类泥[6]其义，不尔，则字字相梗[7]。当观其文势上下之意，如"充实之谓美"与《诗》之美不同。[8]

凡是读书不可以把相类的字拘泥为同一含义，不然的话，就会字字梗塞不通顺。应当看它的文理和前后大意，譬如《孟子》所说的"自身充实叫作美"和《诗经》的称颂他人叫作美是不同的。

注释

1 **子濯孺子为将之事：**子濯孺子，郑国人，擅长射箭。子濯孺子之弟子为尹公之他，尹公之他之弟子为庾公之斯。庾公之斯受命抵御子濯孺子，避让，"不忍以夫子之道反害夫子"，"抽矢，扣轮，去其金，发乘矢而后反"。见《孟子·离娄下》。

2 **意：**指文章的旨意、思想。

3 **万章问舜完廪浚井事：**舜的父母命舜完廪、浚井，想借机害他。万章，孟子弟子。完廪，修缮谷仓。浚井，挖井。

4 **须要：**原文可能有误，此处据文意当作"却要"。

5 以上这一章出自《程氏遗书》。这段话中，程颐就字句的文义和文章的大意两方面，指出了学者的两个弊病：一是拘泥于文义而不明大意；一是懂得不拘泥文义而追寻大意，但理会错误。程颐各举出一例加以说明。

6 **泥：**拘泥。

7 **梗：**梗塞、障碍。此处指文章的意思不通顺。

8 **充实之谓美：**此处意在说明"美"是对于自己而言。**《诗》之美：**《诗》，《诗经》。儒家认为《诗经》中的作品，其功用有美、刺二种，美指颂德，刺指讥讽。《诗谱序》:“论功颂德，所以将顺其美；刺过讥失，所以匡救其恶。”此处意在说明“美”是对于他人而言。张伯行说:“充实之美，说在己。《诗》称美刺，说在人。”以上这一章出自二程《程氏遗书》，又见于张载《张子语录》。

原文

问:“莹中尝爱《文中子》:‘或问学《易》，子曰:终日乾乾可也。’此语最尽。[1]文王所以圣，亦只是个不已。[2]”先生曰:“凡说经义，如只管节节推上去，可知是尽。夫‘终日乾乾’，未尽得《易》。据此一句，只做得九三[3]使。若谓乾乾是不已，不已又是道，渐渐推去，自然是尽。只是理不如此。”[4]

“子在川上曰:‘逝者如斯夫！’”[5]言道之体[6]如此，这里须是自见得。

张绎曰:“此便是无穷。”先生曰:“固是道无穷，然怎生一个无穷，便道了得他？”[7]

译文

弟子问:“陈瓘曾经喜爱读《文中子》，上面说:‘有人问学习《易经》，文中子回答说:终日健进不停就可以了。’这句话说得最透彻。周文王之所以成为了圣人，也只是由于健进不停。”程颐先生说:“凡是解释经典的含义，如果每一句都层层推论上去，都可以说得透彻。‘终日健进不停’这句话，没有全部表达《易经》的含义。根据这一句话，只可以解释九三这一爻。如果说‘乾乾’的意思是‘不停’，不停的意思是‘道’，渐渐推论上去，自然是透彻。只是道理并不是这样。”

“孔子在河岸上说:‘流逝的就像这流水吗！’”这是在说道体就像这流水，这里应当是自己体会出来。

张绎说:“这就是无穷。”程颐先生说:“固然说的是无穷，然而说的是怎样的无穷，只这无穷就说尽了它吗？”

注释

1 **莹中**:陈瓘，字莹中，二程私淑弟子，历官太学博士、著作郎、给事中，死谥忠肃，世称陈忠肃公，又称了斋先生。**《文中子》：**王通，字仲淹，隋绛州龙门（今山西万荣）人。曾上书隋文帝，不用，退居河汾间，终身不仕，教授门徒，有弟子千余人。死后门人私谥文中子。著《中说》十卷，亦称《文中子》。 **“或问学易”三句：**语出王通《中说·问易》。子，此处指王通。终日乾乾，《易经·乾卦》九三爻辞：“君子终日乾乾，夕惕若，厉无咎。” **尽：**透彻。此处指穷尽义理。

2 **文王：**周文王，名姬昌，周武王之父，商末时为诸侯，初居岐山，后迁丰，为西方诸侯之长，史称西伯。曾被商纣王囚于羑里，世传其于此演八卦为六十四卦。《谥法》：“经纬天地曰文。” **不已：**此处指健进不停。

3 **九三：**易卦爻名，为六爻中自下而上的第三个阳爻。

4 以上这一章出自《程氏遗书》。

5 **“子在川上曰”二句：**语出《论语·子罕》：“子在川上曰：‘逝者如斯夫！不舍昼夜。’”邢昺说：“此章记孔子感叹时事既往，不可追复也。”

6 **道之体：**犹言道之质。

7 **了得：**了结、完结。以上这一章出自《程氏遗书》。《论语》“子在川上曰：‘逝者如斯夫’”一句，历来学者多有解释，虽不全同，但大致都解为孔子对于时光流逝的感叹，而程颐此处则认为孔子以流水喻道。朱熹也说：“天地之化，往者过，来者续，无一息之停，乃道体之本然也。然其可指而易见者，莫如川流，故于此发以示人。”

原文

今人不会读书。如“诵《诗》三百，授之以政，不达。使于四方，不能专对。虽多，亦奚以为？”[1]须是未读《诗》时，不达于政，不能专对。既读《诗》后，便达于政，能专

译文

现在的人不会读书。譬如孔子说：“背诵了《诗经》中的全部三百首诗，将国政交给他，却不能通达。派遣他出使天下，却不能独自应对。即使学得再多，又有什么用处？”应当是没读《诗经》时，不通达政事，不能独自应对。读了《诗经》以后，就能通达政事，能够独自应对，这才是读《诗经》。

对四方，始是读《诗》。"人而不为《周南》《召南》，其犹正墙面。"[2] 须是未读《诗》时如面墙，到读了后便不面墙，方是有验。大抵读书只此便是法。如读《论语》，旧时未读，是这个人，及读了，后来又只是这个人，便是不曾读也。[3]

凡看文字，如七年、一世、百年之事，皆当思其如何作为，乃有益。[4]

凡解经，不同无害，但紧要处不可不同尔。[5]

孔子又说："生而为人却不学《周南》《召南》，这就如同面向墙正对着站立一样，什么也看不到。" 应当是没读《诗经》时如同面对着墙，等到读了以后就不面对着墙了，这才有效验。大体说来，读书就是这样真有效验才是方法。如读《论语》，以前未读时是这样一个人，等到后来读了，还是这样一个人，毫无改变，这便和没读一样。

凡是读书，譬如《论语》中所说 "君子教导人民七年" "王者一定经过三十年才可成就仁政" "君子执国政一百年" 的事，都应当思考那要怎么样去做，这才有收益。

凡是解释经典，文义上不相同没有关系，但是阐明紧要之处的道理不可以不相同。

注释

1 **"诵《诗》三百" 七句：**语出《论语·子张》。诵，背诵。《诗》三百，《诗经》共收诗三百零五首，此处举其整数，后人也以 "《诗》三百" 代指《诗经》。不达，不能通达。专对，独自应对。奚，疑问代词，何。

2 **"人而不为《周南》《召南》" 二句：**语出《论语·阳货》，原文作："人而不为《周南》《召南》，其犹正墙面而立也与！" 为，此处意为 "学"。《周南》《召南》，《诗经》中的篇名。周为周公旦，召为召公奭，西周初执政，自陕以西，周公主之，自陕以东，召公主之。南为周、召以南的南方诸侯。《诗经》中，《周南》收诗十一首，《召南》收诗十四首，合称"二南"，居《诗经》之首，此处代指《诗经》。墙面，邢昺解为 "面向墙也" "如面正向墙而立，无所观见也”。

3 以上这一章出自《程氏遗书》。这段话中程颐认为，人们不会读书，是因为不懂读书的方法。读书的方法就是读书要落实在自己身上，通过读书使得自身有进益，有变化，有效验。读书要做到这样才是好方法。

4 **七年：**指《论语 · 子路》："子曰：善人教民七年，亦可以即戎矣。" 善人，指君子。即戎，指率民攻战。即，就、接近。 **一世：**指《论语·子路》："子曰：如有王者，必世而后仁。" 一世，犹言一代，古代以三十年为一世。仁，仁政。 **百年：**指《论语 · 子路》："子曰：'善人为邦百年，亦可以胜残去杀矣。'诚哉是言也！"残，残暴。杀，刑杀。是言，何晏引孔安国说："古有此言，孔子信之。" 以上这一章出自《程氏遗书》。

5 **不同：**张伯行说："谓文义也。" **无害：**犹言无妨。害，妨害。 **紧要处：**张伯行说："谓道理也。" 以上这一章出自《程氏外书》。

原文

焞[1]初到，问为学之方。先生曰："公[2]要知为学，须是读书。书不必多看，要知其约[3]。多看而不知其约，书肆[4]耳。颐缘[5]少时读书贪多，如今多忘了。须是将圣人言语玩味，入心记着，然后力去行之，自有所得。"[6]

初学入德之门，无如《大学》，其他莫如《语》《孟》。[7]

学者先须读《论》《孟》。穷得《语》《孟》，自有要约处，以此观他经甚省力。《论》

译文

尹焞刚刚来时，请问学习的方法。程颐先生说："你要想懂得学习，必须读书。书不必多看，要知道它的纲要。多看而不知道纲要，这是开书铺。我因为年轻时读书贪多，如今多数都忘记了。一定要将孔子的话反复品味，记在心里，然后尽力依照去做，自然会有收益。"

刚开始学习进入仁德的门径，没有比读《大学》更适宜的了，其他没有比《论语》《孟子》更适宜的了。

学者先应当学习《论语》《孟子》。穷尽了《论语》《孟子》，自然可以明白要领，由此看其他经典就很省力。《论

《孟》如丈尺权衡相似，以此去量度事物，自然见得长短轻重。[8]

语》《孟子》如同量长度的丈尺、量重量的天平一样，用它去度量事物，自然可以看出长短轻重。

注释

1 **焞：**尹焞。

2 **公：**古代对男子的尊称。

3 **约：**要领、纲要。

4 **书肆：**书店。肆，店铺。

5 **缘：**因为、由于。

6 以上这一章出自《程氏遗书》。江永说："尹子之学，要约而笃实，盖终身守此言者。"叶采说，本卷至此条以上总论读书之法，以下乃分论读书之法。

7 **入德之门：**进入仁德之门、儒学之门。德，仁德。**《大学》：**《礼记》篇名，传为曾参所作。宋儒将其与《礼记·中庸》《论语》《孟子》汇编为一，称为"四书"，以朱熹所作《四书章句集注》最为著名。**《语》《孟》：**《论语》《孟子》，又合称《论》《孟》。以上这一章出自《程氏遗书》。朱熹也曾论及学习儒家典籍的次序，所说更为具体。他说："某要人先读《大学》，以定其规模。次读《论语》，以立其根本。次读《孟子》，以观其发越处。次读《中庸》，以求圣人之微妙处。"

8 以上这一章出自《程氏遗书》。

原文

读《论语》者，但将诸弟子问处，便作己问；将圣人答处，便作今日耳闻，自然有得。若能于《论》《孟》中深求玩味，将来涵养成，甚

译文

读《论语》时，只要将诸弟子请问的话，当作自己在问；将孔子回答的话，当作今天亲耳听到，自然会有收益。如果能在《论语》《孟子》中深深探求，仔细品味，将来涵养成熟，该是非常好的

生气质![1]

气质!

凡看《语》《孟》,且须熟玩味,将圣人之言语切己,不可只作一场话说。人只看得此二书切已,终身尽多也。[2]

凡是看《论语》《孟子》,应当熟读品味,用孔子的话来契合自己,不能只当作是一场讲话。人只要将这两部书看作是切合自己的,终生都会有很多收益。

《论语》有读了后全无事者,有读了后其中得一两句喜者,有读了后知好之者,有读了后不知手之舞之、足之蹈之者。[3]

《论语》有读了以后全然没有什么事情发生的人,有读了以后对其中的一两句话喜悦的人,有读了以后懂得喜好它的人,有读了以后禁不住手舞足蹈的人。

注释

1 **甚生:**犹言非常。以上这一章出自《程氏遗书》,为程颐所说。

2 **将:**以、用。以上这一章出自《程氏遗书》。

3 **好(hào):**动词,喜好。 **不知手之舞之、足之蹈之:**形容十分高兴。以上这一章出自《程氏遗书》。对于读《论语》的不同感觉,朱熹有非常生动的比喻。他说:"人读书如人饮酒相似。若是爱饮酒人,一盏了又要一盏吃。若不爱吃,勉强一盏便休。"

原文

学者当以《论语》《孟子》为本。《论语》《孟子》既治,则"六经"可不治而明矣。读书者,当观圣人所以作经之意,与圣人所以用心,与圣人所以至圣人,而吾之所

译文

学者应当以《论语》《孟子》作为基本。《论语》和《孟子》已经通晓,那么"六经"不用学就可以明白了。读书的人,应当去看孔子之所以撰述"六经"的用意,和孔子这样做的用心,以及孔子之所以成为圣人的原因,我们

以未至者，所以未得者，句句而求之，昼诵而味之，中夜[1]而思之。平其心，易其气，阙其疑，则圣人之意见矣。[2]

读《论语》《孟子》而不知道，所谓“虽多，亦奚以为”？[3]

之所以没有达到圣人的境界，之所以没有成就，一句句的探求，白天诵读品味，半夜里思考。心气平易，有疑问就存疑，孔子的心意就可以看出来了。

读过了《论语》《孟子》还不明白道理，就是孔子所说的“虽然学了很多，又有什么用”？

注释

1 **中夜：**半夜。

2 **易其气：**使自己的心气平易。易，平易。 **阙其疑：**存疑。阙，同“缺”。以上这一章出自《程氏遗书》。朱熹解释这段话说：“平其心，只是放教虚平。易其气，只是放教宽慢。阙其疑，只是莫去穿凿。”

3 **不知道：**不明白道理。知，懂得。道，道理。以上这一章出自《程氏遗书》。

原文

《论语》《孟子》只剩[1]读着，便自意足[2]。学者须是玩味。若以语言解着，意便不足。某始作此二书[3]文字，既而思之，又似剩[4]。只有些先儒错会处，却待与整理过。[5]

问：“且将《语》《孟》紧要处看，如何？”伊川曰：“固是好，然若有得，终不浃洽。盖吾道非如释氏，一见了便从空寂去。”[6]

译文

《论语》《孟子》只要多读，自然就会义理完备。学者应当品味。如果用语言自己解释它，义理就不完备。我起初曾为这两部书作解说，后来想想，好像意犹未尽。只有些先儒领会错误的地方，等待日后整理。

弟子问：“只挑选《论语》《孟子》中重要的话来看，怎么样？”程颐先生说：“这固然好，但是要有所成就，这样做终究不能贯通。我们儒家的道理不像佛教，一有心得总是归于虚无。”

“兴起于《诗》”这句话的含义，是

"兴于《诗》"者,吟咏性情,涵畅道德之中而歆动之,有"吾与点"之气象。[7]

要人由吟咏诗篇而激发性情,涵养于道理之中而为其善意所感动,产生出孔子所说"我赞同曾点"的气象。

注释

1 **剩:**多。张伯行说:"剩,余也,犹言多也。"

2 **意足:**张伯行解为"圣贤语意,包含完满"。

3 **二书:**程颐曾著《论语解》《孟子解》,未完成。

4 **剩:**犹言意犹未尽。张伯行说:"剩者,本旨尚有余于所解之外也。"

5 **先儒:**指曾为《论语》作注的何晏和曾为《孟子》作注的赵岐。以上这一章出自《程氏外书》,为程颐所说。

6 **释氏:**即佛教,因佛教僧人不用俗姓,以释为姓,故称。 **一见了便从空寂去:**指佛教主张一切虚无,故无须推理。以上这一章出自《程氏遗书》,为程颐所说。程颐这段话大意是说,《论语》《孟子》书中所言,虽然有紧处,有慢处,有深处,有浅处,但都有用意。挑选其中的紧要的话先读了,固然好,却不能贯通,所以不能有大成就。

7 **兴于《诗》:**兴,兴起、引起。《诗》,《诗经》。 **歆动:**欣喜、感动。 **吾与点:**《论语》所载孔子赞同弟子曾点的志向。点,曾点,字子皙,故又称曾皙,孔子弟子。以上这一章出自《程氏遗书》。"吾与点"一语的含义,诸儒解释大体相同,即都是将曾点言志一段话解为"乐道"。儒家认为通过"兴于《诗》"的作用,不仅可以将诗人的心意与其所见景象联系起来,而且也可以将诗人的感受与学者学道的感受联系起来。原书此段后有旧注一条,此处省略。

原文

谢显道云:"明道先生善古《诗》,他又浑[1]不曾章解句释,但优游玩味,吟哦上

译文

谢良佐说:"程颢先生擅长讲《诗经》,他又全然没有过逐章逐句的解释,只是悠游品味,上下吟哦,就能使

下，便使人有得处。'瞻彼日月，悠悠我思。道之云远，曷云能来？'[2]思之切矣。终曰：'百尔君子，不知德行？不忮不求，何用不臧？'[3]归于正也。"[4]

人获得收益。《雄雉》中说：'望着天上的月亮，我的思念悠悠。道路很远，何时才能回来？'这是在说她对丈夫思念深切。最后一章说：'凡是君子，怎么能不懂德行？不要嫉妒不要贪求，为什么不能善处？'这说明思想归于纯正了。"

又云：伯淳常谈《诗》，并不下一字训诂，有时只转却一两字，点掇地念过，便教人省悟。又曰：古人所以贵亲炙之也。

又说：程颢先生常常谈及《诗经》，不下一个字的解释，有时只转换一两字，提及式地念过，便令人省悟。又说：这就是古人贵亲受教育熏陶的原因。

明道先生曰：学者不可以不看《诗》，看《诗》便使人长一格价。[5]

程颢先生说：学者不可以不看《诗经》，看《诗经》就使人长一等级。

"不以文害辞。"[6]文，文字之文。举一字则是文，成句是辞。《诗》为解一字不行[7]，却迁就他说[8]，如"有周不显"[9]。自是作文当如此。[10]

《孟子》说"不因为文而妨害辞"。文，是文字的文。拿出一个字来是文，连成句子是辞。《诗经》中因为一个字而解释不通，可以不拘泥而应迁就它的原意，譬如《文王》中的"有周不显"一句。读文章自然都应当这样。

注释

1 **浑：**浑然、完全。

2 **"瞻彼日月"四句：**语出《诗经·邶风·雄雉》。朱熹《诗集传》解释此诗含义为："妇人以其君子从役于外……见日月之往来，而思其君子从役之久也。"瞻，望。道之云远，即道远，"之""云"均为虚词。曷云能来，即何能来。

3 **"百尔君子"四句：**出处同上，为全诗的第四章。朱熹《诗集传》解为："凡尔君子,岂不知德行乎?若能不忮害又不贪求,则何所为而不善哉?忧其远行之犯患,冀其善处而得全也。"百,凡是。忮,害。求,贪求。臧,善。

4 以上这一章出自《程氏外书》,又见《上蔡语录》。程颐认为《雄雉》这首诗是借助妇人对于远行服役的丈夫的思念,表达为人应当善处的纯正思想。

5 **长一格价:**犹言长一等、长一级。以上这一章出自《程氏外书》。

6 **不以文害辞:**孟子所主张的读《诗经》的方法。语出《孟子·万章上》,"文""辞"二字,朱熹解为"文,字也","辞,语也"。

7 **解一字不行:**张伯行说:"恐单泥一字之解,有害全句之义也。"

8 **却迁就他说:**张伯行说:"盖《诗》有律有韵,句法字法,长短难以参差,多有暗藏曲折处。故解《诗》者不得专拈一字解之,却须迁就其说。"

9 **有周不显:**语出《诗经·大雅·文王》,传为周公旦所作,全诗共七章,全句的大意是说周之德彰显于天下,故此"不显"不能解为否定之意。

10 以上这一章出自《程氏外书》,为程颢所说。这段话的意思是说,读《诗经》时不可拘泥于字句而妨害诗篇的大意。

原文

看《书》,须要见二帝三王之道。[1] 如二《典》,即求尧所以治民,舜所以事君。[2]

《中庸》[3]之书,是孔门传授,成于子思[4]、孟子[5]。其书虽是杂记,更不分精粗,一衮[6]说了。今人语道,多说高便遗却卑,说本便遗却末。[7]

译文

看《尚书》一定要看出唐尧、虞舜二帝和夏禹王、商汤王和周文王的治理方法。譬如看《尧典》《舜典》,就应探求唐尧治民、虞舜事君的方法。

《中庸》一书,是孔子的弟子所传授,写成于子思和孟子。这部书是杂记,言语不分精粗,混在一起说了。现在人们讲道,大多是讲高深的道理就丢掉低浅的道理,讲根本的道理就丢掉枝末的道理。

注释

1《**书**》:《书经》,又称《尚书》。 **二帝**:指唐尧和虞舜。《尚书》起始为《虞书》中的《尧典》和《舜典》二篇。 **三王**:指夏禹王、商汤王和周文王。《尚书》在《虞书》之后为《夏书》《商书》和《周书》。夏、商、周(西周)又合称为“三代”。

2 二《**典**》:即《尧典》《舜典》。以上这一章出自《程氏遗书》。

3《**中庸**》:《礼记》第三十一篇,传为孔子之孙孔伋(子思)所作,至宋代与《礼记》中的《大学》一篇及《论语》《孟子》汇集为一,合称“四书”。“中庸”一语,郑玄《礼记注》解为“中和之为用也”,“用中为常道也”。

4 **子思**:孔伋,字子思,孔子之孙。传为曾参弟子。

5 **孟子**:孟子未曾著《中庸》,但多传子思之学,学者称为“思孟学派”。

6 **一衮**:混在一起。衮,后多作“滚”。

7 以上这一章出自《程氏遗书》,为程颐所说。

原文

伊川先生《易传序》曰:易,变易也,随时变易以从道也。其为书也,广大悉备,将以顺性命之理[1],通幽明之故[2],尽事物之情[3],而示开物成务[4]之道也。圣人[5]之忧患后世,可谓至矣。去古虽远[6],遗经尚存。然而前儒[7]失意以传言,后学诵言而忘味。自秦而下,盖无传矣。予生千载之后[8],悼斯文[9]之

译文

程颐先生在其所著《易传》的自序中说:易,是变易的意思,随着时势的变化而跟从它的轨迹。《易经》这部书的内容广大完备,为的是顺从生命的本性,通晓昼夜的原因,了解事物的实情,说明开通万物的意愿和成就天下事务的道理。创造出《易经》的圣人们疑虑后世,可以说到了极点。现在距离上古虽然遥远,但是这本遗留的经典还存在。然而从前儒者虽有解说却偏离了本义,后代儒生只求记诵而忘记了品味。从秦朝以来,它的真义已经失传了。我生于孔子及其弟子死后一千多年,痛心《易经》的湮灭隐晦,为使后人得以沿流溯源,所以湮晦，将俾后人沿流而求源，此《传》所以作也。"《易》有圣人之道四焉：以言者尚其辞，以动者尚其变，以制器者尚其象，以卜筮者尚其占。" 吉凶消长之理，进退存亡之道，备于辞。[10] 推辞考卦，可以知变，象与占在其中矣[11]。"君子居则观其象而玩其辞，动则观其变而玩其占。" 得于辞，不达其意者有之矣，未有不得于辞而能通其意者也。至微者，理也；至著者，象也；体用一源，显微无间。[12] "观会通以行其典礼"[13]，则辞无所不备。故善学者求言必自近[14]，易于近者[15]，非知言者也。予所传者辞也，由辞以得意，则在乎人焉。[16]

著成了这本《易传》。"《易》在四个方面体现出圣人的做法：发布言辞时尊崇《易》的卦爻辞，有所举动时尊崇《易》的阴阳吉凶变化，制造器具时尊崇《易》的卦爻象，卜筮时尊崇《易》的占法。" 天道吉凶消长的道理，人道进退存亡的道理，都完备地记载在卦爻辞中。推演辞，考察卦，可以懂得变化，象和占都包括在其中了。"君子居家则观察象、玩索辞，出行则考察变化、玩索占。" 懂得辞而不明白真义的人是有的，没有连辞都不懂而想要明白真义的人。最细微的是理，最显著的是象；体和用同出一源，细微和显著没有隔断。"观察万物的会合变通，而施行圣人的制度礼仪"，这样说来辞是无所不具备的。所以善于学习的人想要探求圣人的话语一定要从切近的语言开始，认为切近的语言浅易，这不是懂得话语的人。我所解说的是辞，由辞而探求《易》的真义，就取决于人了。

注释

1 **顺性命之理：**指生命的本性而言，张伯行解为"继善成性"。

2 **通幽明之故：**指自然而言，张伯行解为"仰观天文，俯察地理，而得其昼夜、上下、南北、高深之所以然"。

3 **尽事物之情：**指人类得以观察了解事物的真实状况。情，实情。

4 **开物成务：**语出《易经·系辞上传》，孔颖达解为："言易能开通万物之志，成就天下之务。”

5 **圣人**:指周文王、周公旦和孔子,周文王作卦辞,周公旦作爻辞,孔子作《易传》(《易十翼》),合称“三圣”。在周文王之前,有伏羲画八卦,合称“四圣”。

6 **去古虽远**:《易》最早可上推至伏羲之世,离北宋已很遥远。

7 **前儒**:指王弼、韩康伯,曾作《周易注》。

8 **予生千载之后**:从孔子及七十弟子没世算起,至北宋一千余年。

9 **斯文**:指儒学。

10 **“吉凶消长之理”二句**:张伯行解吉凶消长为“天道”,进退存亡为“人道”。

11 **象与占在其中矣**:张伯行说:“象非辞,则象无由明。占非辞,则占无由决。”

12 **“体用一源”二句**:张伯行说:“自理而观,则理为体,象为用。自象而观,则象为显,理为微。而理中有象,是体用一源也。象中有理,是微显无间也。”

13 **观会通以行其典礼**:语出《易经·系辞上传》,孔颖达解为:“圣人有其微妙,以见天下万物之动也。……既知万物以此变动,观看其物之会合变通,当此会通之时,以施行其典法礼仪也。”

14 **求言必自近**:张伯行解为“自用以观体,自显以推微”。

15 **易于近者**:张伯行解为“若以其辞为近而易之”。易,浅易。

16 **予所传者**:指所序之书《伊川易传》。传,相当于经而言,是对经所作的解说。这篇序文出自《伊川文集》,又见《伊川易传》,为程颐所作,宋哲宗元符二年(1099)成于涪州。《伊川易传》是程颐最主要的哲学著作,积数十年而成,经多次修改,晚年方始成书。撰成以后,久未行世,后则大盛,“散满天下,家置而人有之”。

原文

伊川先生《答张闳中[1]书》曰:《易传》未传[2],自量精力未衰,尚觊[3]有少进尔。

译文

程颐先生在《答张闳中书》中说:《易传》尚未流传,是因为我忖量自己的精力没有衰退,还希望能稍有增改。

来书云:“《易》之义,本起于数。”则非也。有理而后有象,有象而后有数。《易》因象以明理,由象以知数,得其义则象数在其中矣[4]。必欲穷象之隐微,尽数之毫忽[5],乃寻流逐末,术家[6]之所尚,非儒者之所务也。[7]

来信中说:“《易经》的义理本来起源于数。”(认为义理源于数,)这就错了。有义理而后才有象,有象而后才有数。《易经》通过象阐明义理,通过象而知道数,通晓了义理象和数就在其中了。一定要穷尽隐微的象,穷尽细小的数,就是舍本求末,是术数家所崇尚的,而不是儒家所要做的。

知时识势,学《易》之大方也。[8]

知道时运盛衰,懂得趋势强弱,是学习《易经》的主要方法。

《大畜》初、二乾体刚健而不足以进,四、五阴柔而能止。[9]时之盛衰,势之强弱,学《易》者所宜深识也。[10]

《大畜》这一卦,初爻和二爻属于乾体,性质刚健,却不足以前进。四爻和五爻是阴爻,性质阴柔,却能够制止刚健。时运的盛衰,趋势的强弱,这是学习《易经》的人应该深深记住的。

注释

1 **张闳中:**程颐弟子。

2 **未传:**尚未流传。

3 **觊:**希望。

4 **得其义则象数在其中矣:**句后程颐本注:“理,无形也,故因象以明理。理既见乎辞矣,则可由辞以观象。故曰‘得其义则象数在其中矣’。”

5 **毫忽:**计量单位。此处意指极其细小。

6 **术家:**术数家。术数又称数术,术指方术,数指气数。易学中自汉代孟喜、京房至北宋邵雍,有以象数解易的一派,此处意指象数派近乎术数家。

7 这封书信出自《伊川文集》,又见《程氏遗书》。宋代儒家学者邵雍、程颐、朱熹讲易,各有不同。邵雍注重象数,所著为《皇极经世》。程颐注重义理，所著为《伊川易传》。朱熹力主融合二者，所著为《周易本义》。

8 **大方：**方法。以上这一章出自《伊川易传》。

9 **《大畜》：**卦名，《易经》六十四卦之第二十六卦，《乾》下《艮》上。 **初、二：**卦中自下而上第一和第二两爻，此卦中为初九和九二，均为阳爻。 **乾体刚健而不足以进：**张伯行说："乾之三爻皆为《艮》所畜，故以四畜初，以五畜二，初、二虽刚健而不足以进者，时不利于进，势又必不能进也。" **四、五：**卦中自下而上第四和第五两爻，此卦中为六四和六五，均为阴爻。 **阴柔而能止：**张伯行说："四、五两爻皆柔，所应初、二皆刚，似当以初、二为善，四、五为邪。乃谓阴柔足以止刚者，盖畜之时主乎止，而四、五位据乎上，又有可以止之之势，则其象为以柔善而止夫刚恶也。"

10 以上这一章出自《伊川易传》。张伯行说："此取《大畜》卦爻以明识时势之义也。"

原文

诸卦二、五虽不当位，多以中为美。[1]三、四[2]虽当位，或以不中为过。中常重于正[3]也，盖中则不违于正，正不必中也。天下之理莫善于中，于九二、六五可见。[4]

问："胡先生解九四作太子，恐不是卦义。"[5]先生云："亦不妨，只看如何用，当储贰则做储贰使。[6]九四近君，便作储贰，亦不害。但不要拘一，若执[7]一

译文

各卦之中，第二和第五两爻虽然有时不当位，但因为总是居中，所以最美。第三和第四两爻即使在当位时，因为不能居中，所以难免偏失。"中"常常比"正"更重要，因为只要"中"就不违背"正"，而"正"却不一定做到"中"。天下的道理没有比"中"更好的了，由九二和六五两爻就可以看出来。

弟子问："胡瑗先生解释九四这一爻为太子，恐怕不是卦的本义。"程颐先生说："也不妨碍，只要看占卦的人怎样使用，在太子的地位上就当作太子使用。九四这一爻靠近君主，即使解为太子，也

事，则三百八十四爻，只作得三百八十四件事便休了。”[8]

不妨害。只是不要拘泥为一个卦象，如果固执在一件事上，那么三百八十四爻，只象征三百八十四件事就没有了。”

注释

1 **二、五：**《易经》六十四卦各卦中，自下而上的第二和第五两爻。 **当位：**《易经》六十四卦各卦六爻中，以初、三、五爻为阳位，二、四、六爻为阴位。阳爻居阳位或阴爻居阴位为当位，阳爻居阴位或阴爻居阳位为不当位。**中：**《易经》六十四卦各卦均由两个单卦重合而成，在下面的称为内卦，在上面的称为外卦。在内卦和外卦居于中间的一爻称为“中”。

2 **三、四：**《易经》六十四卦各卦中，自下而上的第三和第四两爻。

3 **正：**各爻当位称为正，不当位称为不正。

4 **九二、六五：**各卦之中的九二和六五两爻。九二为自下而上的第二个阳爻，于内卦为居中，于爻位为阴位，所以是居中而不当位。六五为自下而上的第五个阴爻，于外卦为居中，于爻位为阳位，所以也是居中而不当位。九二和六五两爻居中，虽然不当位，其辞则吉。以上这一章出自《伊川易传》。这段话中，程颐意在借助《易经》卦爻中的居中与当位，阐释“中”与“正”的义理。朱熹对此有更加通俗的解释，他说：“‘中重于正，正未必中。’盖事之斟酌得宜合理处便是中，则未有不正者。若事虽正，而处之不合时宜，于理无所当，则虽正而不合乎中。”

5 **胡先生：**此处指胡瑗，字翼之，世称安定先生。程颐的老师，曾任国子监直讲。今存《周易口义》十卷。 **太子：**由卦象而言，初爻为未仕者，二爻为士，三爻为大夫，四爻为公卿诸侯，五爻为天子，上爻为无位或去位者。张伯行说：“五为君位，四近君，故解作太子。”

6 **只看如何用：**张伯行说：“若占者所处之地当此爻，则可以此爻做此地位。” **当：**指占卦者所处的地位。**储贰：**又称储副、储君，意为君主之副，多指太子。

7 **执：**固执。

8 以上这一章出自《伊川易传》。这段话意在阐明《易经》的道理及其独特作用。张伯行解释其大意说:“《易》之为用,无所不该,无所不得,只看人如何用之耳。……盖他书是元有这事,方说出这理,《易》则未曾有此事,先假托都说在这里。故曰‘不可为典要’,又曰‘惟变所适’。”

原文

看《易》且要知时。凡六爻人人有用,圣人自有圣人用,贤人自有贤人用,众人自有众人用,学者自有学者用,君有君用,臣有臣用,无所不通。

因问:“《坤卦》是臣之事,人君有用处否?”先生曰:“是何无用?如‘厚德载物’,人君安可不用?”[1]

《易》中只是言反复往来上下。[2]

作《易》自天地幽明,至于昆虫草木微物,无不合。[3]

译文

看《易经》要懂得时运。六爻人人都有用处,圣人自然有圣人的用处,贤人自然有贤人的用处,普通人自然有普通人的用处,学者自然有学者的用处,君主有君主的用处,臣下有臣下的用处,没有不能通用的地方。

于是有弟子问:“《坤卦》所说的是臣下的事情,君主有没有用处?”程颐先生回答说:“为什么没有用处?譬如《坤卦》说‘君子效仿大地的宽厚品德包容覆育万物’,君主怎么可以不遵用?”

《易经》中只是在讲反复、往来、上下。

圣人所作的《易经》,从天上地下有形和无形的事物,直到昆虫草木等细微的事物,没有不符合的。

注释

1 **厚德载物:**孔颖达《周易正义》说:“君子用此地之厚德,容载万物。”以上这一章出自《程氏遗书》,为程颐所说。

2 以上这一章出自《程氏遗书》,为程颢所说。朱熹解释这段话的含义说:“阴阳之道,一进一退,一长一消,反复、往来、上下,于此见之。”

3 **幽明:**指有形和无形的事物。以上这一章出自《程氏外书》。

原文

今时人看《易》，皆不识得"易"是何物，只就上穿凿。[1]若念得不熟，与就上添一德[2]，亦不觉多；就上减一德，亦不觉少。譬如不识此兀子[3]，若减一只脚，亦不知是少；若添一只，亦不知是多。若识，则自添减不得也。[4]

游定夫问伊川"阴阳不测之谓神"。[5]伊川曰："贤是疑了问，是拣难底问？"[6]

伊川以《易传》示门人曰："只说得七分，后人更须自体究。"[7]

译文

现在的人看《易经》，都不懂得"易"是什么，只是在上面穿凿附会。如果读得不熟，在上面添加一条义理，也不觉得多；在上面减去一条义理，也不觉得少。譬如不认识这只凳子，如果减去一只脚，也不知道是少了；如果添加一只脚，也不知道是多了。如果懂得，自然就不能增添减少。

游酢请问程颐先生"阴阳不测叫作神"。程颐先生说："你是有疑问而问，还是选择难题来问？"

程颐先生拿《易传》给弟子们看，说："只说出了七分，后人还应当进一步体会研究。"

注释

1 **"今时人看《易》"二句：**前"易"字指《易经》，后"易"字指变易之理。张伯行说："天下事变易之中，有不易底道理。盖有这理，方有这事。"

2 **一德：**一条义理。

3 **兀子：**凳子。又作"杌子"。

4 以上这一章出自《程氏外书》。

5 **游定夫：**游酢，字定夫，二程弟子。曾任知州，著有《易说》。 **阴阳不测之谓神：**语出《易经·系辞上传》，"阴阳不测"一语，张载解为"两在，故不测"，朱熹进一步解释说："即阴而道在于阴，即阳而道在于阳，此其所以无方，而变化不测也。"

6 **贤：**对弟子的敬称。以上这一章出自《程氏外书》。这段话的含义，叶采解释说："游氏或未之深思，特以言语艰深，而率尔请问。故伊川不答，而深攻其心，欲使反己而致思也。”张伯行解释说：“盖疑了后问，一与之语，郁而能通，便涣然冰释，久必不忘，自是切问。若拣择来问，心没紧要，口头搬弄，纵与之言，过辄忘了，那有实得？”

7《**易传**》：即程颐所著《伊川易传》。 **体究**：体会、研究。以上这一章出自《程氏外书》。

原文

伊川先生《春秋传序》曰：天之生民，必有出类[1]之才，起而君长之。治之而争夺息[2]，导之而生养遂[3]，教之而伦理明，然后人道立，天道成，地道平[4]。二帝而上，圣贤世出，随时有作。顺乎风气之宜，不先天以开人，各因时而立政。暨乎三王迭兴，三重既备，子丑寅之建正，忠质文之更尚，人道备矣，天运周矣。[5]圣王既不复作，有天下者，虽欲仿古之迹，亦私意妄为而已。事之谬，秦至以建亥为正；道之悖，汉专以智力持世。[6]岂复知先王之道也？

译文

程颐先生在所作的《春秋传序》中说：天地生育了人类，必定会有超出同类的有才能的人出来成为领导大家的君王。治理他们而后平息争夺，领导他们达成生养之道，教导他们而后伦理分明。然后人道建立起来，天道隆盛起来，地道平定下来。从唐尧和虞舜以上，圣贤的人每代都产生出来，随时都有建树。他们顺从风俗的适宜状况，不超越天地而提携人类，各自依循时运而制定制度。到了夏、商、周三王依次兴盛，“议礼”“制度”“考文”三件事全都完备，分别以“建子”“建丑”“建寅”定为岁首，忠厚、质朴、文华更替崇尚，人道完备了，天地的运化完满了。此后圣王不再产生，拥有天下的君主，即使想要仿效古代的踪迹，也只是私意妄为罢了。事情荒谬时，以至于秦朝以“建亥”作为岁首；道理背离时，以至于汉朝专用智术武力统治天下。他们哪里还知道有先王之道？

注释

1 **出类**：超出同类。

2 **息**：平息。

3 **遂**：达成。

4 **"天道成"二句**：张伯行解为"五气顺布""山川奠位"。

5 **暨**：及、至。 **三王**：指夏禹王、商汤王、周文王。 **三重**：郑玄解为"三王之礼"，吕大临解为"议礼""制度""考文"三事。 **子丑寅之建正**：夏、商、周三代分别以建子、建丑、建寅为岁首。古代将北斗星斗柄在一年中移动的位置分为十二辰，斗柄所指之辰称为斗建。以斗建称十二个月，建子为十一月，建丑为十二月，建寅为一月。正，岁首的月份。 **忠质文之更尚**：夏、商、周三代，夏尚忠，商尚质，周尚文。

6 **谬**：乖错。 **秦至以建亥为正**：秦朝以十月为岁首。

原文

夫子[1]当周之末，以圣人不复作也，顺天应时之治不复有也，于是作《春秋》为百王不易[2]之大法。所谓"考诸三王而不谬[3]，建诸天地而不悖，质诸鬼神而无疑，百世以俟圣人而不惑"者也。先儒之《传》曰："游、夏不能赞一辞。"[4]辞不待赞也，言不能与[5]于斯耳。斯道也，惟颜子尝闻之矣。"行夏之时，乘殷之辂，服周之冕，乐则《韶舞》。"[6]此其准的[7]也。

译文

孔子生当周朝末年，因为圣人不再出现了，顺应天时的治理不再有了，于是写了《春秋》作为后代众多君王不变的大法。这就是孔子所说的"考证于三王而没有差错，建立在天地间而不违背天地，询问于鬼神而没有怀疑，百代以后圣人再现而不疑惑"。司马迁在所作的《孔子世家》中说："子游、子夏不能参与说一句话。"话不需要帮助，司马迁这样说，是说明以子游、子夏的才能不能参与这件事。这个先王之道，只有颜回曾经听到过。"施行夏朝的时令，乘坐商朝的马车，穿戴周朝的冠冕，乐舞采用虞舜时的《韶舞》。"这就是孔子的标准。后世以史书看待后世以史视《春秋》，谓褒善贬恶而已，至于经世之大法，则不知也。

《春秋》，说它只有褒扬善良贬抑邪恶罢了，至于治理天下的大法，就不知道了。

注释

1 **夫子：**指孔子，为孔子弟子对孔子的尊称。

2 **不易：**不变、恒常。

3 **谬：**有本作“缪”。

4 **“先儒之《传》曰”二句：**先儒，指司马迁。《传》，指《史记·孔子世家》。游，名言偃，字子游。夏，名卜商，字子夏。子游、子夏均为孔子弟子，以文学著称。赞，参与。

5 **与：**参与。

6 **“行夏之时”四句：**语出《论语·卫灵公》。夏之时，夏朝所颁布的时令。辂，又称大辂，商朝所乘的马车。冕，古代天子、诸侯行朝仪、祭礼时所戴的礼帽。《韶舞》，传为虞舜时乐舞名，孔子曾称之为尽善尽美。

7 **准的：**箭靶，引申为准则。

原文

《春秋》大义[1]数十，其义虽大[2]，炳如日星，乃易见也。惟其微辞隐义，时措从宜[3]者为难知也。或抑或纵，或与或夺，或进或退，或微或显[4]，而得乎义理[5]之安，文质[6]之中，宽猛[7]之宜，是非之公，乃制事之权衡，揆道[8]之模范也。

译文

《春秋》中所蕴含的大义有数十条，大义虽然多，但是都明亮如同日月，所以容易看到。只有其中隐微的言辞和深奥的义理，随时运而制定适宜的制度，难于知晓。有时抑制有时宽纵，有时授予有时夺回，有时屏退有时推崇，有时隐微有时彰显，而都能够做到道义与情理妥当，文华与质朴中和，宽大与威严适宜，是与非公正，这才是办理事务的标准，治理国家的模范。观察了众多事物然后才看得出造化者的神奇，聚集了众多夫观百物然后识化工[9]之神，聚众材然后知作室[10]之用。于一事一义而欲窥圣人之用心，非上智[11]不能也。故学《春秋》者，必优游涵泳[12]，默识心通，然后能造[13]其微也。

的材料然后才懂得筑室的作用。想要从一件事、一个主张上窥见孔子的用心，如果没有圣人的智慧是不能做到的。所以学习《春秋》的人，一定要从容求索、深入体会、默默记下体会贯通，然后才能达到其中的微妙之处。

注释

1 **《春秋》大义：**指儒家今文经学一派依据《春秋公羊传》阐发《春秋》中的"微言""大义"。西汉董仲舒《春秋繁露》以"借事明义"为"微言"，"正名为本"为"大义"。东汉何休《春秋公羊传解诂》以"三科九旨"为"微言"，"尊王攘夷"为"大义"。

2 **虽大：**依上下文意，"虽大"应解为虽多。

3 **时措从宜：**因时制宜。

4 **"或抑或纵"四句：**张伯行解为："或有功宜扬而反抑之，或有罪宜诛而反纵之，或功犹未就而先予之，或恶犹未著而先夺之，或本尊也而故退之，或本卑也而故进之，或婉其辞，或章其实。"

5 **义理：**此处指道义与情理。

6 **文质：**文华与质朴。

7 **宽猛：**宽大与严厉。

8 **揆道：**揆，管理、掌管。道，此处指治国的方法。

9 **化工：**自然的造化者。

10 **作室：**筑室。

11 **上智：**指圣人所具有的智慧。

12 **优游涵泳：**意为从容求索，深入体会。

13 **造：**到、至。

原文

后王知《春秋》之义，则虽德非禹汤，尚可以法三代之治，自秦而下，其学不传。[1]予悼夫圣人之志不明于后世也，故作《传》以明之。俾后之人，通其文而求其义，得其意而法其用，则三代可复也。[2]是《传》也，虽未能极圣人之蕴奥，庶几学者得其门而入矣。[3]

译文

后代君王如果知道《春秋》的义理，那么即使品德不如夏禹、商汤，还是可以效法夏、商、周三代的治理，从秦朝以下，这个学问没有人传承。我悲悼孔子的心意不能明白于后世，所以作了解说来显明它。使后世的人们，能够读懂它的文辞而探求它的大义，懂得它的用意而效法它的功用，那么三代的治世就可以恢复了。这本解说，虽然没能穷尽孔子的深奥智慧，但差不多可以使学者们由此而得以入门了。

注释

1 **后王**：先秦时孟子称尧舜为“先王”，而荀子则称春秋五霸以下为“后王”。此处泛指后代君王。 **汤**：商汤王，商朝开国国君，定都于亳，用伊尹为相，率诸侯打败夏桀，成为天下共主。《尚书·商书》《史记·殷本纪》等记载其事。

2 **俾**(bǐ)：使。 **复**：恢复。

3 **庶几**：差不多。这篇序文出自《伊川文集》，又见《程氏经说》，作于宋徽宗崇宁二年(1103)。《春秋》为孔子依据鲁国史官所编《春秋》删定而成，所记史事起自鲁隐公元年(前722)，终于鲁哀公十四年(前481)，共242年。为《春秋》作注解的，有《春秋公羊传》《春秋穀梁传》和《春秋左氏传》，合称“《春秋》三传”，其中《春秋公羊传》为今文经，侧重阐发孔子的微言大义；《春秋左氏传》为古文经，侧重考史及文字训诂。程颐的《春秋传序》是依循今文经学一派而来，所以也侧重讲微言大义。

原文

《诗》《书》载道之文，《春秋》圣人之用。《诗》《书》如药方，《春秋》如用药治病，圣人之用，全在此书，所谓“不如载之行事深切著明”者也。有重叠言者，如征伐、盟会之类，盖欲成书，势须如此。不可事事各求异义，但一字有异，或上下文异，则义须别。[1]

“五经”之有《春秋》，犹法律之有断例[2]也。律令唯言其法，至于断例，则始见其法之用也。[3]

译文

《诗经》和《尚书》是记载道理的文章，《春秋》是圣人运用道理的文章。《诗经》和《尚书》如同药方，《春秋》如同用药物治病，圣人运用义理，全都体现在这部书上面，这就是《史记》所说的“我想要记载纯粹的议论，不如由史实中表达出来更加深切显著”。书中有重复记载的地方，譬如征伐、盟会之类，因为要想成书，势必如此。不可事事都寻求不同的含义，只是字有差异，或者上下文有差异，那么含义就应该有差别。

“五经”中有《春秋》，犹如法律有判例。法律只讲法令，到了判例才开始看出法律的运用。

注释

1 以上这一章出自《程氏遗书》。这段话大意是说，《诗经》和《尚书》是记载言论的书，《春秋》是记载史实的书，言论中所说的道理都通过史实具体地表现出来。儒家认为孔子编定《春秋》有“义例”“字法”，书中所蕴含的微言大义有时甚至是通过一字之差的“字法”表达出来的，称为“《春秋》笔法”。

2 **断例**：判案所依据的案例。

3 **法**：此处指法令规章。 **用**：此处指法律的运用、实行。以上这一章出自《程氏遗书》。

原文

学《春秋》亦善。一句是一事，是非便见于此，此亦穷理之要。然他经岂不可以穷理？但他经论其义，《春秋》因其行事是非较著，故穷理为要。尝语学者，且先读《论语》《孟子》，更读一经，然后看《春秋》。先识得个义理，方可看《春秋》。《春秋》以何为准？无如《中庸》。欲知《中庸》，无如“权”[1]。须是时而为中。若以手足胼胝、闭户不出二者之间取中，便不是中。[2]若当手足胼胝，则于此为中；当闭户不出，则于此为中。权之为言，秤锤之义也。何物为权？义也，时也。[3]只是说得到义，义以上更难说，在人自看如何。[4]

《春秋》传为案，经为断。[5]

译文

学习《春秋》也很好。《春秋》中一句话是一件事，是非就由此显现出来，这也是穷理的要领。然而其他经典难道不可以穷理？只是其他经典说的是“义”，《春秋》是借助史事，是非较为显著，所以是穷理的要领。我曾经对学者说，应该先读《论语》《孟子》，再读一种经典，然后看《春秋》。先知道义理，才可以看《春秋》。《春秋》以什么为标准？没有比《中庸》更适宜的。要想读懂《中庸》，没有比懂得权衡更适宜的。应当在当时的情况下寻求中道。如果在胼手胝足和闭门不出二者之间取一个中间的位置，就不是“中”。在应当胼手胝足时，那么胼手胝足就是“中”；在应当闭门不出时，闭门不出就是“中”。“权”这一个字，就是秤锤的意思。用什么来当秤锤？用义理，用时宜。讲《春秋》只能讲到义理，义理以上就难以表达了，取决于人们自己读得怎样。

《春秋》三传是考察事迹的案本，《春秋》经是判断是非的依据。

注释

1 **权：**权衡。

2 **胼胝：**手脚底部因劳动而生出的厚茧。史载夏禹治水，因长年在外劳动，而手足胼胝。 **闭户不出:**指颜回。 **取中:**此处“中”字为中间之意。

3 **义也,时也:**“义”字本有“宜”的含义,“宜”意为适宜,而“时”的含义为时宜,因此二字含义本相接近。

4 **义以上:**朱熹解为“人心”:“平日涵养本原,此心虚明纯一。”张伯行解为“理”:“处物之义,本于在物之理。”以上这一章出自《程氏遗书》。这段话是要提醒人们注意《春秋》中的“权”和“时中”。儒家经典中,《尚书》今人多视为政治经典,《易经》《礼记》多视为哲学经典,《春秋》多视为历史经典。程颐则是由“致知”角度观察,将“五经”分为讲义理和行事两种。由义理来看,“理”是恒常不变的;而由行事来看,此“理”也只有随时适宜,才能有效。

5 **传:**此处指《春秋》三传,即公羊高所著《春秋公羊传》,穀梁赤所著《春秋穀梁传》,左丘明所著《春秋左氏传》。传,对经所作的注解。 **案:**官府处理公事的文书、成例和狱讼判定的结论。又作“按”。 **断:**断决、判决。以上这一章出自《程氏遗书》,为程颐所说。《近思录》本注:“程子又云:‘某年二十时看《春秋》,黄聱隅问某如何看,某答曰:以传考经之事迹,以经别传之真伪。’”

原文

凡读史不徒要记事迹,须要识其治乱、安危、兴废、存亡之理。[1]且如读《高帝纪》,便须识得汉家四百年终始治乱当如何,是亦学也。[2]

先生每读史,到一半,便掩卷思量,料其成败,然后却看。[3]有不合处,又更精思,其间多有幸而成,不

译文

凡是读史书不仅要记住事迹,一定要知道其中治乱、安危、兴废、存亡的道理。譬如读《汉书·高帝纪》,就应当懂得汉朝四百年从始至终的治乱是怎么样的,这也是学问。

程颢先生每次读史,读到一半,就合上书思索,推想事情成败的结果,然后再看。有和自己预料不合的地方,又重新精心思索。其中有很多因为幸运而获得成功,因为不幸运而归于失败的事情。现在

幸而败。今人只见成者便以为是，败者便以为非。不知成者煞有不是，败者煞有是底。[4]

人们只要看到成功就认为他们是对的，看到失败就认为是不对的。不知道成功也有很多是不对的，失败也有很多是对的。

读史须见圣贤所存治乱之机，贤人君子出处进退，便是格物。[5]

读史书应当看出作者保存在其中的治乱的征兆变化，以及贤人君子出仕和退隐的情况，这就是"格物"。

注释

1 **史**：此处指儒家经典以外的历史典籍，如历代正史之类。 **不徒**：不仅、不只。

2 **《高帝纪》**：在班固《汉书》中列为第一卷，其内容多采自司马迁《史记·高祖本纪》。高帝，汉高祖刘邦。以上这一章出自《程氏遗书》。这段话是关于学习历史典籍的论述，宋代儒家除"五经"中的《春秋》外，对于历代史籍也很重视。

3 **先生**：指程颢。 **掩卷**：合卷。 **料**：预料、估计。 **却看**：再看。

4 **底**：同"的"。以上这一章出自《程氏遗书》，为程颐所说，讲述程颢读史之事。

5 **圣贤**：指著作史书的人。 **机**：征兆、转机。张伯行说："机者，治乱虽未至，而动于幾微之间。" **出处进退**：出仕和退隐。以上这一章出自《程氏遗书》。

原文

元祐中，客有见伊川者，几案间无他书，惟印行《唐鉴》一部。[1]先生曰："近方见此书，三代以后无此议论。"[2]

译文

元祐年间，有人拜访程颐先生，看见他的几案上没有其他书，只有一部印行的《唐鉴》。程颐先生说："近来才见到这部书，自从夏、商、周三代以后就没有这样的议论了。"

横渠先生曰:《序卦》不可谓非圣人之蕴。[3]今欲安置一物,犹求审[4]处,况圣人之于《易》?其间虽无极至精义,大概皆有意思。观圣人之书,须遍布细密如是,大匠岂以一斧可知哉![5]

张载先生说:《序卦》不能说没有孔子思想的精蕴。现在人们要想安置一件物品,还要寻找个妥当的地方,何况孔子阐释《易经》?这中间虽然没有极深的精义,大致也都有含义。看孔子的书,一定要像这样周全、细密,技艺高超的工匠怎么可以从一刀一斧看出他全部的工夫呢!

注释

1 **元祐:**宋哲宗年号,共九年(1086—1094)。**《唐鉴》:**作者为范祖禹,共十二卷,分为三百零六篇,记述唐代自高祖至昭宣帝共三百年间史事,曾呈献给宋哲宗,作为施政的借鉴。范祖禹,字淳甫(又作纯甫),又字梦得。先随司马光编《资治通鉴》,分掌唐史,书成后以其所得另著《唐鉴》,于元祐元年成书。后吕祖谦为之作注,析为二十四卷。

2 以上这一章出自《程氏外书》。《唐鉴》为宋人论述前代之事,其目的则是针对于本朝的政治。程颐等人多反对王安石所推行的改革,司马光、范祖禹也持同样的态度。

3 **《序卦》:**孔子所作《易传》(又称《易十翼》)之一,解释《易经》六十四卦次序。古代《易经》卦序有多种不同的排列,马王堆汉墓出土帛书本《易经》所载卦序与今本迥别。 **蕴:**精蕴、精义。

4 **审:**精审、妥当。

5 **大匠:**技艺高超的工匠。以上这一章出自张载《横渠易说》。

原文

天官之职,须襟怀洪大,方看得。[1]盖其规模至大,若不得此心,欲事事

译文

天官这一官职,必须胸怀宏大,才能看。如果没有这样的心胸,想要每件事都琐碎地穷究,勉强让心胸这样大,一定不

上致曲穷究,凑合此心如是之大,必不能得也。释氏锱铢天地,可谓至大,然不尝为大,则为事不得。[2]若畀之一钱,则必乱矣。[3]

又曰:太宰[4]之职难看。盖无许大心胸包罗,记得此,复忘彼。其混混[5]天下之事,当如捕龙蛇、搏虎豹,用心力看方可。其他五官便易看,止一职也。[6]

可能。佛教认为天地像锱铢一样微小,可以说心胸极大了,但其实并不曾担当大事,所以做不成事。如果给他们一文钱,必定要仓皇失措。

张载先生又说:太宰这一官职难读。因为没有这样大的心胸去包容,记住这个,忘记那个。天下之事纷纷纭纭,应当如同捕捉龙蛇、搏杀虎豹那样,极力用心去读才可以。其他五个官职就容易读了,因为只掌管一个职务。

注释

1 **天官:**又称冢宰,《周礼》六官之一。 **洪大:**又作"宏大"。

2 **释氏:**即佛教,因佛教僧人不用俗姓,以释为姓,故称。 **锱铢天地:**以天地为锱铢。锱铢,古代重量单位。此处形容微小。 **"然不尝为大"二句:**张伯行解为:"未尝身为大事,而徒空言之,究不可以理事。"

3 **"若畀之一钱"二句:**张伯行解为:"无论遗之以大,投之以艰,有不可也。即以至小而言,设使畀之一钱,亦必有仓皇失措者矣。"畀,给予。

4 **太宰:**《周礼》天官冢宰属官中有太宰、小宰。

5 **混混:**大水奔流貌,形容众多不绝。

6 **其他五官:**《周礼》中除天官冢宰以外的地官司徒、春官宗伯、夏官司马、秋官司寇和冬官司空五官。 **止:**只。以上这一章出自张载《张子语录》,为张载讲述阅读《周礼》的方法时所说的。《周礼》又称《周官》,传为周公所作,共六篇,总述西周一代王室官制,对历代政治制度影响极大。这段话中,张载强调要以宏大的心胸阅读《周礼·天官》一篇。张伯行《近思录集解》说:"周建六官,取法天地四时。冢宰曰天官,以其总御众官,犹天道统理万物。故天官之职,必须胸襟怀抱宽洪广大之人,方可看得。"

原文

古人能知《诗》者唯孟子，为其"以意逆志"[1]也。夫诗人之志至平易，不必为艰险[2]求之。今以艰险求《诗》，则已丧其本心，何由见诗人之志？[3]

《尚书》难看，盖难得胸臆如此之大。只欲解义，则无难也。[4]

译文

古人能够懂得《诗经》的只有孟子，因为他懂得"以自己的心意去揣度诗人的本意"作为读诗的方法。诗人的本意最平易，不必从艰深的用心和奇险的词语上探求。现在从艰深的用心和奇险的词语上探求《诗经》，就已经丧失了自己的本心，又怎么能体会出诗人的本意？

《尚书》难看，因为难得心胸这样宏大。如果只想解释字句的含义，就没有难处了。

注释

1 **以意逆志：**语出《孟子·万章上》，意为以自己的心意揣度作者的本意。逆，揣度。

2 **艰险：**指艰深的用心和奇险的词语。

3 以上这一章出自张载《经学理窟·诗书》。句后有《近思录》本注："诗人之情性温厚，平易老成，本平地上道着言语，今须以崎岖求之，先其心已狭隘了，则无由见得。诗人之情本乐易，只为时事拂着他乐易之性，故以《诗》道其志。"关于孟子"以意逆志"之说，朱熹有生动的阐释。他说："逆者，等待之谓也。如前途等待一人，未来时且须耐心等待，将来自有来时候。他未来，其心急切，又要进前寻求，却不是'以意逆志'，是以意捉志也。如此只是牵率古人言语，入做自家意中来，终无进益。"

4 **义：**此处指字句的含义。张伯行说："若只欲解其文义，则寻章摘句之士，皆能之矣。"以上这一章出自《经学理窟·诗书》。

原文

读书少，则无由考校得义精。盖书以维持此心[1]，一时放下，则一时德性有懈。读书则此心常在，不读书则终看义理不见。[2]

书须成诵。精思多在夜中，或静坐得之，不记则思不起。但通贯得大原后，书亦易记。[3]所以观书者，释己之疑，明己之未达。每见每知新益[4]，则学进矣。于不疑处有疑，方是进矣。[5]

译文

读书少，就没有办法研究出精微的义理。书是用以维持求善之心的，一段时间放下，则这段时间德性便松懈。读书则求善之心常在，不读书则最终无法认识义理。

书应当能够背诵。精思大多是在夜里，有时静坐获得心得，不能记忆思考就想不起来。只要贯通学问的本原以后，书也容易记住。读书的原因，是解释自己的疑问，洞明自己尚未通达之处。每次读书，都知道要有新的收益，学问就进步了。在没有疑问的地方提出疑问，才是有进步。

注释

1 **此心**：指求善之心、求仁之心。

2 以上这一章出自张载《经学理窟·义理》，总论读书的目的在于常存求善之心。

3 **但**：只要。 **大原**：根本、根源。

4 **新益**：一本作"所益"，一本作"新意"。

5 以上这一章出自张载《经学理窟·义理》。

原文

"六经"须循环[1]理会。义理尽无穷，待自家长得一格，则又见得别。[2]

如《中庸》文字辈，直须句句

译文

"六经"应当反复体会。因为其中蕴含的义理深厚无穷，等到自己长进了一层，则又体会不同。

像《中庸》一类文字，应当句

理会过，使其言互相发明。[3]

《春秋》之书，在古无有，乃仲尼所自作，惟孟子能知之。非理明义精，殆[4]未可学。先儒未及此而治之，故其说多凿。[5]

句理会，让这些话互相启发显明。

《春秋》这部书，古代没有，是孔子自己著作的，只有孟子能明白。如果不是对义理精熟的人，大概没办法学习。汉唐的儒者不懂得此理而去研究它，所以解释有很多穿凿。

注释

1 **循环**：反复、周而复始。

2 以上这一章出自张载《经学理窟·义理》。茅星来说："此即《论语》'温故知新'之意。"

3 **直须**：应当。 **发明**：启发显明。以上这一章出自张载《经学理窟·学大原》。这句话讲读《中庸》之法。《中庸》一篇，向以精致著称，朱熹曾盛赞说："《中庸》一书，枝枝相对，叶叶相当，不知怎生做得一个文字齐整！"

4 **殆**：大概、几乎。

5 **先儒**：汉唐之儒。 **治**：研究。 **凿**：穿凿。这段话见于张载《近思录拾遗》。

四　存养之功

导读

这一卷是《近思录》的第四卷，分别辑录北宋著名理学家周敦颐、程颢、程颐、张载四人的有关语录，共七十条。

本卷标题，《朱子语类》原题及叶采《近思录集解》、茅星来《近思录集注》均作“存养”，现在改题为“存养之功”。

儒家学者认为，学习重要的便是自己的存性与涵养功夫。在格物、致知、穷理之后，还需要存养，养智、养德、养性。如果没有一番存性与涵养的功夫，格物、致知、穷理的结果只能日渐昏聩；有此功夫，进而躬行实践，那么克己、齐家、出处、进退，直至治国平天下，就都有了依据。所以在卷三的“致知”与卷五以后各卷的“力行”之间，便须有“存养”一卷，上承致知，下启力行。

在全部十四卷的《近思录》中，此卷与前三卷是最为重要的，也是编选所占篇幅最多的。叶采说：“此卷论存养。盖穷格之虽至，而涵养之不足，则其知将日昏，而亦何以为力行之地哉！故存养之功，实贯乎知行，而此卷之编，列乎二者之间也。”茅星来说：“存养，谓存心养性也。此与第五卷皆《大学》诚意、正心、修身功夫也，而此卷则以涵养于平日者言之。……《近思录》此卷所以守道心之正，第五卷所以遏人心之流。”

原文

或问：“圣可学乎？”濂溪先生曰：“可。”

译文

有弟子问：“圣人可以学得到吗？”周敦颐先生回答说：“可以。”

"有要乎?"曰:"有。"

请问焉,曰:"一[1]为要。一者,无欲[2]也。无欲则静虚动直。[3]静虚则明,明则通;动直则公,公则溥。[4]明通公溥,庶矣乎!"[5]

伊川先生曰:阳始生甚微,安静而后能长。故《复》之《象》曰:"先王以至日闭关。"[6]

弟子问:"有要领吗?"周敦颐先生回答说:"有。"

弟子向周敦颐先生请问,周敦颐先生说:"'一'就是要领。'一'的意思,就是没有私欲。没有私欲则内心空虚而宁静,外表刚直而强劲。空虚就明澈,明澈就通达;强劲刚直就公正,公正就周遍。明澈、通达、公正、周遍,就差不多了吧!"

程颐先生说:阳气刚开始生发出来的时候很微弱,安静然后才能生长。所以《复卦》的《象传》中说:"古代君王在冬至这一天关闭城门。"

注释

1 **一:**我国古代思想家用以称宇宙万物的原始状态,此指整体而不分裂的纯粹的本原。朱熹说:"一即所谓太极。"

2 **无欲:**没有非分的不正当的物质欲望。张伯行说:"有人欲之私以杂之,便是二三。无欲则此心纯一不杂。"

3 **静虚:**朱熹说:"静虚,只是伊川云'中有主则虚,虚则邪不能入'。"张伯行解为:"静而未发之时,浑然在中,邪不能入而虚内。" **动直:**朱熹说:"动直,只是其动也更无所碍,若少有私欲,便碍便曲。"张伯行解为:"动而将发之顷,惟理是循,物不能挠而直外。"

4 **静虚则明,明则通:**张伯行解为:"静虚则心无障蔽而明,明则于事物之理无不融彻而通。" **动直则公,公则溥:**张伯行解为:"动直则心无偏陂而公,公则于远迩之间无不周遍而溥。"溥,普遍、广大。

5 以上这一章出自周敦颐《通书·圣学》。对于周敦颐所说的这段话,朱熹曾盛赞说:"此章之旨,最为要切。学者能深玩而力行之,则有以知无极之真,两仪四象之本,皆不外乎此心。"

6 **先王:**古代君王。 **至日:**冬至和夏至,合称"二至"。此处指冬至。 **闭关:**关闭道路和城门。以上这一章出自程颐《程氏易传》,是阐释《易经·复卦》时所说的。

原文

动息节宣,以养生也;饮食衣服,以养形也;威仪行义,以养德也;推己及物,以养人也。[1]

慎言语以养其德,节饮食以养其体。事之至近而所系至大者,莫过于言语饮食也。[2]

"震惊百里,不丧匕鬯。"[3]临大震惧能安而不自失者,唯诚敬而已。此处《震》之道也。[4]

译文

行动和休息,节制和宣泄,是用来养生的;饮食和衣服,是用来养形体的;威仪和躬行仁义,是用来养德性的;由自己的愿望而推想到别人,是用来养人的。

谨慎于言语用以涵养德性,节制饮食用以护养身体。最为切近又最为重大的事情,没有比言语和饮食更重要的了。

《易经·震卦》说:"雷声震惊百里之远,而主祭者没有失掉羹匙和香酒。"面临巨大的震惧能够保持安定而不失常态,只有诚敬才能做到。这就是面对震惧的方法。

注释

1 **动息:**行动和休息,指人的身体而言。 **节宣:**节制和宣泄,指人的情绪而言。以上这一章出自程颐《程氏易传》,是阐释《易经·颐卦》时所说的。

2 以上这一章出自程颐《程氏易传》,是阐释《易经·颐卦》时所说的。

3 **匕:**羹匙。 **鬯:**香酒。

4 以上这一章出自程颐《程氏易传》,是阐释《易经·震卦》时所说的。张伯行说:"《震》为雷。……震惊百里,取象于雷,以遇变而言也。……雷之奋也,百里之内,人皆震惊。……此以见君子于大患难、大恐惧之来,能处之安泰。"

原文

人之所以不能安其止者，动于欲也。欲牵于前而求其止，不可得也。故《艮》[1]之道，当“艮其背”。所见者在前而背乃背之，是所不见也。止于所不见，则无欲以乱其心，而止乃安。“不获其身”，不见其身也，谓忘我也。无我则止矣，不能无我，无可止之道。“行其庭，不见其人。”庭除[2]之间至近也，在背则虽至近不见，谓不交于物也。外物不接，内欲不萌，如是而止，乃得止之道，于止为“无咎”也。[3]

明道先生曰：若不能存养，只是说话。[4]

圣贤千言万语，只是欲人将已放之心[5]，约之使反复入身来，自能寻向上去，下学而上达也。[6]

译文

人之所以不能安心于他所应当停止的地方，是由于欲望的牵动。有欲望在前面牵着而要停止，是不可能的。所以《易经·艮卦》所揭示的道理，就在“环顾其后背”一句上。人看得见的东西在前而后背是背着它的，这就是无从看到的。停止在看不见的地方，就没有欲望扰乱他的内心，而后能够安然而止了。“不获其身”，意思是看不见他的身体，是“忘我”的意思。“无我”就自然会止息，做不到“无我”，就没有可以止息的办法。“行走在他的庭院里，却看不见他的人。”阶院之间是最近的了，但是在后背，即使是最近的也看不见，意思是说不要与事物交接。不与外面的事物交接，内心的欲望不萌发出来，这样止息，才是得到止息的道理，能止，就“没有灾祸”了。

程颢先生说：如果不能够存养，做学问只是一场说书。

孔子、孟子的话千言万语，只是要将人们已经失去的本心，约束着使它重新返回到人们身上，本心返回来自然就可以沿着向上的路走去，下学人事，上知天命。

注释

1 **《艮》：**卦名，《易经》六十四卦之第五十二卦，《艮》下《艮》上。

2 **庭除:**院内阶下。庭,堂前之地。除,台阶。

3 **如是:**如此、这样。以上这一章出自程颐《程氏易传》,是阐释《易经·艮卦》时所说的。

4 **说话:**犹言说书,意为空谈。以上这一章出自《程氏遗书》,为程颢所说。

5 **已放之心:**放弃良心、失去本心。

6 以上这一章出自《程氏遗书》,为程颐所说。张伯行说:"此程子发明孟子求放心之言,而曲尽其旨者也。"

原文

李籲[1]问:"每常遇事,即能知操存[2]之意,无事时如何存养得熟?"曰:"古之人,耳之于乐,目之于礼,左右起居,盘盂几杖,有铭有戒,动息皆有所养,今皆废此,独有理义之养心耳。[3]但存此涵养意,久则自熟矣。'敬以直内'是涵养意。"[4]

吕与叔[5]尝言患思虑多,不能驱除。曰:"此正如破屋中御寇,东面一人来未逐得,西面又一人至矣,左右前后,驱逐不暇。盖其四面空疏,盗固易入,无缘作得主定。又如虚器入水,水自然入。若以一器实之以水,置之水中,水

译文

李籲问:"每当遇到事情,就知道要存养,可是无事时怎么样存养?"程颢先生说:"古代的人,耳朵听音乐,眼睛观看礼仪,起居的寝室左右及盘、盂、几、杖上面,都有铭文写着警语,行动和休息都在涵养,现在这些都荒废了,只有以义理来涵养内心了。只要心里时时不忘涵养,时间一久自然就会熟练了。《易传》中说'君子保持诚敬,来使他的内心平直',这就是涵养的意思。"

吕大临曾经说他忧患思虑太多,不能驱除。程颢先生说:"这正如同在破屋子里抵御盗贼,东面一个人进来还没有赶出去,西面又有一个人已经到了,前后左右,驱赶不及。因为破屋子四面空虚疏漏,盗贼本来容易进来,自己没有办法作主。又如同把空的器具放进水里,水自然都流进去了。如果在一件器具中盛满了水,再放进水里,水怎么能进去?心中有了主见

何能入来？盖中有主则实，实则外患不能入，自然无事。”[6]

就充实，充实了外界的忧患就不能进入，自然就没事了。”

注释

1 **李籲**：字端伯，二程弟子，官至秘书省校书郎。

2 **操存**：操守、志节。此处指存养。

3 **盘盂几杖，有铭有戒**：古人常在日常使用的盘、碗、桌、椅、手杖等用品上铭刻一些德性的警语。

4 以上这一章出自《程氏遗书》，为程颢所说。

5 **吕与叔**：吕大临。

6 以上这一章出自《程氏遗书》，为程颢所说。张伯行说："此言人心中有主，则思虑自静，否则日事驱除，而有所不能也。"

原文

邢和叔[1]言："吾曹常须爱养精力，精力稍不足则倦，所临事皆勉强而无诚意。""接宾客语言尚可见，况临大事乎！"[2]

明道先生曰：学者全体[3]此心。学虽未尽，若事物之来，不可不应。但随分限应之，虽不中，不远矣。[4]

"居处恭，执事敬，与人忠"，此是彻上彻下语，圣人元无二语。[5]

译文

邢恕说："我们这些人要常常爱惜、涵养精力，精力稍稍不足就会疲倦，对所面临的事情都只是勉强来做而没有诚意。"程颢先生说："接待宾客说话时尚且可以看出来，何况面临大事呢！"

程颢先生说：学者要保全自己的本心。学问虽然还不完善，如果事情来了，也不能不应付。只要尽自己的本分来应付，虽然不能完全合于义理，但也不会相差太远。

"居家的时候谦恭，做事的时候诚敬，与人交往的时候忠实"，这是贯通为一的说法，孔子本来就没有两种说法。

注释

1 **邢和叔**:邢恕,字和叔,为二程、邵雍弟子,与司马光交好,又得王安石赏识,后依章惇、蔡京,官至御史中丞、显谟阁待制。

2 以上这一章出自《程氏遗书》。

3 **全体**:保全。

4 **分限**:本分、天分。 **虽不中**:张伯行解为"虽不能悉中于理"。以上这一章出自《程氏遗书》,为程颢所说。

5 **彻上彻下**:上下贯通为一。 **元**:今通作"原",原本。 **二语**:两种说法、意见分歧。以上这一章出自《程氏遗书》,为程颢所说。张伯行说:"恭、敬、忠只是一心,随时而异其名。"

原文

伊川先生曰:学者须敬守此心,不可急迫。当栽培深厚,涵泳[1]于其间,然后可以自得。但急迫求之,只是私己,终不足以达道。[2]

明道先生曰:"思无邪","毋不敬",只此二句,循而行之,安得有差?[3]有差者皆由不敬不正也。[4]

译文

程颐先生说:学者必须诚敬地持守本心,不能急迫。应当栽培深厚,悠游沉潜在其间,然后才能够浃洽自得。只有急迫的追求,就只是私心,最终也不能够成就仁道。

程颢先生说:《诗经》所说"思虑没有一处不正",《礼记》说"不要有一处不敬",只这两句话,遵循着去做,怎么会有差错?有差错都是由于不敬和不正。

注释

1 **涵泳**:沉潜,深入领会。

2 以上这一章出自《程氏遗书》。朱熹说:"栽,只如种得一物在此,但涵养持守之功继继不已,是谓'栽培深厚'。"

3 **思无邪**:语出《诗经·鲁颂·駉》。思,思虑、意念。无邪,无不出于中正。**毋不敬**:语出《礼记·曲礼上》。毋,不要。

4 以上这一章出自《程氏遗书》。《诗经》中“思无邪”一语，曾被孔子引用概括全部《诗经》的旨意。《论语·为政》：“子曰：《诗》三百，一言以蔽之，曰：‘思无邪。’”

原文

今学者敬而不自得[1]，又不安者，只是心生[2]，亦是太以敬来做事得重[3]，此“恭而无礼则劳”也。恭者，私为恭[4]之恭也。礼者，非体之礼[5]，是自然底道理也。只恭而不为自然底道理，故不自在也，须是“恭而安”。今容貌必端，言语必正者，非是道独善其身[6]，要人道如何，只是天理合如此，本无私意，只是个循理而已。[7]

译文

现在的学者处事恭敬却又不自在、不安的原因，只是由于心中不熟，也是由于太急于以恭敬来处事，这就是孔子所说的“恭敬而不合于礼仪则辛劳”。恭敬，是自己人为的恭敬。礼仪，不是有形体可以模仿的礼仪，而是自然的道理。只恭敬而没有自然的道理，所以就会不自在了，应当是孔子那样的“恭敬而又安泰”。现在学者的容貌必定要端正，言语必定要平正，不是说要独善其身，要别人称赞你如何，只是天理应当这样，施行礼仪本来没有私念，只是在遵循天理而已。

注释

1 **不自得：**意即下文所说“不自在”。

2 **心生：**心中有扞格、阻碍。生，生疏、不娴熟。

3 **做事得重：**指做事勉强、急迫。

4 **私为恭：**朱熹说：“言恭只是人为。”

5 **体之礼：**张伯行解为：“升降揖逊，有形体可象者。”

6 **道：**论说、称道。下文“要人道”之“道”字与此义相同。 **独善其身：**语出《孟子·尽心上》，赵岐注：“谓独治其身，以立于世间，不失其操也。”

7 **本无私意：**指礼而言。张伯行说：“礼则天理之节文也，本无私意，惟知循理。”以上这一章出自《程氏遗书》,为程颢所说。大意认为,人为的恭敬与自然的天理应当吻合一致。

原文

今志于义理而心不安乐者,何也?此则正是剩一个“助之长”。虽则心“操之则存,舍之则亡”,然而持之太甚,便是“必有事焉而正之”也。[1]亦须且恁去,如此者只是德孤。[2]“德不孤,必有邻”,到德盛后,自无窒碍,左右逢其原也。[3]

译文

现在有学者志于义理而心中却不安乐,为什么?这正是因为只剩下了孟子所说的“帮助它生长”的心理。虽然人的本心“操持它就存在,舍弃它就消亡”,然而操持得太过分,就是“行仁义之事而又预期它”了。也应当这样操持,但是要逐渐来做,这种情况正是因为自己德行孤单,而孔子说“德行不会孤单,必定会有友邻”,等到自己德行盛满以后,自然就没有窒碍,左右逢源了。

注释

1 **必有事焉而正之:**必有事焉,赵岐注:“言人行仁义之事,必有福在其中。”正,朱熹解为预期。

2 **亦须且恁去:**朱熹解为仍须操持,“虽是‘必有事焉而勿正’,亦须且恁地把捉操持,不可便放下了”。张伯行解为节节来做,“凡志于义理者,须是恁地节节做,自能寻向上去”。恁,任凭。 **德孤:**茅星来说:“孤谓所得孤单,别无所有也。”

3 **左右逢其原:**今通作“左右逢源”。以上这一章出自《程氏遗书》,为程颢所说。

原文

敬而无失,便是“喜怒哀乐未发谓之中”。敬不可谓中,但敬而无失,即

译文

诚敬而不忘失,就是《中庸》所说的“喜怒哀乐尚未发生出来叫作‘中’”。诚敬不可以叫作“中”,但是诚敬而不忘失,

所以中也。[1]

司马子微尝作《坐忘论》，是所谓“坐驰”也。[2]

伯淳昔在长安仓中闲坐，见长廊柱，以意数之已，尚不疑。[3]再数之，不合。[4]不免令人一一声言数之，乃与初数者无差。则知越着心把捉，越不定。[5]

就可以达到“中”了。

司马承祯曾经写了《坐忘论》，他所说的“坐忘”只是庄子所说的“坐驰”罢了。

程颢先生以前在长安仓中闲坐，看着长廊的柱子，用意念数了一遍，这时还没有疑问。再刻意数一遍，数目就不吻合。于是让人一根一根读出声地又数一遍，正与初次数过的数目一根不差。因此而知越是用心把捉，就越是不安定。

注释

1 **即所以中也**：朱熹说：“便见得中底气象。”以上这一章出自《程氏遗书》，为程颢所说。

2 **司马子微**：司马承祯，字子微，唐代道士，唐玄宗开元年间召为郎，又诏于王屋山赐坛室以居之，天宝年间隐居天台之赤城，年八十九岁卒。**《坐忘论》**：司马承祯所著书名，共八篇，言清静无为、坐忘遗照之道。坐忘，道家谓物我两忘、与道合一的精神境界。 **坐驰**：虽无举动而杂念不息。以上这一章出自《程氏遗书》，为程颐所说。程颐所居的河南洛阳伊川，距唐代司马承祯所居的王屋山不远，所以尤能熟知其事。这段话是程颐批评司马承祯而说的，认为司马承祯的“坐忘”，其实仍只是“坐驰”。在《庄子》中，“坐忘”是修道的较高境界，而“坐驰”则是修道未通的弊端。庄子的“坐忘”为一切皆忘之意。既然一切皆忘，则不当再有写出《坐忘论》的事。既是写了，仍是不忘；既是不忘，就是驰。所以程颐又说：“有忘之心，乃是驰也。”

3 **“以意数之已”二句**：张伯行说：“初间心虚，虚则主一，故数之不疑。”

4 **“再数之”二句**：张伯行说：“及有疑，再数之，是心不主于一而有他适矣。”

5 以上这一章出自《程氏遗书》，为程颐叙述程颢之事。

原文

人心作主不定，正如一个翻车[1]，流转动摇，无须臾停。所感万端，若不做一个主，怎生奈何！张天祺[2]昔尝言：自约数年，自上着床，便不得思量事。不思量事后[3]，须强把他这心来制缚。亦须寄寓在一个形象，皆非自然。君实[4]自谓："吾得术[5]矣，只管念个'中'字。"此又为"中"所系缚，且"中"亦何形象？有人胸中常若有两人焉：欲为善，如有恶以为之间；欲为不善，又若有羞恶之心[6]者。本无二人，此正交战之验也。持其志使气不能乱，此大可验。要之，圣贤必不害心疾。[7]

译文

人心里的主见如果不明确，就正如同一架引水翻车，转动摇摆，没有一刻停顿。人的感触千头万绪，如果没有一个主见，怎么办是好！张戬曾经说：约束自己几年，从一上床，就不可再思考事情。不思考事情，必须强行将他这颗心束缚。也必定要将思考寄寓在一个形象上面，这些都不自然。司马光自称："我找到了办法：上床后只管念一个'中'字。"这就又被"中"字所束缚了，况且"中"字又是一种什么形象？有的人心中常常如同有两个人在那里：想要为善，就如同有一个恶人在离间；想要为不善，又如同一个有羞恶之心的人出来。人的心中本来没有这两个人，这就正是善恶交战的征兆。守持自己的心志而使神气不乱，这个方法极可明验。总之，圣贤是不会患心疾的。

注释

1 **翻车：**农用工具，即水车。

2 **张天祺：**张戬，字天祺，张载之弟，曾任太常博士、监察御史。

3 **后：**一本无"后"字。

4 **君实：**司马光，字君实，陕西涑水（今山西夏县）人，世称涑水先生。宋仁宗宝元进士，官天章阁待制兼侍讲。后设局编修《资治通鉴》，历十九年而成。宋神宗任以为枢密副使，因反对王安石行新政，坚辞不就。宋哲宗时复起，任尚书左仆射兼门下侍郎，主政，废新法。死谥文正，追封温国公。

5 **得术:**找到了有效的方法。

6 **羞恶之心:**意为心中能区别善恶。

7 以上这一章出自《程氏遗书》,为程颢所说。程颢这段话的大意,仍是主张存养主敬。对程颢所举司马光的事例,朱熹进而论述说:"'中'字亦有何形象?又去哪处讨得个'中'?心本来是错乱了,又添这一个物事在里面。这头讨'中'又不得,那头又讨不得。如何会讨得!……温公只管念个'中'字,又更生出头绪多,他所以说终夜睡不得。"

原文

明道先生曰:某写字时甚敬,非是要字好,只此是学。[1]

伊川先生曰:圣人不记事,所以常记得。今人忘事,以其记事。不能记事,处事不精,皆出于养之不完固。[2]

明道先生在澶州[3]日,修桥少一长梁,曾博求之民间。后因出入,见林木之佳者,必起计度[4]之心。因语以戒学者,心不可有一事。[5]

伊川先生曰:入道莫如敬,未有能致知而不在敬者。今人主心不定,视心如寇贼而不可制,不是事累心,乃是心累事。[6]当知天下无一物是合少得者,不可恶也。[7]

译文

程颢先生说:我写字时也很恭敬,不是想要字写得好,而是这就是学问。

程颐先生说:孔子不记事,所以能常记住。现在的人忘事,是因为他们执着去记事。不能记住事,处事不精审,都是由于存养没有充实坚固。

程颢先生在澶州任职时,修桥缺少一根长梁,曾经在民间广泛征求。后来外出,见到生长得很好的树木,一定会心生算计。因而将这件事讲给学者以示告诫,心中不能有一件事。

程颐先生说:进入圣贤之道没有比诚敬更重要的了,没有能够致知却不持心诚敬的。现在人们心中没有主宰而不安定,因而厌恶外界的事物,而看待自己的心志如同寇贼一样,惟恐不能克制。这其实不是外物连累了自己的心志,而是自己的心志连累了做事。应当知道天下没有一件事物是可以缺少的,不能厌恶它们。

注释

1 以上这一章出自《程氏遗书》。张伯行说:"此见存养工夫无一息可间断。"

2 **完固**:充实坚固。以上这一章出自《程氏遗书》。

3 **明道先生在澶州**:程颢于宋神宗熙宁三年至四年(1070—1071)在澶州任节度判官。澶州,今河南濮阳。

4 **计度**:算计。

5 以上这一章出自《程氏遗书》。朱熹评论说:"事如何不思?但事过则不留于心可也。明道肚里有一条梁,不知今人有几条梁柱在肚里?"

6 **视心如寇贼而不可制**:张伯行解为"恶外物之为累也"。**累**:连累。

7 **合**:合当、应当。**恶**(wù):厌恶。以上这一章出自《程氏遗书》。

原文

人只有一个天理,却不能存得,更做甚人也![1]

人多思虑,不能自宁,只是做他心主不定。要作得心主定,惟是止于事,"为人君,止于仁"之类。如舜之诛四凶,四凶已作恶,舜从而诛之,舜何与焉[2]?人不止于事,只是揽他事[3],不能使物各付物[4]。物各付物,则是役物;为物所役,则是役于物。有物必有则,须是止于事。[5]

译文

只有一个天理,人却不能够保持住,还做什么人呢!

人有过多的思虑,不能够安宁,只是由于他心中无主宰而不安定。要想使得心中的主宰坚定,只有停留在事情上面,就像《大学》所说"做君主就停留在仁上面"之类。譬如帝舜诛除四凶,四凶作恶,帝舜随即诛除他们,与帝舜有什么相关呢?人不能停留在事物上面,只是延揽其他的事情,这就是不能使事物各得其所。事物各得其所,就是役使事物;被事物所役使,则是役使于事物了。《诗经》中说"有事物就必定有其事理",所以还是应该停留在事物上面。

注释

1 以上这一章出自《程氏遗书》,为程颐所说。程颐是在与弟子们讨论孟子“人之所以异于禽兽者几希”这句话时,说出此语的。程颐还说:“人只要存一个天理。”又引孙复的诗说:“人亦天地一物耳,饥食渴饮无休时。若非道义充其腹,何异鸟兽安须眉?”

2 **舜何与焉:**张伯行说:“诛恶者,天子之事也,舜以其可诛而诛之,而非有私意于其间,则止于诛恶之事矣。”与,相关。

3 **只是揽他事:**张伯行说:“如事之所不可为、不必为、非我所得为、非今日所宜为者,皆是也。”

4 **物各付物:**叶采解为当止则止,不当止则不止,说:“所谓‘物各付物’者,物来而应,不过其则;物往而化,不滞其迹。”张伯行解为事物各得其所,说:“‘物各付物’者,心为主,物为客,居中以御,各听处分,则是御物,不如是而为所役。”

5 **有物必有则:**语出《诗经·大雅·烝民》,张伯行说:“物,事也。则,理也。”以上这一章出自《程氏遗书》,为程颐所说。

原文

不能动人[1],只是诚不至。于事厌倦,皆是无诚处。[2]

静后见万物,自然皆有春意。[3]

孔子言仁,只说“出门如见大宾,使民如承大祭”。看其气象,更须“心广体胖”,“动容周旋”[4],中礼自然[5]。惟慎独便是守之之法。[6]

译文

不能打动别人,只是由于诚敬不足。在待人接物上厌倦,都是没有诚敬的表现。

虚静之后观察万物,自然都有生意。

孔子说仁,只是说“外出时如同与公侯的宾客相见,治民时如同主持重大的祭祀”。看他的气象,就应当是《大学》所说的“心宽体胖”,《孟子》所说的“举动仪容,交往应酬”,合于天理自然。在独处时谨慎不苟,就是保持诚敬的方法。

注释

1 **动人**：打动别人。张伯行举例说："如获上、治民、信友、顺亲之类。"

2 **事**：指待人接物之事。以上这一章出自《程氏遗书》。张伯行说："此言接人处事皆要诚也。"

3 **春意**：此处指天地生生之意。朱熹说："'万物皆有春意'，此天命之流行也。静后此心光明莹净，与天无间，生生不已之机，触目皆是。"以上这一章出自《程氏遗书》，为程颐所说。"天地生生"是儒家仁学的重要基础，程颐以"春意"阐释"生生"，确能使人倍感亲切。

4 **动容周旋**：动容，举止仪容。周旋，引申为交际。

5 **中礼自然**：张伯行解为"合于天理自然之节文"。

6 **慎独**：指人在独处时能够谨慎不苟。以上这一章出自《程氏遗书》，为程颐所说。

原文

圣人[1]"修己以敬，以安百姓"，"笃恭而天下平"。惟上下一于恭敬，则天地自位，万物自育，气无不和，四灵[2]何有不至？此"体信达顺"之道。聪明睿智皆由是出。以此事天飨地。[3]

存养熟后，泰然行将去，便有进。[4]

"不愧屋漏"，则心安而体舒。[5]

译文

圣人"以诚敬修养自己，以此来安抚百姓"，"诚实恭逊而天下太平"。只有上下都归一在恭敬上面，则天地才会自安其位，万物才会自己发育，阴阳二气无不和顺，麟、凤、龟、龙四种灵异的动物怎么会不出现？这就是"顺应天理人心"的道理。聪明睿智都是从这里产生的。这样来祭祀天地。

存养熟练以后，泰然地去实行，就可以有进益。

做到《中庸》所说的"在宗庙的西北隅有神见自己所为而自己不惭愧"，就可以内心安泰、四肢舒展了。

注释

1 **圣人**:此处指推行仁道的圣明君主,即《礼记·中庸》所说的圣王。

2 **四灵**:指麟、凤、龟、龙四种灵异的动物。

3 **事天飨地**:祭祀天地。飨,通"享"。以上这一章出自《程氏遗书》,为程颐所说。这段话大意是以《论语》所说的"敬",阐释《礼记·礼运》所说的"顺"。

4 以上这一章出自《程氏遗书》,为程颐所说。

5 **体舒**:四肢舒展。体,朱熹解为"四体",《答朱飞卿书》说:"心无不敬……而四体自然舒适。"张伯行解为"身体",《近思录集解》说:"心安而体舒,与《大学》'心广体胖'意合。"以上这一章出自《程氏遗书》,为程颐所说。

原文

心要在腔子[1]里。只外面有些隙罅,便走了。[2]

人心常要活,则周流无穷而不滞于一隅。[3]

明道先生曰:"天地设位,而易行乎其中",只是敬也。敬则无间断。[4]

"毋不敬",可以"对越上帝"。[5]

译文

本心要留在身体里面。只要外面有一点缝隙,就走失了。

人的心要常使它活动,就会周流无穷而不停滞在一个角落。

程颢先生说:《易经》中所说的"天地各有其位,而'易'运行于其中",只是一个诚敬。诚敬则天理的流行不会间断。

做到《礼记》所说的"不要有一处不敬",就可以如同《诗经》所说的"上对在天之神"。

注释

1 **腔子**:指人的躯体。

2 **些**:些许,意为很少。 **隙罅**:缝隙。以上这一章出自《程氏遗书》,为程颐所说。

3 **一隅：**一角。隅，角落。以上这一章出自《程氏遗书》，为程颐所说。

4 以上这一章出自《程氏遗书》，为程颢所说。

5 **对越上帝：**语出《诗经·周颂·清庙》，原文作“对越在天”。上帝，亦称上天、天帝。以上这一章出自《程氏遗书》，为程颢所说。“对越在天”或“对越上帝”一语，意犹今日所说“无愧苍天”。张伯行说：“帝者，天之主宰，天日在人之中。……一息不敬，无以安于心，即无以对于天。”孟子则说：“存其心，养其性，所以事天也。”

原文

敬胜百邪。[1]

“敬以直内，义以方外”，仁也[2]。若以敬直内，则便不直矣。[3]“必有事焉而勿正”，则直也。[4]

涵养吾一。[5]

“子在川上曰：‘逝者如斯夫！不舍昼夜。’”自汉以来，儒者皆不识此义。此见圣人之心，“纯亦不已”[6]也。纯亦不已，天德[7]也。有天德便可语王道，其要只在慎独。[8]

译文

诚敬可以克制各种邪念。

《易经》所说的“诚敬以平直内心，守义以方正外表”，是仁。如果用诚敬来平直内心，就是不平直了。《孟子》所说的“行仁义之事而不要预期”，这是平直。

涵养我们内心的诚敬。

“孔子在河边说：‘流逝的就像这流水吗！昼夜不止。’”自从汉代以来，儒者都不懂得这句话的含义。这句话体现出孔子的内心，如同《中庸》称道周文王那样是“纯粹而行之不止”的。纯粹而行之不止，这就是天德。有天德的人就可以和他讲论王道了，这要领只是“人在独处时谨慎不苟”。

注释

1 **胜：**制服、克制。 **百邪：**指各种邪念。张伯行说：“邪言百者，人心只一个义理是正底，反乎义理，不独嗜欲为邪，即五官七情为人所不能无者，而邪亦各以类潜滋暗长于其间。”以上这一章出自《程氏遗书》，为程颢所说。

2 **仁也：**朱熹说："若能到私欲净尽，天理流行处，皆可谓之仁。如博学笃志，切问近思，能如是，则仁亦在其中。"

3 **"若以敬直内"二句：**此处意在强调"敬以直内"和"以敬直内"的差别。叶采说："曰'敬以直内'，而不曰'以敬直内'，盖有意于以之而直内，则此心已有所偏倚，而非直矣。"

4 以上这一章出自《程氏遗书》，为程颢所说。

5 **一：**指诚敬。朱熹说："只敬则心便一。"叶采说："心存则不二。"张伯行说："一者，诚也，无欲也。无欲则一，有欲则二三。"以上这一章出自《程氏遗书》，为程颢所说。

6 **纯亦不已：**语出《礼记·中庸》。纯，纯一无杂。不已，不停止。

7 **天德：**语出《礼记·中庸》，上天的德性。

8 **王道：**儒家称推行仁政者为王道，与霸道相对。以上这一章出自《程氏遗书》，为程颢所说。朱熹阐释这一章的大意说："有天德，则便是天理，便做得王道。无天德，则做王道不成。"又说："无天德，则是私意，是计较。后人多无天德，所以做王道不成。"

原文

"不有躬，无攸利。"[1] 不立己[2]，后虽向好事，犹为化物[3]。不得以天下万物挠己[4]。己立后，自能了当得天下万物。[5]

伊川先生曰：学者患心虑纷乱，不能宁静。此则天下公病。学者只要立个心，此上头尽有商量。[6]

译文

《易经》中说："不能保持自身，无所利。"自己不自立，以后即使遇到了好的事情，还是要追逐事物受其牵动。学者不能让天下万物来扰乱自己。自己自立之后，自然就能够担当得起天下万物。

程颐先生说：学者们生了心思纷乱的毛病，不能够宁静。这是天下人的通病。学者们只要心有所主，层层上去，尽可以做出裁断。

注释

1 **“不有躬”二句**:语出《易经·蒙卦》六三爻辞,原文作:“六三:勿用取女;见金夫,不有躬,无攸利。”孔颖达解为:“是为女不能自保其躬,固守贞信,乃非礼而动。行既不顺,若欲取之,无所利益。”取,后多作“娶”。躬,亲身、亲自。攸,所。

2 **不立己**:朱熹说:“己不立,则在我无主宰矣。”

3 **化物**:指受事物的驱使、牵动,被外物所同化。

4 **不得以天下万物挠己**:张伯行解为:“化物者见化于物,则物得而挠之。学者静虚动直,居己于无欲之地,不得以天下万物挠己。”

5 **了当**:处置、担当。以上这一章出自《程氏遗书》,为程颐所说。

6 **此上头尽有商量**:张伯行解为“积累上去,尽有商量”。商量,裁量、裁断。以上这一章出自《程氏遗书》。

原文

“闲邪则诚自存”[1],不是外面捉一个诚将来存着。今人外面役役[2]于不善,于不善中寻个善来存着,如此则岂有入善之理?只是闲邪则诚自存。故孟子言性善皆由内出。只为诚便存,闲邪更着甚工夫?但惟是动容貌,整思虑,则自然生敬。敬只是主一也,主一则既不之东,又不之西,如是则只是中。既不之此,又不之彼,如是则只是内。存此则自

译文

《易经》中所说的“防御邪恶则诚自然就会存在”,不是说从外面拿一个“诚”来存着。现在人们在外面忙忙碌碌于不善的事情,却要从不善的事情之中寻找出一个“善”来存着,这样做哪有入善的道理?只需要防御邪恶,“诚”就自然会存在。所以孟子讲性善时,都是说善从人的内心生出来。只要内心“诚”,“诚”就存在,哪里还需要防范的工夫?那么只要像这样来修饰容貌,调整思虑,自然就会生出“敬”。“敬”是要保持纯一,保持纯一就既不向东,也不向西,这样就是“中”。既不去这里,又不往那里,这样就只在“内”。这样自然就会洞明天理。学

然天理明。学者须是将"敬以直内"涵养此意,直内是本。[3]

者应当用"君子保持诚敬,来使他的内心平直"的话来涵养它,内心平直是最根本的。

注释

1 **闲邪则诚自存**:语出《易经·乾卦·文言》,孔颖达说:"言防闲邪恶,当自存其诚实也。"闲,防御、防止。

2 **役役**:劳作不息的样子。

3 以上这一章出自《程氏遗书》,为程颐所说。

原文

闲邪则固一矣,然主一则不消言闲邪。有以一为难见,不可下工夫,如何?一者无他,只是整齐严肃,则心便一。一则自是无非僻之干。[1]此意但涵养久之,则天理自然明。[2]

有言:"未感时,知何所寓?"[3]曰:"'操则存,舍则亡,出入无时,莫知其乡。'[4]更怎生寻所寓?只是有操而已。操之之道,'敬以直内'也。"[5]

敬则自虚静,不可把虚静唤做敬。[6]

译文

防范邪恶就能保持纯一,然而保持纯一就不用再说防范邪恶。有的人认为纯一难于体现,不可以下功夫,怎么办?纯一没有别的,只要整齐严肃,那么内心就能纯一。纯一了自然就没有邪僻的干犯。这个意思只要涵养久了,那么天理自然就会洞明。

有人问:"人情还没有感发出来时,心安放在哪里?"程颐先生说:"孟子说'操持它就存在,舍弃它就消亡,它来去无时,没有人知道它的去向'。那么又怎么去找它停留的地方?只有操持罢了。操持的方法,就是'保持诚敬以平直内心'了。"

有了"敬"就自然会虚静,不可以把虚静叫作"敬"。

注释

1 **非僻**:邪僻。 **干**:干犯。

2 以上这一章出自《程氏遗书》,为程颐所说。

3 **未感**:未,指《礼记·中庸》“喜、怒、哀、乐之未发谓之中”的“未”,意为人的喜、怒、哀、乐尚未发生出来,因此人的天性也尚未受到干扰。感,指《易经·系辞上传》“易无思也,无为也,寂然不动,感而遂通天下之故”的“感”,意为人情有感而发,发出来而能通达天理。 **寓**:寄寓、停留。

4 **乡**:通“向”,去向、方向。

5 以上这一章出自《程氏遗书》。

6 **唤做**:叫作。以上这一章出自《程氏遗书》,为程颐所说。在理学中,“敬”与“静”都是非常重要的,并且两者关系密切。由“静”才能导致“敬”,由“敬”则自然生出“静”。但是两者又有极大的不同,“敬”是本体,学者有时将其与“仁”“中”“一”等同,而“静”只是一种状态,属于一种存养功夫,两者不能等同,尤其不能把“静”看成“敬”。

原文

学者先务,固在心志,然有谓欲屏去闻见知思,则是“绝圣弃智”[1];有欲屏去思虑,患其纷乱,则须坐禅入定[2]。如明鉴[3]在此,万物毕照,是鉴之常,难为[4]使之不照。人心不能不交感万物,难为使之不思虑。若欲免此,惟是心有主。如何为主?敬而已矣。有主则虚,虚谓邪不能入;无主

译文

学者最先需要做的,固然在于坚定心志,然而有的人说想要摒除耳闻、目见、感知、思考,这就成了老子所主张的“摒弃聪明智巧”;有的人想要摒除思虑,担心思虑的纷杂扰乱,这就应当像佛家那样坐禅入定了。譬如有一块明镜在这里,万物都可以映照出来,这是镜子本身具备的性质,不用它来映照很困难。人心不能不感受万物,不让它思虑很困难。如果要想免除思虑的困扰,只能是心有所主。怎样有所主?只有诚敬而已。心中有所主就虚明澄澈,虚明澄澈的意思是说邪念不能够进入;没有

则实，实谓物来夺之。大凡人心不可二用，用于一事，则他事更不能入者，事为之主也。事为之主，尚无思虑纷扰之患，若主于敬，又焉有此患乎！所谓敬者，主一之谓敬；所谓一者，无适之谓一。且欲[5]涵泳主一之义，不一则二三矣。至于不敢欺，不敢慢，“尚不愧于屋漏”，皆是敬之事也。[6]

主宰就满腔私意，意思是说外界事物已经来夺取它了。大致说来，人心不可二用，人心只用在一件事情上面，其他的事情就已经不能进入，这是因为已经有事情做主宰。有事情做主宰尚且没有思虑纷扰的忧患，如果保持诚敬，又怎么能有这个忧患呢！保持纯一叫作诚敬，心不放逸外驰叫作纯一。应当沉潜涵泳纯一的道理，不能够纯一就成为二三了。至于说到不敢欺妄，不敢骄慢，“在宗庙的西北隅有神见自己所为而自己不惭愧”，都是诚敬的事情。

注释

1 **绝圣弃智：**先秦道家的主张，谓摒弃聪明智巧。

2 **坐禅入定：**佛家修行的基本功夫，即在坐禅时住心于一境，久之达到身心安稳、观照明净之境。

3 **鉴：**镜子。

4 **难为：**不易做到。下文“难为”与此意相同。

5 **且欲：**且当。

6 以上这一章出自《程氏遗书》，为程颐所说。

原文

“严威俨恪”，非敬之道，但致敬须自此入。[1]

舜“孳孳为善”[2]。若未接物，如何为善？只是主于敬，便是为善也。以

译文

《礼记》所说的“严肃、威重、俨正、恭敬”，不是诚敬的意义，但是达到诚敬应当由此开始。

《孟子》中说帝舜“孜孜不倦地行善”。但还没有应对事物时，怎么样行善？

此观之，圣人之道，不是但嘿然无言。[3]

只保持诚敬，这就是行善了。由此看来，圣人的做法，不是仅仅沉默无言。

问："人之燕居[4]，形体怠惰，心不慢，可否？"曰："安有箕踞[5]而心不慢者？昔吕与叔六月中来缑氏[6]，闲居中某尝窥之，必见其俨然危坐[7]，可谓敦笃矣。学者须恭敬，但不可令拘迫，拘迫则难久。"[8]

弟子问："人在闲居时，形体懈怠，内心并不轻慢，可以吗？"程颐先生说："哪里有傲慢地坐着而心中却不轻慢的？从前吕大临六月时来缑氏，闲居时我曾经暗中观察过他，必定见他俨然端坐，可以说是敦厚笃诚了。学者必须恭敬，但不能拘谨急迫，拘谨急迫就难以持久。"

"思虑虽多，果[9]出于正，亦无害否？"曰："且如在宗庙则主敬，朝廷主庄，军旅主严，此是也。如发不以时，纷然无度，虽正亦邪。"[10]

"思虑虽然多，确实是出于端正，有妨害吗？"程颐先生说："譬如在宗庙里，就应当诚敬；在朝廷上，就应当庄重；在军旅中，就应当严厉，这就是对的。如果做得不合时宜，纷乱无法度，即使出于端正，也是邪恶。"

注释

1 **严威俨恪**：语出《礼记·祭义》，孔颖达说："严，谓严肃。威，谓威重。俨，谓俨正。恪，谓恭敬。" **致**：达到。以上这一章出自《程氏遗书》，为程颐所说。

2 **孳孳为善**：语出《孟子·尽心上》，孳孳，即"孜孜"，勤勉不懈。

3 **圣人之道**：指儒家孔孟之道。以上这一章出自《程氏遗书》，为程颐所说。

4 **燕居**：退朝而闲居。燕，安息。

5 **箕踞**：两足向前伸，形如簸箕的坐姿，为傲慢不敬之容。古代以跪坐为正式的坐姿，坐时两足向后。

6 **缑氏**：地名，又作"侯氏"，在今河南偃师东南。

7 **危坐**：正身端坐。

8 以上这一章出自《程氏遗书》。

9 **果:**确实。

10 以上这一章出自《程氏遗书》,为程颐解答弟子所问之语。

原文

苏季明[1]问:"喜怒哀乐未发之前求中,可否?"曰:"不可。既思于喜怒哀乐未发之前求之,又却是思也。既思即是已发。才发便谓之和,不可谓之中也。"

又问:"吕学士[2]言当求于喜怒哀乐未发之前,如何?"曰:"若言存养于喜怒哀乐未发之前则可,若言求中于喜怒哀乐未发之前则不可。"

又问:"学者于喜怒哀乐发时,固当勉强裁抑[3],于未发之前当如何用功?"曰:"于喜怒哀乐未发之前,更怎生求?只平日涵养[4]便是。涵养久,则喜怒哀乐发自中节。"

译文

苏昞问:"在喜、怒、哀、乐没有发生之前追求'中',可以吗?"程颐先生说:"不可以。既然想在喜、怒、哀、乐没有发生之前追求它,就又是在思。既然是在思,就是已经发生了。刚刚发生出来就叫作'和',不可以叫作'中'了。"

苏昞又问:"吕大临学士说应当追求于喜、怒、哀、乐没有发生之前,这句话说得怎么样?"程颐先生说:"如果说存养于喜、怒、哀、乐没有发生之前就可以,如果说追求'中'于喜、怒、哀、乐没有发生之前就不可以。"

苏昞又问:"学者在喜、怒、哀、乐发生时,固然应当勉强克制过失,但是在喜、怒、哀、乐没有发生之前应当怎样用功呢?"程颐先生说:"在喜、怒、哀、乐没有发生之前,还能怎样追求?只有在平时涵养就是了。涵养久了,那么喜、怒、哀、乐发生出来自然就会合乎礼义法度。"

注释

1 **苏季明:**苏昞,字季明,张载及二程弟子,官至太常博士。

2 **吕学士:**吕大临。

3 **勉强裁抑**：张伯行说："用得勉强工夫，以裁抑其过不及。"裁抑，克制。

4 **涵养**：指儒家沉潜于道德、学问之中的一种修养功夫。

原文

曰："当中之时，耳无闻，目无见否？"曰："虽耳无闻，目无见，然见闻之理在始得[1]。贤且说静时如何？"[2]

曰："谓之无物[3]则不可，然自有知觉处。"曰："既有知觉，却是动也，怎生言静？人说'《复》，其见天地之心'，皆以谓至静能见天地之心，非也。《复》之卦下面一画[4]，便是动也，安得谓之静？"

译文

苏昞又问："在'中'时，耳朵听不到，眼睛看不到吗？"程颐先生说："虽然耳朵听不到，眼睛看不到，但是耳朵可听、眼睛可看的事理是有的，这样说才对。你说一说'静'的时候是怎样的？"

苏昞回答："说它什么都没有是不可以的，那么自然有可以感知的地方。"程颐先生说："既然有感知，那就是'动'了，怎么能说是'静'？人们说到'《易经·复卦》，看出天地之心'一句，都说成是极'静'就能看出天地之心，不对。《复卦》下面的一画阳爻，就是'动'了，怎么能说是'静'？"

注释

1 **始得**：才正确。

2 **贤**：对弟子的敬称。**静**：周敦颐《太极图说》："无极而太极。太极动而生阳，动极而静，静而生阴。"程朱理学认为"静"与"中"是同一层面上的概念。

3 **无物**：朱熹说："'无物'字恐当作'有物'字。"但作"无物"亦通，"无物则不可"即意为"有物"，意指"静"并非空洞无物，而是已有义理存在，"有物"之物并非指具体事物。下文程颐说"静中须有物始得"亦即此意。

4 **《复》之卦下面一画**：《复卦》，《震》下《坤》上，下面一画初九，为阳爻，其余都是阴爻。张伯行说："其卦五画皆阴，唯下面一画从《剥》尽复生为阳爻，岂不是动？"

原文

或曰："莫是于动上求静否？"曰："固是，然最难。释氏多言定，圣人便言止。[1]如'为人君，止于仁；为人臣，止于敬'之类是也。《易》之《艮》言止之义曰：'艮其止，止其所也。'人多不能止，盖人万物皆备，遇事时，各因其心之所重者，更互而出，才见得这事重，便有这事出。[2]若能物各付物，便自不出来也。"

或曰："先生于喜怒哀乐未发之前，下[3]动字，下静字？"曰："谓之静则可，然静中须有物始得[4]。这里便是难处。学者莫若且先理会得敬，能敬则知此矣。"

或曰："敬何以用功？"曰："莫若主一。"

季明曰："昞尝患思虑不定，或思一事未了，他事如麻又生，如何？"曰："不可。此不诚之本

译文

有弟子问："是要在'动'上追求'静'吗？"程颐先生说："固然是，然而这个最难。佛家多讲'定'，孔子就讲'止'。譬如《礼记·大学》中说'为人君，止于仁；为人臣，止于敬'之类就是这样。《易经·艮卦》讲'止'的含义说：'艮的含义为止，止于所应当止的地方。'人们大多不能做到'止'，因为人的身上万物都已具备，原本不偏不倚，遇到事情时，各自依循他们心中所偏重的情感，轮流表现出来，刚刚把这件事看得较重，就有这个偏重的弊病产生出来。如果能使事物各得其所，这些弊病就自然不会出来了。"

有弟子问："先生认为在喜、怒、哀、乐还没有发生之前，是定义为'动'，还是定义为'静'？"程颐先生说："称之为'静'才可以，但是在'静'中应该是有东西才对。这里就是困难的地方。学者不如先去领会'敬'，能够懂得'敬'就明白这个道理了。"

有弟子问："领会'敬'怎样来用功？"程颐先生说："没有比保持纯一更好的了。"

苏昞说："我曾经苦于思虑不坚定，有时思考一件事情没完，其他事情又如同乱麻一样地生出来，怎么办？"程颐先生说：

也[5]。须是习，习能专一时便好。不拘思虑与应事，皆要求一。”[6]

“不能这样。这是导致不诚的根本原因。应当熟练，熟练得能够专一时就好了。不管是思考还是应对事物，都要追求专一。”

注释

1 **释氏：**即佛教，因佛教僧人不用俗姓，以释为姓，故称。 **定：**禅定。佛教以布施、持戒、忍辱、精进、禅定、智慧（般若）合称六度，为成佛的基本功夫。

2 **“遇事时”三句：**张伯行说：“人心万物皆备，寂然之时，不偏不倚，本无偏重。因遇事时心系于事，便有偏重之弊。……如偏于喜则喜心重，偏于怒则怒心重，偏于哀则哀心重，偏于乐则乐心重。”更互，轮流。 **便有这事出：**事，指弊病，张伯行说：“才见得这事重，便有这事之或过或不及，而出于其所矣。”

3 **下：**阐释经典或义理时，定义某一概念为“下”。

4 **然静中须有物始得：**张伯行解为：“然静非空也，此中须有物始得，有物者，是常有个操持主宰。”

5 **此不诚之本也：**张伯行解为：“程子戒其不可如此，因言此为不诚之本。诚自无不一，不一所以不诚。”

6 这九段问答出自《程氏遗书》，为程颐与其弟子苏昞等人所说。程颐与弟子的这些讨论，仍是以《易经》的太极、动静，阐释《中庸》的“中”“和”，而最终归结为《大学》的“止”“诚”。

原文

人于梦寐间，亦可以卜[1]自家所学之浅深。如梦寐颠倒，即是心志不定，操存不固。[2]

问：“人心所系着之事果善，夜梦见之，莫不

译文

人在睡梦中，也可以推算出自己所学的深浅。如果梦见的事理颠倒，就是心志不坚定，操守不坚固。

弟子问：“人在心里所挂念着的事情确实是善事，夜里梦见了，有没有妨害？”程颐先生说：“虽然是善事，心也在动。凡事

害否？”曰：“虽是善事，心亦是动。凡事有朕兆[3]入梦者却无害，舍此皆是妄动。人心须要定，使他思时方思，乃是。今人都由[4]心。”

曰：“心谁使之？”曰：“以心使心[5]则可。人心自由，便放去也。”[6]

持其志，无暴其气，内外交相养也。[7]

有征兆入梦就没有妨害，除此以外都是妄动。人心一定要安定，让它思考时才思考，这样才对。现在的人完全听任自己的心意。”

弟子问：“心由谁来指使？”程颐先生说：“用义理之心来指使人心是可以的。如果人心听由自己，就是放任了。”

要持养心志，又要不粗暴地对待气，内在的养心与外在的养气要相互培养。

注释

1 **卜**：此处意为推算、衡量。

2 以上这一章出自《程氏遗书》，为程颐所说。

3 **朕兆**：征兆。

4 **由**：听任。

5 **以心使心**：前“心”字指义理，后“心”字指人心。朱熹说：“其意只要此心有所主宰。”陈淳说：“上‘心’字即是道心，专以理义言之也。下‘心’字即是人心，而以形气言之也。”

6 以上这一章出自《程氏遗书》，为程颐所说。

7 **“持其志”二句**：语出《孟子·公孙丑上》。持其志，朱熹解为“养心”，叶采解为“有所守于中”。无暴其气，朱熹解为“养气”，叶采解为“无所纵于外”。　**内外交相养也**：张伯行说：“持志则有所主于中，无暴气则无所纵于外。中有主则气愈充，外无纵则志愈固。故曰‘交相养’。要只是内无妄思，外无妄动耳。”以上这一章出自《程氏遗书》，为程颐所说。

原文

问:"'出辞气'[1],莫是于言语上用工夫否?"曰:"须是养乎中[2],自然言语顺理。若是慎言语不妄发,此却可着力。"[3]

先生谓绎[4]曰:"吾受气[5]甚薄,三十而浸盛,四十、五十而后完[6]。今生七十二年矣,校[7]其筋骨,于盛年无损也。"绎曰:"先生岂以受气之薄,而厚为保生[8]耶?"夫子默然,曰:"吾以忘生徇欲为深耻。"[9]

译文

弟子问:"《论语》中曾子说'说话的语气要和顺',是说要在言语上下功夫吗?"程颐先生说:"应当是养心,养心以后自然就会言语顺理。如果只是在言语上谨慎不妄自说话,那么这也是可以用力的。"

程颐先生对张绎说:"我禀受的生命之气很微薄,到三十岁时才逐渐旺盛,四十岁、五十岁以后最为充实。现在年龄七十二岁了,检查自己的筋骨,比盛年时一点没有损减。"张绎问:"先生难道是因为禀受的生命之气微薄,因此厚加保养吗?"程颐先生沉默了一会儿,然后说:"我把忘记生命的本原,顺从身体的欲望,当作深重的耻辱。"

注释

1 **出辞气**:语出《论语·泰伯》。出辞,说话。气,语气。

2 **养乎中**:养于心中。

3 **着力**:用力。以上这一章出自《程氏遗书》,为程颐所说。张伯行说:"程子穷本之论,以为辞由中出,中得其养,发之词者,自然有典有则,雅而不鄙。"

4 **绎**:张绎。

5 **受气**:禀受生命之气,指刚刚出生时天生的体质。

6 **完**:完满、充实。

7 **校**:检查、验证。

8 **保生**:保养身体,延年益寿。

9 **忘生**:张伯行说:"此生中处乾坤,受形父母,如何可忘?" **徇欲**:顺从欲望。徇，顺从。以上这一章出自《程氏遗书》，为程颐所说。程颐这段话意在阐释儒家存养与一般延年益寿的区别。张伯行说："此见圣贤守身之道，非同修养引年之术也。……非徒斤斤养其血气之躯而已。"

原文

大率把捉不定，皆是不仁。[1]

伊川先生曰：致知在所养，养知莫过于"寡欲"二字。[2]

心定者，其言重以舒[3]。不定者，其言轻以疾。[4]

明道先生曰：人有四百四病，皆不由自家。[5]则是心须教由自家。[6]

译文

大致说来，凡是对本心把握不住，都是由于不仁。

程颐先生说：获得知识首先要存养知识，存养知识没有比寡欲更好的了。

心志安定的人，说话慎重而舒缓。不安定的人，说话轻慢而急迫。

程颢先生说：人的身上有四百零四种疾病，都由不得自己。这颗心应当叫它听由自己。

注释

1 **大率**：大抵、大致。 **把捉不定**：把握不住本心、天理。张伯行说："把捉不定，则是理不胜欲，而心为物夺。"以上这一章出自《程氏外书》，为程颐所说。张伯行说："仁者纯乎天理，其心存而不放，固不须着力把捉，自安所止而有定者也。"

2 以上这一章出自《程氏外书》，为程颐所说。

3 **重以舒**：慎重而舒缓。朱熹说："心定则言必审，故的确而舒迟。"

4 **轻以疾**：轻慢而急迫。朱熹说："不定则内必纷扰，有不待思而发，故浅易而急迫。"以上这一章出自《程氏外书》，为程颐所说。

5 **人有四百四病**：佛教认为宇宙中有地、水、火、风四种基本因素，由此可以产生出一切事物和道理，称为四大。人的身体中也有四大，四大各产生出一百零一种疾病。一大不调，生一百零一种疾病；四大不调，则四百零四种疾病一时俱动。 **自家：**自己。

6 以上这一章出自《程氏外书》，为程颢所说。

原文

谢显道从明道先生于扶沟，明道一日谓之曰："尔辈在此相从，只是学颢言语，故其学心口不相应，盍若行之？"[1] 请问焉。曰："且静坐。"[2]

伊川每见人静坐，便叹其善学。[3]

横渠先生曰：始学之要，当知"三月不违"，与"日月至焉"内外宾主之辨，使心意勉勉循循而不能已。[4] 过此几非在我者。[5]

译文

谢良佐在扶沟跟随程颢先生，程颢先生有一天对他说："你们这些人在这里跟随我，只是学习我说出的话，所以所学到的心口不相符，何不依照实行？"谢良佐请问实行的方法。程颢先生说："先要静坐。"

程颐先生每次见到人在静坐，就赞叹他善于学习。

张载先生说：刚刚开始学习时的要领，是应当知道"三个月不违背仁"，与"一日或者一个月做到仁"，这在内为主人与在外为宾客的区别，使自己的心志勤勤勉勉、循序渐进而不停息。除此以外的事情就几乎全都与我无关了。

注释

1 **谢显道：**谢良佐。 **扶沟：**地名，在今河南境内，位于许昌以东，开封以南。元丰元年至三年(1078—1780)，程颢任扶沟知县。 **心口不相应：**张伯行说："谓其学心口不相应者，盖学之而不养，养之而不存，是空言也。" **盍：**何不。

2 **且：**姑且、暂且。张伯行说："初学之心，杂念胶结，谅所不免，且学静坐，收住此心。"

3 这两段话出自《程氏外书》，合程颢、程颐二事一并记载。

4 **内外宾主之辨：**张伯行说："盖仁，人之安宅也。居之三月不违，是在内而为主。日月至焉，是在外而为宾。”辨，分别。**勉勉循循：**张伯行说：“勉勉焉，尽其功。循循焉，致其渐。”勉勉，勤勉貌。循循，有顺序貌。

5 **过此几非在我者：**此处有不必强求之意。几，几乎。以上这一章出自张载《横渠先生文集》。张伯行说：“此勉学者以求仁为要也。”

原文

心清时少，乱时常多。其清时视明听聪，四体不待羁束而自然恭谨。其乱时反是[1]。如此何也？盖用心未熟，客虑多而常心少也，习俗之心未去而实心未完也。[2]人又要得刚，太柔则入于不立。亦有人生无喜怒者[3]，则又要得刚，刚则守得定不回，进道勇敢。载则比他人自是勇处多。[4]

译文

心清净的时候少，烦乱的时候总是很多。心中清净时眼睛看得清楚，耳朵听得清楚，四肢不等约束就自然恭敬谨慎。心中烦乱时与此相反。这样的情况是因为什么？是因为心中的存养不熟练，外界的思虑多而恒常的本心少，受到习俗影响的心没有去除而自己真实的心还没有完备。人又需要刚健，太柔弱就会陷于不能自立的境地。也有人是没有喜怒的，这就需要刚健，刚健就可以持守本心坚定而正直，在道义上勇敢迈进。我比起其他人来自然是勇敢的地方多一些。

注释

1 **反是：**与此相反。是，代词，此、这。

2 **客虑：**受外界干扰的心。 **常心：**恒常的本心。**习俗之心未去而实心未完：**张伯行解为：“气习之染，足以胜吾真实之心。”完，完备，充实。

3 **亦有人生无喜怒者：**张伯行说：“乃亦有无喜怒者，是其本质得柔之气多。”

4 **载：**张载自称。以上这一章出自张载《张子语录》。

原文

戏谑不惟害事，志亦

译文

戏谑不仅妨害做事，心志也被轻浮

为气所流。[1]不戏谑亦是持气之一端。[2]

习气流散了。不戏谑也是养气的一个方法。

正心之始，当以己心为严师[3]。凡所动作，则知所惧[4]。如此一二年守得牢固，则自然心正矣。[5]

开始端正心志时，应当以自己的内心作为具有威严的老师。凡是一举一动，都会自己感到畏惧。这样经过一二年持守牢固以后，就自然会心志端正了。

定然后始有光明。若常移易不定，何求光明？《易》大抵以《艮》为止，止乃光明[6]，故《大学》“定”而至于“能虑”。人心多则无由光明。[7]

心志安定然后才能有光明。如果常常迁移更改，不安定，哪里去寻找光明？《易经》大致以《艮卦》说明“止”，“止”象征着光明，所以《大学》中从“懂得止而后有安定”一直讲到“安定而后能够思虑”。人的心思太多就没有办法得到光明。

注释

1 **气：**此处指轻浮之气，张伯行说：“心无诚实而气多轻浮。” **流：**流散。

2 以上这一章出自张载《经学理窟·学大原上》。

3 **严师：**威严、威重的老师。陈澔说：“严师，犹《孝经》严父之义，谓尊礼严重之。”

4 **则知所惧：**张伯行说：“自知自惧。”

5 以上这一章出自张载《经学理窟·学大原上》。

6 **止乃光明：**《易经·艮卦·彖传》：“《艮》，止也。时止则止，时行则行，动静不失其时，其道光明。”

7 以上这一章出自张载《横渠易说》。

原文

“动静不失其时，其道光明。”学者必时其动静，则其道乃不蔽昧而明白。

译文

《易经》中说“动静不失时宜，道路自然光明”。学者一定要合乎时宜把握动静，学问之道才不会昏昧而明白。现今人从学之久，不见进长，正以莫识动静，见他人扰扰，非关己事，而所修亦废。[1] 由圣学观之，冥冥悠悠，以是终身，谓之光明可乎？[2]

在人们学习已久，还不见长进，正是因为不懂得动静，看见他人烦乱忙碌，不关自己的事，也去参与其中，因而使自己的学业也荒废了。由儒学来看，像这样昏昧庸俗，以此而终其一生，称之为光明可以吗？

敦笃虚静者，仁之本。不轻妄，则是敦厚也；无所系阂[3] 昏塞，则是虚静也。此难以顿悟[4]，苟知之，须久于道实体之，方知其味。夫仁亦在乎熟之而已。[5]

敦厚、笃实、虚静，是仁的根本。不轻妄，就是敦厚；不受事物的束缚、阻碍、不昏昧闭塞，就是虚静。这个道理难以立刻明白，如果想要知道，必须长久地在道义上切实体会，才能知道它的旨趣。仁也在于存养熟练罢了。

注释

1 **"见他人扰扰"三句：**意为非关己事，而己参与其中。张伯行解为："此心驰骛，逐事纷纭，因之内治之功俱废。"扰扰，烦乱的样子。

2 **冥冥悠悠：**冥冥，昏昧的样子。悠悠，庸俗的样子。以上这一章出自张载《横渠易说》。

3 **系阂：**系，束缚。阂，阻碍。

4 **顿悟：**佛教语，指无须繁琐仪式和长期修习，即可豁然觉悟，不离此生即得解脱，与"渐悟"相对。此处意为顿然领悟。

5 以上这一章出自张载《孟子说》。

五　改过迁善

导读

这一卷是《近思录》的第五卷，分别辑录北宋著名理学家周敦颐、程颢、程颐、张载四人的有关语录，共四十一条。

本卷标题据《朱子语类》原为“改过迁善，克己复礼”，叶采《近思录集解》题为“克己”，茅星来《近思录集注》题为“省察克治”，现在定为“改过迁善”。

“克己”，有本亦作“克治”。《易经》中说：“君子以见善则迁，有过则改。”《论语》中说：“克己复礼为仁。”儒家学者认为，“学”是为了“行”。“故君子名之必可言也，言之必可行也。”（《论语·子路》）“不闻不若闻之，闻之不若见之，见之不若知之，知之不若行之。学至于行之而止矣。”（《荀子·儒效》）在“行”之中，就包含了“行己”与“及人”两个方面，首先是“行己”的方面。所以，在本书的卷三阐述“致知”、卷四阐述“存养”之后，本卷则集中阐述“行己”，也就是改过迁善的“克己”。

叶采说：“此卷论力行。盖穷理既明，涵养既厚，及推于行己之间，尤当尽其克治之力也。”茅星来说：“性无不善，而情之动则有不善，故当省察而克治之。而情不外喜、怒、哀、乐、爱、恶、欲，其存之身也，不外视、听、言、动。而七情之发，稍不中节，便是过。视、听、言、动稍不自检，便有过。而其中有气质之偏，有物欲之蔽。反其偏，开其蔽，以复其本然之善，则此卷最为切要。”

原文

濂溪先生曰：君子乾

译文

周敦颐先生说：《易经》中说君子取

乾不息于诚，然必惩忿窒欲、迁善改过而后至。《乾》之用，其善是。[1]《损》《益》之大[2]，莫是过。圣人之旨深哉！吉凶悔吝[3]生乎动。噫，吉一而已，动可不慎乎？[4]

法于至诚之天道，健进不停，然而必须克制忿怒，断绝欲望，追求为善，改正过失，而后才能做得到。《乾卦》的作用，没有比它更好的了。《损卦》和《益卦》的象征，没有能超过它的了。孔子的旨意深远啊！吉、凶、悔、吝四者都出于"动"。唉，吉只是四者之一而已，"动"可以不谨慎吗？

濂溪先生曰：孟子曰："养心莫善于寡欲。"[5]予谓养心不止于寡而存耳。[6]盖寡焉以至于无[7]，无则诚立明通。诚立，贤也；明通，圣也。[8]

周敦颐先生说：孟子说："养心没有比寡欲更好的了。"我说养心不只是要欲望少而使本心存在。欲望要少得直到没有，没有欲望时就可以树立诚敬、明智通达。树立诚敬，就是贤人；明智通达，就是圣人。

注释

1 **《乾》之用，其善是：**朱熹《周子全书·通书注》认为"其"字当作"莫"。张伯行解为"是则乾乾之用，莫此为善"。

2 **《损》《益》之大：**张伯行解为"《损》大象""《益》大象"。《损卦》为《易经》第四十一卦，《益卦》为《易经》第四十二卦。损、益既指卦名，又为本义。王弼《周易·益卦注》："迁善改过，益莫大焉。"

3 **悔吝：**悔恨、忧虑。

4 **吉一：**吉、凶、悔、吝四者，吉仅居其一。朱熹说："四者一善而三恶，故人之所得，福常少而祸常多。"以上这一章出自周敦颐《通书·乾损益动》。周敦颐是将《易经·乾卦》的大用归结为"诚"，将何以达到"诚"归结为《损》《益》二卦的迁善改过与《易经·系辞下传》所说的慎于动。张伯行说："此合《乾》《损》《益》三卦，发明圣人之蕴，而示人以思诚之方也。"这可以说是对于程朱理学所强调的"克己"最为简明的阐述了。

5 **养心莫善于寡欲**：语出《孟子·尽心下》，原文作："养心莫善于寡欲。其为人也寡欲，虽有不存焉者，寡矣；其为人也多欲，虽有存焉者，寡矣。"存，赵岐、孙奭《孟子疏》解为"生存"，意为寡欲则丧生者少，多欲"速祸"，故生存者少。朱熹解为"存其本心"，意为寡欲则失其本心者少，多欲则存其本心者少。

6 **不止**：不只。 **寡而存**：张伯行说："所谓养心者，非止于欲之寡，而致其存焉已耳。"

7 **寡焉以至于无**：张伯行说："必寡之又寡，以至于无。"

8 以上这一章出自周敦颐《周子全书·遗文》。其大意为引申孟子的学说，由寡欲推广到无欲，进而提出了"无欲就是圣贤"的命题。张伯行说："此周子因孟子之言而推扩其量，见无欲之即为圣贤也。"

原文

伊川先生曰：颜渊问克己复礼之目，夫子曰："非礼勿视，非礼勿听，非礼勿言，非礼勿动。"四者身之用也。[1]由乎中而应乎外，制于外所以养其中也。颜渊请事斯语，所以进于圣人。[2]后之学圣人者，宜服膺而勿失也。因箴以自警。

《视箴》曰：心兮本虚，应物无迹。操之有要，视为之则[3]。蔽交于前，其中则迁[4]。制

译文

程颐先生说：颜渊问"克己复礼"的条目，孔子说："不合乎礼的不要看，不合乎礼的不要听，不合乎礼的不要说，不合乎礼的不要动。"视、听、言、动四者具有使自身合乎礼的作用。它们发自内心而相应于外界，在外表动作上克制自己以此来涵养内心。颜渊愿意遵从这句话，以此进而达到圣人的境界。后世想要学习做圣人的人，应当信奉这句话而不要忘失。于是他写了箴言用以警醒自己。

《视箴》写的是：人心本来虚明，应接事物而无迹可寻。持守它有要领，视觉上面有准则。万物的影像交织着遮蔽眼睛，不去除则内心的准则就会变化。在外界的视觉上克制，以此安定内心。克制自己以恢复礼仪，时间久了就可以诚敬。

之于外，以安其内。克己复礼[5]，久而诚矣。

《听箴》曰：人有秉彝[6]，本乎天性。知诱物化，遂亡其正。卓彼先觉，知止有定。闲邪存诚，非礼勿听。

《听箴》写的是：凡人都有执持的常道，这源于人的天性。知识的诱导，事物的感染，于是使它偏离了正道。卓越的先觉者，知道人心应当停留而获得安定。防范邪恶保持诚敬，不合乎礼的就不要听。

注释

1 **四者身之用也**：张伯行说："当视、当听、当言、当动之则，是之谓礼。己与礼常相敌，不克其非礼之己，无以复乎礼之本然。"

2 **事**：从事、遵从。 **圣人**：此处指儒家的一种理想境界。

3 **则**：准则。

4 **其中则迁**：张伯行解为："不去其蔽，心随以迁，是外之失其准，即为中之失其准矣。"中，内心的准则。

5 **克己复礼**：张伯行说："礼即诚也，诚即仁也。"

6 **秉彝**：持守常道。《诗经·大雅·烝民》："民之秉彝，好是懿德。"朱熹《诗集传》："秉，执。彝，常。"

原文

《言箴》曰：人心之动，因言以宣。发禁躁妄[1]，内斯静专。矧是枢机[2]，兴戎出好[3]。吉凶荣辱，惟其所召。伤易则诞，伤烦则支。己肆物忤[4]，出悖来违[5]。非法不道，钦哉训辞。

译文

《言箴》写的是：人心的变化，通过言语表达出来。说话要禁止急躁轻率，内心才能静定和专一。何况言语历来被视为枢机，可以导致战争也可以促成合好。吉或凶，荣或辱，都由它导致。言语轻率就荒诞，言语烦乱就支蔓。自己放纵必然抵捂事理，说话时与事理违背，必然反回来而违背自己。不合乎礼法的话不说，钦敬地谨守这篇训辞。

《动箴》写的是：智者看得出微小的变动，

《动箴》曰：哲人知幾[6]，诚之于思[7]。志士厉行，守之于为。顺理则裕，从欲惟危。造次[8]克念，战兢[9]自持。习与性成，圣贤同归。[10]

首先在内心保持诚敬。志士砥砺自己的行操，谨守着自己的作为。顺从天理内心就安泰宽裕，顺从欲望就面临危险。仓促时也要能念兹在兹，战战兢兢地持守自己。修养日久就会融合成天性，人人可与圣贤同归。

注释

1 **躁妄：**急躁轻率。

2 **矧是枢机：**何况言语是枢机。古代常以枢机代指言语。矧，况且。

3 **兴戎出好：**语出《尚书·虞书·大禹谟》，张伯行说："言之恶者可以兴戎，言之善者可以合好。"戎，兵器的总称，代指战争。

4 **己肆物忤：**张伯行说："肆者，纵情之谓。肆于己者必忤于物。"

5 **出悖来违：**张伯行说："悖者，乖理之谓。悖而出者必悖而入。"

6 **哲人知幾：**哲人，智慧的人。哲，明智。幾，微小的变动。

7 **诚之于思：**张伯行说："惟明哲之人，克灼幾先，思而诚之。"

8 **造次：**仓促。

9 **战兢：**战战兢兢，恐惧戒慎的样子。

10 **习与性成：**语出《尚书·商书·太甲》。谓长期的习惯将会形成一定的性格。张伯行解为："其习之于己者，久而渐熟，与得之于天者，合成自然。" **圣贤同归：**张伯行说："原其本然之性，圣贤固与我无异。全其继起之修，我亦可与圣贤同归。"以上这一章出自《伊川文集》。《论语》载"非礼勿视，非礼勿听，非礼勿言，非礼勿动"，合称"四勿"。程颐发挥其义，写成《视箴》《听箴》《言箴》《动箴》，合称"四箴"。

原文

《复》之初九曰："不远复无祇悔，元吉。"[1]《传》曰：阳，君子之道，

译文

《易经·复卦》的初九爻辞说："行走未远而返回来，没有大悔，大吉。"《程氏易传》说：阳，象征君子之道，所以《复卦》是

故《复》为反善之义。初，《复》之最先者也，是不远而复也。失而后有复，不失则何复之有？唯失之不远而复，则不至于悔，大善而吉也。颜子无形显之过，夫子谓其庶几[2]，乃无祇悔也。过既未形而改，何悔之有？既未能不勉而中，所欲不逾矩，是有过也。[3]然其明而刚，故一有不善，未尝不知；既知，未尝不遽改，故不至于悔，乃不远复也。学问之道无他也，惟其知不善，则速改以从善而已。[4]

返回到善的含义。初九这一爻，在《复卦》中是最先开始的，这是说行走未远就返回来了。有失去然后才有返回，不失去哪里有返回？只是失去得不远而返回来，这就不至于后悔，是大好而且吉利的事了。颜回没有明显的过失，孔子说他差不多接近道，这可以说是没有大悔了。过失还没有形成就改正了，还有什么可后悔的？既然不能做到不用勉强就合乎"中"，心中所想的都不逾越法度，这是有过失。但是如果明察而又刚健，所以有一处不善，都从未不知道；既已知道，从未不迅速改正。所以就能不至于后悔了，就像行走不远而返回。做学问的方法没有别的，只是知道不善之处，就迅速改正以遵从善而已。

注释

1 **不远复无祇悔，元吉：**高亨《周易古经今注》："不远复者，行未远而返也。"祇悔，大悔。王弼《周易注》："祇，大也。"元吉，大吉。

2 **庶几：**差不多，此处指近于道。

3 **不勉而中：**张伯行说："不待勉强，而自中乎道。"**所欲不逾矩：**语出《论语·为政》。矩，法度。

4 以上这一章出自程颐《程氏易传》。

原文

《晋》之上九[1]："晋其角，维用伐邑。厉吉，无

译文

《易经·晋卦》的上九爻辞说："挺进它的角，只用以治理自己的私邑。危险而

咎，贞吝。”[2]《传》曰：人之自治，刚极则守道愈固，进极则迁善愈速。[3]如上九者，以之自治，则虽伤于厉，而吉且无咎也。严厉非安和之道，而于自治则有功也。虽自治有功，然非中和之德。故于贞正之道为可吝也。[4]

又吉利，没有过失，占问结果为艰吝。”《程氏易传》说：人修养自身的德性，刚健到了极点守道就更加坚固，健进到了极点行善就更加迅速。譬如上九这一爻，用它来修养自身的德性，虽然有过于严厉的弊病，但是仍然吉利而且没有过失。严厉不是安和的做法，但对于修养自身的德性却有功绩。虽然对修养自身的德性有功，但并不是中和的美德。所以虽然合于正道，却不免于艰吝了。

《损》者，损过而就中，损浮末而就本实也。[5]天下之害，无不由末之胜也。峻宇雕墙，本于宫室[6]；酒池肉林，本于饮食[7]；淫酷残忍，本于刑罚[8]；穷兵黩武，本于征讨[9]。凡人欲之过者，皆本于奉养，其流之远，则为害矣。先王制其本者，天理也；后人流于末者，人欲也。《损》之义，损人欲以复天理而已。[10]

《易经·损卦》的含义，是减损过分之处而归于中和，减损浮华和末节，而归于根本和朴实。天下的危害，没有不是由于末节超出了根本而造成的。高峻的房屋和雕饰的墙壁，是本于人们对宫室的需要；以酒为池，以肉为林，是本于人们对饮食的需要；淫刑酷政和残忍做法，是本于人们对刑罚的需要；穷兵黩武，是本于人们对征讨的需要。凡是人的欲望过分的地方，都是本于人们奉养自己的需要，其流变离根本远了，就成为了危害。先王基于根本而建立制度，这是天理；后人流于浮华末节，这是人欲。《损卦》的含义，就是要减损人的欲望来恢复天理而已。

注释

1 **《晋》**：卦名，《易经》六十四卦之第三十五卦，《坤》下《离》上。 **上九：**

易卦爻名，为自下而上的第六个阳爻。

2 **“晋其角”五句：**晋其角，维用伐邑，张伯行解为：“晋，进也。角之为物，刚而居上者。伐，治也，削去之谓，非征伐之谓也。邑，私邑也。”厉，危险、严厉。贞，占问。吝，吝啬。高亨《周易古经今注·元亨利贞解》：“吝，借为遴。遴，难行也。贞吝者，有所占问，筮遇此爻，其事难行，或将遇艰难也。”

3 **“人之自治”三句：**张伯行说：“《晋》之上九，以阳居上，刚之极也；处晋之终，进之极也。刚极则过猛，进极则躁急，动多为害，故只用之以自伐其邑。自伐其邑者，是内自治之事。自治者，守道要固，迁善要速。刚进之极，愈固愈速。”

4 **故于贞正之道为可吝也：**朱熹解为：“虽得其正，亦可吝矣。”张伯行解为：“盖以之自治虽得其正，然而……乖于中和，故可羞吝。”以上这一章出自程颐《程氏易传》。大意以为治理自身之时，虽然过于刚猛，仍可获得吉利之效。

5 **《损》：**卦名，《易经》六十四卦之第四十一卦，《兑》下《艮》上。 **就：**接近、归于。

6 **“峻宇雕墙”二句：**张伯行说：“先王知天下之不可无居也，于是宫室之制兴，取其可以蔽风雨而已。而其末流则高峻其宇，雕饰其墙，是本于宫室而过焉者。”

7 **“酒池肉林”二句：**张伯行说：“先王知天下之不可无食也，于是饮食之制兴，取其可以免饥渴而已。而其末流则有酒如池，有肉如林，是本于饮食而过焉者。”

8 **“淫酷残忍”二句：**张伯行说：“先王知天下之不可无法也，制为刑罚以驭天下，盖刑期无刑也。而其末流则有淫刑以逞，酷虐为政，残民之生，忍民之死者矣，是本乎刑罚而过焉者。”

9 **“穷兵黩武”二句：**张伯行说：“先王知天下之不可无威也，制为征伐以一天下，盖兵期无兵也。而其末流则有穷尽民力以事兵革，贪黩无节以侈武功者矣，是本乎征讨而过焉者。”

10 以上这一章出自程颐《程氏易传》。张伯行说：“此因《损》之卦义以垂戒也。”

原文

《夬》九五曰[1]：“苋陆，夬夬，中行无咎。”[2]《象》曰：“中行无咎，中未光也。”[3]《传》曰：夫人心正意诚，乃能极中正之道，而充实光辉。若心有所比，以义之不可而决之，虽行于外，不失其中正之义，可以无咎，然于中道未得为光大也。[4]盖人心一有所欲，则离道矣。夫子于此，示人之意深矣。[5]

方说而止，《节》之义也。[6]

《节》之九二，不正之节也。[7]以刚中正为节，如惩忿窒欲、损过抑有余是也。[8]不正之节，如啬节于用，懦节于行是也。[9]

译文

《易经·夬卦》的上九爻辞说：“马齿苋，决而又决，中正之道，没有过失。”《象传》说：“中正之道，没有过失。虽然是中正之道，然而没有光辉。”《程氏易传》说：人心正意诚，才能建立中和正大之道，充实而有光辉。如果心中有了比附，只是由于道义不允许才做出决断，虽然做出来没有失去中和正大的道义，可以没有过失，但是在中和正大之道上，不能说是光大了。因为人心只要有一点欲望，就已经偏离道义了。孔子在这里，揭示给人们的旨意很深远了。

刚刚有了愉悦就控制住，这就是《节卦》的含义。

《易经·节卦》中的九二这一爻，是不正当的节制。《节卦》是将阳刚而又中正称为节制，譬如克制忿怒、抑制欲望、减损过失、抑制过剩就是这样。不正当的节制，譬如在财用上节制过分便是吝啬，在力行上节制过分便是懦弱。

注释

1 **《夬》：**卦名，《易经》六十四卦之第四十三卦，《乾》下《兑》上。 **九五：**易卦爻名，为自下而上数的第五个阳爻。

2 **“苋陆”三句：**苋陆，张伯行解为“马齿苋”，为“感阴气之多者”，认为《夬卦》的卦体是五阳一阴，故以马齿苋象之。夬夬，张伯行解为“决而又决也”。中行，程颐解为“中正之道”，张伯行解为“中行之道”。

3 **中未光也：**张伯行解为虽能“所行中正”，而未能“光辉于外”。

4 **心有所比：**张伯行说：“九五……与上六切近，如苋陆得阴气之多，恐不能无所比。”比，比附。 **以义之不可而决之：**张伯行解为：“九五又以刚居刚……迫于众阳之合力……必能决而决之。”

5 以上这一章出自程颐《程氏易传》。大意是由阐释《夬卦》的爻辞和《象传》，提出心中不能有私欲的道理。张伯行说：“邪念一分未尽，天理便一分未光。何也？人有所欲，则离道矣。”

6 **方：**刚刚。 **说：**同“悦”，喜悦。**《节》：**节，本义为节制。又为卦名，《易经》六十四卦之第六十卦，《兑》下《坎》上。以上这一章出自程颐《程氏易传》。张伯行说：“此释《节》之卦义也。《节》，有限而止也。其卦《兑》下《坎》上。《兑》，说也。《坎》，险也。见险则止矣。人情说便易流，惟说而能止，方无放纵淫佚之失，而合于天理，当于人情。”

7 **九二：**易卦爻名，为六爻中自下而上的第二个阳爻。 **不正之节也：**《易经·节卦》九二爻辞：“九二：不出门庭，凶。”张伯行说：“盖九二位居人臣，当可行之时，而有不出门庭之象。则知节而不知通，不正之节也。”

8 **以刚中正为节：**《易经·节卦·象传》：“《节》，亨。刚柔分，而刚得中。”茅星来说：“九二以刚居柔，在《节卦》是为不正之节也。刚中正，谓九五也。”张伯行说：“夫节之为义，知时识变，要于中正。” **如惩忿窒欲、损过抑有余是也：**张伯行说：“有当节而节者，有不当节而不节者。如惩忿窒欲，损过抑有余，是当节而节，非刚健不能致其决。”

9 **“不正之节”三句：**张伯行说：“太节用则为吝啬，太巽怯则为柔懦，是不当节而节。九以阳居二阴，失刚不正，有啬与懦之病，所谓不正之节而凶也。”以上这一章出自程颐《程氏易传》。这段话大意是批评《节卦》九二爻的不应当节制而节制，从而提出“当节则节，不当节则不节”的道理。

原文

人而无克伐怨欲[1]，

译文

作为人而没有好胜、自矜、忿恨、贪

惟仁者能之。有之而能制其情不行焉，斯亦难能也，谓之仁则未可也。此原宪之问，夫子答以知其为难，而不知其为仁。此圣人开示之深也。[2]

欲，只有仁者能够做到。有这些过失而能够克制它们，不使它们显露出来，这也就难能可贵了，但是称他为仁者还是不可以。这是原宪所请问的问题，孔子的回答是只知道这是难能可贵的，而不知道是否可以称为仁者。这说明孔子对人们启发的深远。

明道先生曰：义理与客气常相胜，只看消长分数多少，为君子小人之别。[3]义理所得渐多，则自然知得客气消散得渐少，消尽者是大贤。[4]

程颢先生说：天生具备的义理与自外界而来的客气常常相互压服，只看二者消长的比例数量各有多少，这就是君子与小人的区别。义理所占的比例逐渐增多，就自然可以知道客气已经消失得逐渐少了，客气消失净尽的人就是杰出的贤人。

或谓："人莫不知和柔宽缓，然临事则反至于暴厉。"曰："只是志不胜气，气反动其心也。"[5]

有人说："人们没有不知道应当柔和宽缓的，然而遇到事情反而变得粗暴焦躁。"程颢先生说："这只是因为心志没能超过血气，血气反过来牵动自己的心志。"

注释

1 **克伐怨欲：**张伯行说："克，好胜；伐，自矜；怨，忿恨；欲，贪欲。"

2 **原宪：**字子思，春秋时宋国人。孔子弟子，小孔子三十六岁，清净守节，贫而乐道。孔子为鲁司寇，原宪尝为孔子宰。孔子卒后，原宪退隐，居于卫。以上这一章出自程颐《程氏经说》，是为阐释《论语》中孔子的话而说的。

3 **客气：**自外界而来的私欲，与"义理"相对。张伯行说："义理者，天命之本然；客气者，形气之使然。" **胜：**超过。 **分数：**所占比例。

4 以上这一章出自《程氏遗书》。

5 **志：**心志。 **气：**血气、气质。以上这一章出自《程氏遗书》，为程颢所说。

原文

人不能祛思虑，只是吝，吝故无浩然之气。[1]

治怒为难，治惧亦难。克己可以治怒，明理可以治惧。[2]

尧夫[3]解"他山之石，可以攻玉"：玉者，温润之物，若将两块玉来相磨，必磨不成。须是得他个粗砺底物，方磨得出。譬如君子与小人处，为小人侵陵，则修省畏避，动心忍性，增益预防，如此便道理出来。[4]

译文

人们不能去除思虑的原因，只是由于吝啬，因为吝啬所以没有正大刚直之气。

抑制忿怒很难，抑制恐惧也很难。克制自己可以抑制忿怒，明察事理可以抑制恐惧。

邵雍先生解释《诗经》中"他山之石，可以攻玉"说：玉是温润的物品，如果将两块玉放在一起互相磨砺，必定磨不出来。一定要找一个粗砺的物品，才磨得出来。譬如君子与小人在一起相处，受到小人的侵陵，就会修养反省自己以躲避祸害，萌动仁义之心和忍耐嗜欲之性，增益自己的才干和预防祸患的到来，这样，义理就生发出来了。

注释

1 **祛：**去除。 **思虑：**此处指诚敬以外的私心杂念。 **吝：**吝啬。张伯行说："吝者，气歉。常为私意小智缠绕，故人有闲思杂虑不能祛者，只是吝。" **浩然之气：**正大刚直之气。浩然，朱熹解为"盛大流行之貌"。以上这一章出自《程氏遗书》。

2 以上这一章出自《程氏遗书》，为程颢所说。

3 **尧夫：**邵雍(1011—1077)，字尧夫，河南共城(今河南辉县)人。先曾隐居苏门山百源之上，故学者又称百源先生；后隐居河南洛阳安乐窝，屡授官不赴。创立易学象数学派，与周敦颐、程颢、程颐、张载合称"北宋五子"，卒谥康节，学者多称康节先生。著作有《皇极经世》《伊川击壤集》《渔樵问答》等。

4 **修省畏避：**张伯行说："修省其身者必谨，畏避其祸者必严。" **"动心忍**

性”二句：语出《孟子·告子下》，张伯行解为：“动其仁义礼智之心，不敢苟安；忍其声色嗜欲之性，不敢妄发。增益其才智之所不能，预防其患害之所未至。”以上这一章出自《程氏遗书》，为程颢引用邵雍之语。在全部的十四卷《近思录》中，邵雍的言论只有这一条间接的引用。张伯行认为程颢是有感而发的，说：“程子盖有所感，而引尧夫解《诗》之言也……谗构挤排，讵非玉汝于成？艰难险阻，正将以利吾器。常存此心，何处非学？乃有一遇小人，而忧伤病沮，不能自振者。”

原文

目畏尖物，此事不得放过，便与克下。[1]室中率置尖物，须以理胜他，尖必不刺人也，何畏之有？[2]

明道先生曰：责上责下，而中自恕己，岂可任职分？[3]

“舍己从人”[4]最为难事。己者，我之所有，虽痛舍之，犹惧守己者固，而从人者轻也。[5]

九德最好。[6]

译文

眼睛畏惧尖利的物品，这件事情不能放过，要克服下来。房屋中大多放置有尖利的物品，应当用义理来战胜这种心理，尖利的物品一定不会刺人，有什么可畏惧的？

程颢先生说：责备上面和下面的人，而在中间自己宽恕自己，这样的人怎么可以担当官职？

《孟子》中所说的“舍弃自己听从别人”，是最难于做到的事情。“己”字，是指为我自己所有的东西，即使是痛下决心，还是担心自己太过顽固，听从别人太过轻缓。

《尚书》中的“九德”，说得最好。

注释

1 **“此事不得放过”二句：**张伯行说：“当于此事思其所以刺人者如何，求其所以不至于刺者如何，不得放过，便与克去其畏之之心，使此心直可放下。”克，克服、攻克。

2 **率：**大多。 **须以理胜他：**张伯行说：“室中率然置有尖物，须以理胜他。

如动容周旋中礼，行安节和，坐作进退，皆有常度。物虽当前，心泰神定，尖必不刺人也，何畏之有？”他，指人畏惧尖物的心理。以上这一章出自《程氏遗书》。

3 **恕：**儒家重要概念之一。学者多以《论语·颜渊》孔子所说“己所不欲，勿施于人”一句阐释“恕”，认为“恕”是对他人而言，而非对自己而言，推己及人便为“恕”。以上这一章出自《程氏遗书》。大意是程颢自儒家“恕”的思想阐述克己的功夫，大抵也是有感而发，有人认为他所批评的人是王安石。

4 **舍己从人：**语出《孟子·公孙丑上》，放弃自己的成见，听从大家的公论。

5 以上这一章出自《程氏遗书》，为程颢所说。

6 **九德：**谓贤人所具备的九种优良品格。《尚书》中所说的“九德”，大致是说：宽宏而又庄重，柔和而又能有建树，诚恳而又恭敬，善于治理而又谨慎，和顺而又果决，正直而又温和，宽大而又仔细，刚正而又充实，强健而又合乎道义。张伯行说：“每上一截，是说所禀之性。每下一截，是说学问之功。学问以化其气禀而德成焉。列之为九，要不外以刚济柔、以柔济刚之义。”以上这一章出自《程氏遗书》，为程颢所说。

原文

“饥食渴饮，冬裘夏葛。”[1]若致些私吝心在，便是废天职。[2]

猎，自谓今无此好。[3]周茂叔[4]曰：“何言之易也？但此心潜隐未发，一日萌动，复如前矣。”后十二年因见，果知未也。[5]

伊川先生曰：大抵

译文

“饥饿时就吃饭，口渴时就饮水，冬天来了就穿毛皮，夏天来了就穿麻葛。”如果有一些私欲在里面，就是废弃了天职。

田猎，我自己认为现在没有这种喜好了。周敦颐先生说：“怎么说得这么容易？只是这个心念潜伏在心里还没有发作，一旦有一天萌发出来，又会和从前一样了。”此后过了十二年，［因为见到别人田猎而面有喜色，］果然知道田猎之心还没有除尽。

程颐先生说：大体上说人只要有身体，

人有身，便有自私之理，宜其与道难一。[6]

就会有自私之心，难怪人与天道难以一致。

注释

1 **“饥食渴饮”二句**：指一种近乎天然的社会状态。张伯行说：“饮食衣服，本天地间公共道理，而为人生所不可缺者。”

2 **私吝心**：利己和吝啬之心。 **天职**：指天地自然赋予给人的职分。《荀子·天论》：“不为而成，不求而得，夫是之谓天职。”《朱子语类》：“何以谓之天职？曰：这是天教我如此。饥便食，渴便饮，只得顺他。穷口腹之欲，便不是。盖天只教我饥则食，渴则饮，何曾教我穷口腹之欲？”以上这一章出自《程氏遗书》，为程颢所说。儒家学者对于饮食男女，以至于财货富贵，都有正面的肯定，只是对其由来及运用，都要求出于中正，不得恶性膨胀。

3 **猎**：田猎。 **自谓**：自己认为。 **好**(hào)：喜好。

4 **周茂叔**：周敦颐，字茂叔，程颢的老师。

5 **果知未也**：指对田猎的喜好之心尚未尽除。以上这一章出自《程氏遗书》，为程颢所说。《程氏遗书》本注：“明道先生年十六七时好田猎，十二年暮归，在田野间见田猎者，不觉有喜心。”

6 **自私之理**：此处指自私之心。 **宜**：应该、当然。 **道**：此处指天道。 **一**：指人心与大道的合一。以上这一章出自《程氏遗书》。

原文

罪己责躬不可无，然亦不当长留在心胸为悔。[1]

所欲不必沉溺，只有所向便是欲。[2]

明道先生曰：子路亦百世之师。[3]

“人语言紧急[4]，莫是气

译文

责备自己的过失是不可以缺少的，然而也不应该总是在心里后悔不已。

人在欲望上面，不一定沉溺才叫作欲望，只要有一念偏差，就已经是欲望。

程颢先生说：子路也是百世之师。

弟子问：“人在说话时轻率急躁，是不是气质不定？”程颢先生说：“这个也不定否？”曰：“此亦当习，习到言语自然缓时，便是气质变也。学至气质变，方是有功。”[5]

应练习，练习到说话自然和缓时，就是气质有变化了。学问到了气质有变化时，才是有了功效。”

注释

1 以上这一章出自《程氏遗书》，为程颐所说。

2 **向：**指心念的趋向。张伯行说：“只一念之差，偏有所向，被他牵惹，即已是欲。”以上这一章出自《程氏遗书》，为程颐所说。

3 **子路：**仲由，字子路，又称季路。春秋时卞人，孔子弟子。性亢直，有勇力才艺，曾任卫国蒲邑大夫，以政事著名。 **百世之师：**指德行高尚可为人师表的人。后世称孔子为“百世之师”，又称素王、文宣王、至圣先师。以上这一章出自《程氏遗书》。程颢之所以称子路为百世之师，据《程氏遗书》本注，是因为“人告之以有过则喜”，意为子路有兼人之勇，能够闻过速改。

4 **语言紧急：**指说话轻率急躁。

5 以上这一章出自《程氏遗书》，为程颢所说。

原文

问：“‘不迁怒，不贰过。’何也？《语录》[1]有怒甲不迁乙之说，是否？”伊川先生曰：“是。”

曰：“若此则甚易，何待颜子而后能？”曰：“只被说得粗了，诸君便道易，此莫是最难？须是理会得因何不迁怒。如舜之诛四凶，怒在四凶，舜何与

译文

弟子问：“‘有怒不迁移到别人，有过失不重犯。’是什么意思？《语录》中有对某甲发怒不迁移到某乙的解说，对吗？”程颐先生说：“对。”

弟子问：“如果是这样，就很容易做到，何须等到学问像颜回那样才能做到呢？”程颐先生说：“这就是理解得粗浅了，你们说容易，这难道不是最难的吗？应当体会出颜回为什么不迁怒于别人。譬如虞舜诛杀‘四凶’，是针对‘四凶’发

焉？盖因是人有可怒之事而怒之，圣人[2]之心本无怒也。譬如明镜，好物来时便见是好，恶物来时便见是恶，镜何尝有好恶也？世之人固有怒于室而色于市[3]，且如怒一人，对那人说话，能无怒色否？有能怒一人，而不怒别人者，能忍得如此，已是煞知义理。若圣人因物而未尝有怒，此莫是甚难！君子役物，小人役于物。今见可喜可怒之事，自家著一分陪奉他，此亦劳矣。圣人之心如止水。"[4]

怒，可是'四凶'与虞舜有什么关系而要这样发怒呢？就因为这个人有值得发怒的事，所以要对他发怒，圣人的心中本来是没有忿怒的。譬如明镜，美好的事物来了就显出美好，丑恶的事物来了就显出丑恶，镜子本身哪里有美好、丑恶？世上的人固然有对家人发怒转而在集市上发作的，譬如你们忿怒一个人，在和这个人说话时，能不显出怒色吗？如果有人对一个人发怒，而没有对别人发怒，能够忍耐到这样，已经是很懂得义理了。但如要做到像圣人那样依循事物而从不忿怒，这不是很难吗！君子驱使事物，小人被事物驱使。现在人们见到可喜可怒的事情，虽然与自己无关也要付出一分精力追逐它，这也太操劳了。圣人的心就像静止的水一样。"

注释

1 **《语录》：**此处当指二程所说、弟子所记的《二程语录》。

2 **圣人：**圣明的人，指儒家的理想人格。

3 **怒于室而色于市：**语出《左传·昭公十九年》，为当时谚语。室，家室。色，作色，亦即发怒。市，市场。

4 **止水：**静止的水，古人盛水自照，故又以止水喻明镜。以上这一章出自《程氏遗书》。

原文

人之视最先，非礼而视[1]，则所谓开目便错

译文

人的视觉是最先发生的，不合乎礼仪制度而去看了，就是所说的一睁开眼睛就

了。次听，次言，次动，有先后之序。人能克己，则心广体胖。仰不愧，俯不怍，其乐可知。[2] 有息则馁矣。[3]

圣人责己，感[4]也处多。责人，应也处少。[5]

错了。其次是听觉，其次是说话，其次是举动，有先后的次序。人如果能克制自己，就会心中坦然，身体舒泰。仰不愧于天，俯不愧于人，那种快乐可想而知。一有间断，人的仁心浩气就虚欠不足了。

孔子责备自己，感动别人的地方就多。如果责备别人，别人响应的就少。

注释

1 **非礼而视**：《论语·颜渊》："子曰：非礼勿视，非礼勿听，非礼勿言，非礼勿动。" 指不看不合礼仪制度之事，此处反用其义。

2 **"仰不愧" 三句**：语出《孟子·尽心上》。怍，惭愧。

3 **息**：停止、间断。以上这一章出自《程氏外书》，为程颢所说。

4 **感**：感动、感染。

5 **应**：回应、响应。以上这一章出自《程氏外书》，为程颢所说。

原文

谢子[1]与伊川别一年，往见之，伊川曰："相别一年，做得甚工夫？" 谢曰："也只去个 '矜'[2] 字。"

曰："何故？" 曰："子细[3]检点得来，病痛尽在这里。若按伏[4]得这个罪过，方有向进处。"

伊川点头，因语在坐同志者曰："此人为学，'切问近思' 者也。"[5]

译文

谢显道和程颐分别了一年，前去拜访他，程颐先生问："相别一年，做了些什么功夫？" 谢显道回答说："也只不过是除去了一个 '矜' 字。"

程颐先生问："为什么？" 谢显道回答说："仔细检讨自己，病痛全都在这里。如果抑制了这个过失，才可以向前进步。"

程颐先生点头赞许，随即对在座的同道们说："这个人治学，就是 '切问近思' 了。"

注释

1 **谢子:**谢显道。

2 **矜:**自恃、自夸。

3 **子细:**认真、细致。

4 **按伏:**抑制。

5 **同志:**指志同道合的人,也指友人。古者同门为朋,同志为友。以上这一章出自《程氏外书》。谢显道以才气著称,矜是指夸张务大,正是针对才气高的人而言的。所以谢显道说他一年都在尽力去除"矜"的罪过,程颐便称赞他能够"切问近思"了。

原文

思叔诟詈仆夫,伊川曰:"何不'动心忍性'?"思叔惭谢。[1]

见贤便思齐[2],有为者亦若是;见不贤而内自省,盖莫不在己。[3]

横渠先生曰:湛一,气之本;攻取,气之欲。[4]口腹于饮食,鼻口于臭味,皆攻取之性也。[5]知德者属厌而已,不以嗜欲累其心,不以小害大、末丧本焉尔。[6]

译文

张绎辱骂仆人,程颐先生说:"为什么不'萌动仁、义、礼、智之心,忍耐声色嗜欲之性'?"张绎惭愧谢过。

见到贤良的人就想着和他一样,有为的人都可以做到像他那样;见到不贤良的人就在内心反省自己,他的不善没有不在自己身上的。

张载先生说:湛然纯一是气质的本原,追求占有是气质的欲望。口腹对于饮食,鼻口对于味道,都表现出追求占有的气质之性。知足的人适可而止,不会让嗜欲牵累他的本心,不会用小事妨害大事、末节妨害根本。

注释

1 **思叔:**张绎。**诟詈:**辱骂。**惭谢:**惭愧谢罪。以上这一章出自《程氏外书》。张绎以贤良著称,仆人固然有愚顽之处,可怒可骂,但是学者难在制怒,所以程颐提醒他"动心忍性"。张绎随即惭谢,说明他能够勇于改过。

2 **见贤便思齐:**看到德才兼备的人,就想与他一样。

3 **盖莫不在己:**江永解为:"谓反躬自省。人之不善,己皆有之也。"以上这一章出自《程氏外书》,为程颢所说。

4 **湛一:**沉静合一。张伯行解为:"湛者,不动。一者,不杂。" **攻取:**攻占夺取,此处指对欲望的追求。

5 **臭味:**指各种味道。 **皆攻取之性也:**张伯行说:"气质之性也。"

6 **德:**古代称取与之间,自接受的一方而言是"得",自给予的一方而言是"德"。所以此处的"知德"也可以理解为"知足"。 **属厌:**饱足,张伯行解为:"适可而止,无贪心也。" **不以小害大、末丧本焉尔:**小、末指嗜欲,大、本指本心。张伯行说:"心,大也,本也。嗜欲,小也,末也。"以上这一章出自张载《正蒙·诚明》。

原文

纤恶必除,善斯成性矣;察恶未尽,虽善必粗矣。[1]

恶[2]不仁,故不善未尝不知。徒好仁而不恶不仁,则习不察,行不著。[3]是故徒[4]善未必尽义,徒是未必尽仁。好仁而恶不仁,然后尽仁义之道。[5]

责己者当知无天下国家皆非之理。故学至于"不尤人",学之至也。[6]

译文

微小的过失也一定要去除,"善"才能回归本性;检查过失不净尽,即使达到了"善"也必定是粗糙的。

厌恶不仁的事,所以有了不善才从未不知。仅仅喜好仁而不厌恶不仁,就会对所学习的道理不能察知其所以然,对所做的事情不能显明其所当然。所以仅仅有善不一定就是纯粹的义,仅仅正确不一定就是纯粹的仁。喜好仁而又厌恶不仁,然后才符合纯粹的仁义之道。

能够严格要求自己的人,应当知道没有天下国家一切事情都不对的道理。所以学问做到了孔子所说的"不责备别人",就是学问的极致。

注释

1 **纤恶**:微小的过失。以上这一章出自张载《正蒙·诚明》。

2 **恶**(wù):此处作动词,厌恶。

3 **好**(hào):此处作动词,喜好。 **"则习不察"二句**:张伯行解为:"则所习之理,所行之事,皆将以为是,而不及察其所以然,著明其所当然。"

4 **徒**:仅仅、只是。

5 以上这一章出自张载《正蒙·中正》。

6 **不尤人**:语出《论语·宪问》,原文作:"子曰:不怨天,不尤人。"尤,责怪、归咎。以上这一章出自张载《正蒙·中正》。

原文

有潜心于道,忽忽为他虑引去者,此气也[1]。旧习缠绕,未能脱洒,毕竟无益,但乐于旧习耳。古人欲得朋友与琴瑟简编[2],常使心在于此。惟圣人知朋友之取益为多,故乐得朋友之来。[3]

矫轻警惰。[4]

"仁之难成久矣,人人失其所好。"盖人人有利欲之心,与学正相背驰。故学者要寡欲。[5]

译文

有的人潜心学习道理,忽然被其他事情所引诱了,这只是由于志不胜气的缘故。旧时的习气还缠绕着,未能摆脱,毕竟没有进益,只是乐于旧时的习气罢了。古人想要结交朋友及得到音乐、书籍的熏陶,使自己常常潜心在这上面。只有孔子懂得在朋友身上能够获得最多的收益,所以乐于朋友们的到来。

纠正轻浮,警惕懒惰。

孔子说:"仁道难以实现已经很久了,人人都失去了他们的喜好。"这是因为人人都有利欲之心,与学问的追求正相违背。所以学者要减少欲望。

注释

1 **此气也**:张伯行解为:"志不胜气也。"

2 **简编**:指书籍。古代书籍多写于竹简上,编联成卷。

3 以上这一章出自张载《性理拾遗》，大意认为人在学习的过程中，朋友具有重要作用。

4 **矫**：纠正。以上这一章出自张载《经学理窟·气质》。朱熹说："知有此病，必去其病，此便是疗之之药。如觉言语多，便用简默。意思疏阔，便加细密。觉得轻浮浅易，便须深沉重厚。张先生所谓'矫轻警惰'盖如此。"

5 以上这一章出自张载《经学理窟·学大原上》，是张载借助《礼记·表记》所载孔子的话所作的引申。

原文

君子不必避他人之言，以为太柔太弱[1]。至于瞻视，亦有节。视有上下，视高则气高，视下则心柔，故视国君者，不离绅带之中[2]。学者先须去其客气，其为人刚行[3]，终不肯进。"堂堂乎张也，难与并为仁矣。"[4]盖目者，人之所常用，且心常托之，视之上下，且试之。己之敬傲，必见于视，所以欲下其视者，欲柔其心也。柔其心，则听言敬且信。

人之有朋友，不为燕安[5]，所以辅佐其

译文

君子不必回避他人的话，不要以为听了他人的话自己就是太柔弱。至于说到观看，也要有节制。视线有高低，视线高是气质高傲，视线低是内心柔弱，所以注视国君时，视线不离开腰带所系的中间位置。学者应当首先去除自外界而来的私欲，如果为人刚强高傲，最终不能有所进益。曾子曾说子张："容貌堂堂的子张，难以和他一起讲论仁道。"眼睛是人们所常用而心思所常寄托的，视线的高低，可以去试一试看。自己的恭敬或高傲，一定会从视线上体现出来。之所以要让人的视线偏下，是想使人的内心柔和。内心柔和，那么他在听别人说话时就恭敬并且诚信。

人有朋友，不是为了逸乐，而是用以辅佐他的仁德。现在人交朋友，是选择倾向柔顺的人来相处，拍拍肩膀拉拉袖口便认为意气相投，一句话说得不合心意，就怒气相加。

仁。今之朋友，择其善柔以相与，拍肩执袂以为气合，一言不合，怒气相加。朋友之际，欲其相下[6]不倦，故于朋友之间，主其敬者，日相亲与[7]，得效最速。仲尼尝曰："吾见其居于位也，与先生并行也。非求益者，欲速成者。"则学者先须温柔，温柔则可以进学。《诗》曰："温温恭人，惟德之基。"盖其所益之多。[8]

朋友之间，应该互相谦逊不倦地学习，所以朋友之间，应当以恭敬为主，每天亲近相处，收效最快。孔子曾经说："我看见阙里的年轻人坐在先生的座位上而不谦让，走路时与先生并行而不谦退。他们不是要求得学问的进益，而是要尽快跻入成人的行列。"那么学者首先应当温柔，温柔就可以使学问有进益。《诗经》中说："温柔恭敬的人，这是仁德的根基。"因为这样收益才多。

注释

1 **以为太柔太弱：**张伯行说："宜济之以刚强。"

2 **绅带之中：**腰带所系的中间位置。

3 **刚行：**此处指刚强、高傲。

4 **"堂堂乎张也"二句：**语出《论语·子张》。堂堂乎，郑玄解为："言子张容仪盛，而于仁道薄也。"张，颛孙师，字子张，春秋时陈国人，少孔子四十八岁。《孔子家语·七十二弟子解》称其"为人有容貌资质，宽冲博接，从容自务，居不务立于仁义之行，孔子门人友之而弗敬"。

5 **燕安：**逸乐。

6 **相下：**相互谦让。

7 **亲与：**亲近交好。

8 以上这一章出自张载《经学理窟·气质》。所说二事，前段阐论视物，欲人存恭谨之心，后段阐论交友，言交友以谦恭为主。

原文

世学[1]不讲，男女从

译文

世上的小学不讲，男人女人从小就骄

幼便骄惰坏了，到长益凶狠。只为未尝为子弟之事，则于其亲已有物我，不肯屈下，病根常在。[2]

又随所居而长，至死只依旧。为子弟，则不能安洒扫应对；在朋友，则不能下朋友；有官长，则不能下官长；为宰相，不能下天下之贤。甚则至于徇私意，义理都丧。也只为病根不去，随所居所接而长。人须一事事消了病，则义理常胜。[3]

傲懒惰坏了，等到长大成人，更加凶狠粗暴。这都是因为没有行过子弟之礼，对待他们的父母双亲也要区分彼此了，不肯屈己从人，病根一直留在身上。

并且病根随着居住环境而日益增长，一直到死也只是这个样子。作为子弟，则不能安心地洒扫应对；对于朋友，则不能谦于朋友之下；做官有了官长，则不能谦于官长之下；做了宰相，仍然不能谦恭的对待天下的贤才。严重的就到了只是依由自己的私心，义理全都丧失了。做到这一步也只是因为年幼时的病根没有去除，随着周围的环境而日益增长。人们应当一件件的消除毛病，那么义理才能胜过习气。

注释

1 **世学：**张伯行解为“近世小学”，即启蒙教育。

2 **亲：**姻亲。此处指父母双亲。 **物我：**彼此，外物与己身。

3 这两段话出自张载《经学理窟·学大原》。张伯行概括其大意说：“此言教子弟者当慎之于始也。”

六 齐家之道

导读

这一卷是《近思录》的第六卷，分别辑录北宋著名理学家周敦颐、程颢、程颐、张载四人的有关语录，共二十二条。

本卷标题据《朱子语类》原为“齐家之道”，叶采《近思录集解》题为“家道”，现在定为“齐家之道”。

《礼记·大学》中说：“物格而后知至，知至而后意诚，意诚而后心正，心正而后身修，身修而后家齐，家齐而后国治，国治而后天下平。”儒家学者认为，一个人修好身才能够治好家，治好家才能够治好国，以律己与治家、治国为一体。叶采说：“此卷论齐家。盖克己之功既至，则施之家，而家可齐矣。”茅星来说：“此以下即《大学》新民之事也，而此卷则论齐家之道，于父子、兄弟、夫妇以至睦族、恤孤之道，无不具焉。”所以在卷五阐述“克己”之后，本卷即专论“齐家”。

原文

伊川先生曰：弟子之职，力有余则学文[1]。不修其职而学，非为己之学也。[2]

孟子曰：“事亲若曾子可也。”未尝以曾子之孝为有余也。盖子之身

译文

程颐先生说：弟子的职分，是在孝悌做好了以后才学习《诗》《书》等先王的遗文。不奉行自己的职分就治学，这不是切己的学问。

孟子说：“侍奉父母像曾子那样就可以了。”没有将曾子的孝看作是做到了“行有余力”。子女自身能够做到的，全都是应

所能为者，皆所当为也。[3]

当去做的。

注释

1 **力有余则学文：**语出《论语·学而》。力有余即行有余，力、行均指孝悌亲仁诸事。文，指《诗》《书》《礼》《乐》《易》《春秋》六经，儒家称之为先王遗文。

2 **为己之学：**《论语·宪问》："子曰：古之学者为己，今之学者为人。"邢昺解释为己之学是自己可以履行的学问，为人之学是只可以对别人讲而自己不能履行的学问。以上这一章出自《程氏经说》。有家就有弟子，所以朱熹在"家道"这一卷中列举的第一件事就是教育弟子。程颐认为教育弟子首先在于孝悌，在于日用伦常之间，而不必急于学习《诗》《书》等六经，言外有批评科举之意。张伯行说："后世教弟子者，本行未敦，即以科举之文期之，是当成童而志趋已教坏了，何怪乎圣学之日远也？"

3 以上这一章出自程颐《程氏易传》。

原文

"干母之蛊，不可贞。"[1]子之于母，当以柔巽[2]辅导之，使得于义。不顺而致败蛊[3]，则子之罪也。从容将顺，岂无道乎？若伸己刚阳之道，遽然矫拂，则伤恩[4]，所害大矣，亦安能入[5]乎？在乎屈己下意，巽顺将承，使之身正事治[6]而已。刚阳之臣，事柔弱之君，义亦相近。[7]

译文

《易经》中说："处理母亲做的坏事不可刚正。"儿子对于母亲，应当柔顺地帮助她、开导她，使她合于道义。如果不柔顺而导致事情败坏，则是儿子的罪过。从容顺承，难道没有办法吗？如果伸展自己的刚正性格，突然违背母亲，就会伤害恩情，损害就大了，又怎么能使她听从自己呢？应当委屈自己，虚心和顺，顺从地承接她，最终使自己行为中正，事情也得以平治。性格刚正的臣下，对待柔弱不明的君主，道理也和这相近。

《蛊》之九三，以阳处刚而不中，刚之过也，故小有悔。[8] 然在《巽》体[9]不为无顺。顺，事亲[10]之本也。又居得正[11]，故无大咎。然有小悔，已非善事亲也。[12]

《蛊卦》中的九三这一爻，以阳爻而具有阳刚的性质，却不居于中道，因此刚正就过分了，所以小有不吉。然而这一爻是处在《巽卦》之内，因此不能不卑顺。卑顺，这是侍奉父母双亲的根本。这一爻又居于正位上，所以没有大的过失。然而小有不吉，这已不是善于侍奉父母双亲了。

注释

1 **干母之蛊，不可贞：**语出《易经·蛊卦》九二爻辞。干，处、任。蛊，孔颖达说："蛊者，事也。"干蛊，意为能堪其事。贞，正。不可贞，孔颖达说："正宜屈己刚，不可固守贞正。"蛊又为卦名，《易经》六十四卦之第十八卦，《巽》下《艮》上。

2 **柔巽：**柔顺。巽，卑顺、谦让，又为卦名。

3 **败蛊：**败事、坏事。

4 **恩：**指父母的养育之恩。

5 **入：**指父母接受、采纳自己的意见。

6 **身正事治：**指行为中正，诸事得到平治。

7 以上这一章出自程颐《程氏易传》，为程颐阐释《易经·蛊卦》九二爻辞所说。

8 **九三：**易卦爻名，为六爻中自下而上的第三个阳爻。**"以阳处刚而不中"三句：**此三句阐释《蛊卦》九三爻辞："干父之蛊，小有悔，无大咎。"及《象传》："干父之蛊，终无咎也。"刚，指九三的阳爻性质。中，相对于《蛊卦》九二《象传》"干母之蛊，得中道也"而言。《易经》以内卦和外卦居于中间的一爻为"中"，九三为自下而上的第三爻，所以是不中。过，过分。小有悔，意为小有不吉。

9 **《巽》体：**《蛊卦》居于下面的内卦为《巽卦》。

10 **亲：**父母双亲。

11 **得正：**《易经》六十四卦各卦六爻中，以初、三、五爻为阳位，二、四、六爻为阴位。阳爻居阳位或阴爻居阴位为当位,阳爻居阴位或阴爻居阳位为不当位。各爻当位称为正,不当位称为不正。九三以阳爻居阳位,故称得正。

12 以上这一章出自程颐《程氏易传》,紧接上一条,为程颐阐释《易经·蛊卦》九三爻辞所说。大意仍是由《易经·蛊卦》阐释侍奉父母以卑顺为本的道理。

原文

正伦理,笃恩义,《家人》之道也。[1]

人之处家,在骨肉父子之间,大率以情胜礼,以恩夺义。惟刚立之人,则能不以私爱[2]失其正理。故《家人卦》大要以刚为善。[3]

《家人》上九爻辞,谓治家当有威严[4]。而夫子又复戒云:"当先严其身也。"威严不先行于己,则人怨而不服。[5]

译文

端正伦理,使家人之间的恩义深厚,这是《家人卦》中所说的持家的方法。

人们处在家中,在父子骨肉之间,大多用感情胜过礼节,用恩爱胜过理义。只有刚正的人,才能够不因骨肉的偏爱而丧失正理。所以《家人卦》所说的要旨以刚正为好。

《家人卦》中上九这一爻的爻辞,是说治家应当有威严。然而孔子在所作的《象传》中又再告诫说:"应当首先严格对待自身。"威严不先体现在自己身上,别人就会抱怨而不心服。

注释

1 **《家人》:**卦名,《易经》六十四卦之第三十七卦,《离》下《巽》上。以上这一章出自程颐《程氏易传》,为程颐阐释《易经·家人卦》时所说。本卷中,前数条首先阐述的是教育子弟和子女为孝的道理,这段话虽然据《象传》所说,男女都应当正其位,但《家人卦》主要为阐述女人持家的道理。

2 **私爱:**偏爱。

3 以上这一章出自程颐《程氏易传》,为程颐阐述《易经·家人卦》时所说。

儒家主张亲亲尊尊，各有等差，又主张推己及人，大公无私。程颐此处大意是要以公理纠正私爱的偏颇。朱熹也说："父母爱其子，正也。爱之无穷，而必欲其如何，则邪矣。此天理人欲之间，正当审决。"

4 **谓治家当有威严**：此句阐释《易经·家人卦》上九爻辞："上九：有孚威如，终吉。"孔颖达说："上九处家人之终，家道大成。……威信并立，上得终于家道，而吉从之。"

5 以上这一章出自程颐《程氏易传》，为程颐阐释《易经·家人卦》上九爻辞时所说。大意在于说明齐家先修身，正人先正己的道理。

原文

《归妹》九二，守其幽贞，未失夫妇常正之道。[1] 世人以媟狎为常，故以贞静为变常，不知乃常久之道也。[2]

世人多慎于择婿，而忽于择妇。[3] 其实婿易见，妇难知。所系甚重，岂可忽哉！[4]

人无父母，生日当倍悲痛，更安忍置酒张乐以为乐？若具庆者，可矣。[5]

译文

《归妹卦》中的九二这一爻，能够安守高洁坚贞的节操，这就还没有失去夫妇的中正的常道。世人以亲昵随便作为夫妇的常态，所以认为坚贞闲静不同于常道，不知道这才是常久的做法。

世人大多谨慎地选择女婿，而忽略选择媳妇。其实女婿容易察知，媳妇难以了解。这个事情关系重大，怎么可以忽略呢！

人们失去了父母，过生日的时候应当加倍的悲痛，怎么能忍心设置酒宴演奏乐舞寻求欢乐呢？如果父母尚在，共同庆祝是可以的。

注释

1 **《归妹》**：卦名，《易经》六十四卦之第五十四卦，《兑》下《震》上。归妹意为嫁女。归，女子出嫁。妹，少女之称。《归妹·彖传》："彖曰：归妹，天地之大义也。天地不交，而万物不兴，归妹，人之终始也。" **守其幽贞**：此句阐释《归妹卦》九二爻辞："九二：眇能视，利幽人之贞。"九二这一爻是以阳爻居阴爻之位，为不当位，但于内卦则为居中，所以是不当位而居中。幽贞，指高洁坚贞的节操。 **未失夫妇常正之道**：此句阐释《归妹卦》九二《象传》："象曰：利幽人之贞，未变常也。"孔颖达说："贞正者，人之常也。九二失位，嫌其变常不贞也。能以履中不偏，故云未变常也。"

2 **媟狎**：亲昵，不庄重。以上这一章出自程颐《程氏易传》，为程颐阐释《易经·归妹卦》时所说。大意认为夫妇之间，不当位并没有关系，保持中正才是最重要的。张伯行概括这段话的大意说："阳刚得中，能坚守其幽闲贞静之德……所以明幽贞之可贵也。"

3 **婿**：女婿。 **妇**：儿媳妇。

4 以上这一章出自《程氏遗书》，为程颐所说。这段话的大意是认为在治家方面，男女应当是并重的，都不可以轻忽。古人治家以男女并重，只是在职分上各有区别。

5 **具**：通"俱"，都、共同。以上这一章出自《程氏遗书》，为程颐所说。张伯行概括这段话的大意说："言人子初生时，正是父母鞠育艰难之日。人若既无父母，则此日更是人子念亲弥切之日，故当倍加悲伤痛悼。"可知程颐是将对健在的父母的侍奉，与对去世的父母的思念，同样都看作是持家之道的。

原文

问："《行状》云[1]：'尽性至命，必本于孝弟。'[2]不识孝弟何以能尽性至命也？"曰："后人便将性命别作一般[3]事说了。性命、孝弟，只是一统[4]底事，就孝弟中便可尽性至命。如洒扫应对[5]与尽性至命，亦是一统底事，无有[6]本末，无

译文

弟子问："《明道先生行状》中说：'穷尽性命之理，一定要以孝悌作根本。'不知道孝悌为什么能是穷尽性命之理的根本？"程颐先生说："后人是将性命当作另外一种事情来讲了。性命和孝悌，是一样的事情，在孝悌中就可以穷尽性命之理了。譬如洒扫应对和穷尽性命之理，也只是一样的事情，没有本末的分别，没有精粗的分别，可是却被后来讲性命之

有精粗，却被后来人言性命者，别作一般高远说，故举孝弟，是于人切近者言之。然今时非无孝弟之人，而不能尽性至命者，由之而不知也。”[7]

理的人，将穷尽性命之理当作另外一种高远的事情来讲了，所以在《行状》中提到孝悌，是从对人切近的事情上说起。但是现在并非没有孝悌的人，他们没能切近性命之理，是因为他们已在这样做了而没有察觉到。”

注释

1 **《行状》**：行状，是古代一种人物传记体裁。此处指程颐为程颢所作的《明道先生行状》。

2 **“尽性至命”二句**：语出程颐《明道先生行状》。孝弟，又作“孝悌”。孝指孝顺父母，弟指敬爱兄长。

3 **一般**：一种、一件。

4 **一统**：犹一桩，指一个整体。

5 **洒扫应对**：指对于初学者的基本素养。意为洒水扫地，应答宾客。

6 **无有**：没有。

7 以上这一章出自程颐《程氏遗书》，为程颐所说。

原文

问：“第五伦视其子之疾与兄子之疾不同，自谓之私，如何？”[1] 曰：“不待安寝与不安寝，只不起与十起，便是私也。父子之爱本是公，才着些心做，便是私也。”

又问：“视己子与兄子有间[2]否？”曰：“圣人立

译文

弟子问：“第五伦探望他儿子的疾病与探望他兄长的儿子的疾病做法不同，他自己说是有私心，这件事怎么看？”程颐先生说：“不必说到安寝与不安寝，只看不起床与十次起床，就是私心了。父子之间的慈爱原本是公正的，仅仅用一点心意，就是私心了。”

弟子又问：“照料自己的儿子与照料兄长的儿子有差别吗？”程颐先生说：“先

法[3]曰:‘兄弟之子犹子也。’[4]是欲视之犹子也。”

又问:“天性自有轻重,疑若有间然。”曰:“只为今人以私心看了[5]。孔子曰:‘父子之道,天性也。’[6]此只就孝上说,故言父子天性。若君臣、兄弟、宾主、朋友之类,亦岂不是天性?只为今人小看却,不推其本所由来故尔。[7]己之子与兄之子所争几何?是同出于父者也。只为兄弟异形,故以兄弟为手足。人多以异形故,亲己之子异于兄弟之子,甚不是也。”

又问:“孔子以公冶长不及南容,故以兄之子妻南容,以己之子妻公冶长,何也?”[8]曰:“此亦以己之私心看圣人也。凡人避嫌者,皆内不足[9]也。圣人至公,何更避嫌?凡嫁女,各量其才而求配。或兄之子不甚美,必择其相称者

王制定的礼法说:‘兄弟的儿子犹如自己的儿子。’这是想要人们看待兄弟的儿子如同自己的儿子一样。”

弟子又问:“人的天性本自有轻有重,我怀疑对待自己的儿子与对待兄弟的儿子好像是有差别的。”程颐先生说:“这只是因为现在的人是将天性当作私心来看待了。孔子说:‘父慈子孝,是出于天性的。’这里只是从孝上面说,所以说父子之道是天性。至于君臣、兄弟、宾主、朋友之类,难道不也是出于天性?只是因为现在的人轻视这些道理,不推想它们根本的来源,所以这样。自己的儿子与兄弟的儿子所差的有多少?他们同样都是出于自己的父亲。只是兄弟之间在形体上分开了,但是他们还是同出于一身的,所以称兄弟为手足。人们大多因为兄弟形体不同的缘故,所以亲爱自己的儿子,不同于兄弟的儿子,这是很不对的。”

弟子又问:“孔子因为公冶长不如南容,所以将兄长的女儿嫁给了南容,而将自己的女儿嫁给了公冶长,为什么?”程颐先生说:“这也是在用自己的私心看待孔子。凡是人们想要避嫌,都是由于内心不自信。孔子最为公正,何必还要避嫌?凡是安排女儿出嫁,应各自衡量她们的才质而寻求婚配。或许孔子兄长的女儿不是很好,那

为之配；己之子美，必择其才美者为之配，岂更避嫌耶？若孔子事，或是年不相若[10]，或时有先后，皆不可知。以孔子为避嫌，则大不是。如避嫌事，贤者且不为，况圣人乎？”[11]

就要选择相称的人和她匹配；自己的女儿才质很好，那就选择才质好的人和她匹配，哪里还需要避嫌呢？至于孔子嫁女这件事，也许是因为他们的年龄不相当，也许是因为时间各有先后的不同，都不知道了。认为孔子是避嫌，这就很不对了。像避嫌这种事情，贤人尚且不做，何况是圣人呢？”

注释

1 **第五伦：**复姓第五，名伦，字伯鱼。东汉初人，历官会稽、蜀郡太守，汉章帝时位至司空。史载他的侄子生病，他一晚上起来十次，然后回床就睡得着；自己的儿子有病，他虽没起来看护，但整晚睡不着。

2 **间：**差距、差别。

3 **圣人立法：**圣人，指周文王、武王，儒家认为先王制礼作乐。法，此处指礼法。

4 **兄弟之子犹子也：**语出《礼记·檀弓上》。后因别称兄弟之子为犹子，又称从子，今通称侄子。

5 **只为今人以私心看了：**张伯行说：“伊川曰：天性本是至公的道理，只为今人满腔是私意，遂以私心看却天理，谓虽存不害，其实不然。”

6 **父子之道：**语出《孝经·圣治章》。父子之道，指父慈子孝。

7 **小看：**轻视。 **故尔：**因此。

8 **公冶长：**字子长，春秋齐国人，一说为鲁国人，孔子弟子。为人能忍辱。**南容：**名南宫括，字子容，春秋鲁国人，孔子弟子。 **子：**此处指女儿。

9 **内不足：**指自己内心不自信。

10 **相若：**同样。

11 以上这一章出自《程氏遗书》，为程颐及其弟子的问答。古人常常同居一堂，如何对待自己与兄弟的子女就成为一个十分敏感的问题。程颐的弟子先后举出东汉第五伦和孔子对待兄长子女的事，加以讨论。在讨论中，程颐提出了亲情出于天性、天理，原本至公，内心自信则无须避嫌的观点。

原文

问："孀妇于理似不可取，如何？"[1] 伊川曰："然。凡取，以配身也。若取失节[2]者以配身，是己失节也。"

又问："或有孤孀贫穷无托者，可再嫁否？"曰："只是后世怕寒饿死，故有是说。然饿死事极小，失节事极大。"[3]

病卧于床，委之庸医，比之不慈不孝。[4] 事亲者亦不可不知医。[5]

译文

弟子问："寡妇按道理似乎不应该娶，这件事应当怎样看待？"程颐先生说："是。凡是娶妻，为的是匹配自己。如果娶了失节的人匹配自己，就是自己也失节了。"

弟子又问："有孤单、寡居、贫穷、没有依靠的人，可以再嫁吗？"程颐先生说："这只是后世的人害怕冻死饿死，所以才有这种说法。然而饿死是极小的事，失节是极大的事。"

父母病卧在床上，而将他们托付给医术不佳的医生，这样的做法可以和不慈不孝相等同。侍奉父母的人也不可以不懂得医术。

注释

1 **孀妇：**寡妇。 **取：**通"娶"。

2 **失节：**旧指女子失去贞操。

3 以上这一章出自《程氏遗书》。程颐这段话，特别是"饿死事极小，失节事极大"二句，历来多有争议。朱熹不赞同此语，评论说："夫死而嫁，固为失节，然亦有不得已者，圣人不能禁也。"并举先秦儒家礼制，寡妇再嫁只是不得再参与前夫的祭祀为例。汪绂以为，程颐所说只是"常理而已"，以为"饿死事极小，失节事极大"只是君子自励之语，并非是对普通百姓的要求。所以朱熹也说："自世俗观之，诚为迂阔。然自知经识理之君子观之，当有以知其不可易也。"程颐这两段话，都说的是寡妇的嫁娶，大意认为守节比饥寒更为重要。程颐所身处的北宋一朝，内忧外患，大抵处在孔子所说"邦无道"的境况，因此而有"大臣屡荐皆不起"与"削籍窜涪州"的经历。在此境况下，士大夫往往选择"激励名节"之路，将名节比实际际遇看得更重。所以，程颐这两段话的大意，实际上和孟子"舍生取义"与"不食嗟来之食"的意思相类似，并不专指女性而言。就一般境况而言，人的尊严与名节道义当然要比饥寒重要，且在一些特殊境况，譬如国家危亡、个人荣辱之际，那就会比自身的生命还要重要。

4 **庸医:**医术不佳的医生。 **比:**等同。

5 以上这一章出自《程氏外书》，为程颢所说。

原文

程子葬父，使周恭叔主客。[1]客欲酒，恭叔以告，先生曰:"勿陷人于恶。"[2]

买乳婢[3]多不得已，我不能自乳，必使人。然食[4]己子而杀人之子，非道。必不得已，用二子乳食三子，足备他虞。[5]或乳母病且死，则不为害，又不为己子杀人之子，但有所费。若不幸致误其子，害孰大焉？[6]

译文

程先生为父亲办理丧事，派周行己接待宾客。宾客中有人想要饮酒，周行己向先生报告，先生说:"不要陷人于恶。"

买奶娘大多是出于不得已，有时因为自己不能哺乳，才一定要让别人喂养。然而因为喂养自己的孩子而饿死别人的孩子，不符合仁道。必不得已时，可以买两名奶娘，用喂养两个孩子的奶量喂养三个孩子，足以预防其他忧患。有时一名奶娘生病，快要死了，也不妨害，又不会因为自己的孩子而饿死别人的孩子，只是要更多的花费。如果不幸致使别人的孩子饿死，有什么危害比这更大呢？

注释

1 **周恭叔:**周行己，字恭叔，二程弟子，官至秘书省正字。 **主客:**接待宾客。

2 **勿陷人于恶**：此处意为不提供酒水给宾客，因此便不会陷人于恶。以上这一章出自《程氏外书》。

3 **乳婢**：奶妈、奶娘。

4 **食**(sì)：动词，喂养。

5 **乳食**：吃奶。 **虞**：忧虑。

6 以上这一章出自《程氏外书》，为程颐所说。这段话的大意是反对雇佣奶娘。张伯行说："亦所谓'幼吾幼及人之幼'者，仁人君子之用心固宜若是。"

原文

先公太中讳珦，字伯温。[1]前后五得任子[2]，以均诸父[3]子孙；嫁遣孤女，必尽其力；所得俸钱，分赡亲戚之贫者。伯母刘氏寡居，公奉养甚至[4]。其女之夫死，公迎从女兄以归，教养其子，均于子侄。[5]既而女兄之女又寡，公惧女兄之悲思，又取[6]甥女以归嫁之。时小官禄薄，克己为义，人以为难。公慈恕而刚断，平居与幼贱处，惟恐有伤其意，至于犯义理，则不假[7]也。左右使令之人，无日不察其饥饱寒燠。

取侯氏，侯夫人事舅

译文

先父太中大夫名珦，字伯温。他曾经先后五次因父兄的功绩，得授官职，平均分配给了伯父叔父们的子孙；他安排孤女出嫁，一定要竭尽全力；他所得到的俸钱，都要分散周济亲戚之中贫穷的人家。伯母刘氏丧夫独居在家，他奉养十分周到。伯母女儿的丈夫死了，他迎接这位姐姐回来，又教养她的儿子，如同自己的儿子、侄子一样。其后姐姐的女儿又守寡了，他担心姐姐悲伤思念，又将这位从外甥女接回来安排出嫁。当时官职小俸禄少，他克制自己，人们都称他难得。他为人慈爱、宽恕而又刚毅、果断，平日和年幼、低贱的人相处，惟恐伤害了他们的意愿，但当他们触犯了义理时，就丝毫不加宽容。对于身边左右役使的人，他没有一天不察看他们的饥饱寒暖。

先父娶了姓侯人家的女儿为妻，侯

姑[8]以孝谨称，与先公相待如宾客。先公赖其内助，礼敬尤至。而夫人谦顺自牧[9]，虽小事未尝专，必禀而后行。仁恕宽厚，抚爱诸庶，不异己出。[10]从叔[11]幼孤，夫人存视，常均己子。治家有法，不严而整。不喜笞扑奴婢，视小臧获[12]如儿女。诸子或加呵责，必戒之曰："贵贱虽殊，人则一也。汝如是大时，能为此事否？"先公凡有所怒，必为之宽解，唯诸儿有过，则不掩也。常曰："子之所以不肖者，由母蔽其过，而父不知也。"

夫人侍奉公婆，以孝顺恭谨著称，她和先父互相如同宾客一样敬爱。先父依靠了她的帮助，对她尤其礼敬。然而侯夫人谦逊地自我约束，即使是小事也从未专断，必定要先禀告先父然后再去做。她仁爱、宽恕、敦厚，抚爱庶出的孩子们，与自己亲生的孩子没有不同。先父的从弟幼年失去父母，侯夫人收养照看他，与对待自己的儿子一样。她治家有章法，不用加以威严而能具有条理。她不喜欢鞭打奴婢，看待奴婢所生的孩子们，也如同是自己的儿女。儿子们有时对他们加以呵责，她就一定会告诫儿子们说："贵贱虽然不同，但是都是人却是一样的。你们像这样大时，会做这些事吗？"先父如果对有些事情生气，她必定要宽慰劝解，只有在儿子们有了过失时，她就不加掩饰。她常常说："儿子之所以会不肖，就是由于母亲遮蔽他们的过错，不让父亲知道。"

注释

1 **先公：**亡父。 **太中：**太中大夫的简称。官名，宋代为从四品的散官，有禄无职。 **讳珦：**名珦。讳，指已故尊长者之名。珦，程珦，字伯温，程颢和程颐之父，洛阳(今河南洛阳)人。曾任黄陂尉，南安军通判，及龚、磁、汉诸州知州。

2 **任子：**因父兄的功绩，得以授予官职。

3 **诸父：**伯父和叔父的统称。

4 **甚至：**很周到。

5 **从**:指堂房亲属。 **女兄**:姐姐。

6 **取**:迎接,此处指接回娘家。

7 **假**:宽容。

8 **舅姑**:公婆。

9 **自牧**:自我约束。

10 **诸庶**:庶出的子女们。 **己出**:自己亲生的子女。

11 **从叔**:堂房叔父。

12 **小臧获**:此处指奴婢所生的孩子们。臧获,奴婢。古代荆、淮、燕、齐一带方言,称奴为臧,婢为获。

原文

夫人男子六人,所存惟二[1],其爱慈可谓至矣,然于教之之道,不少假也。才数岁,行而或踣[2],家人走前扶抱,恐其惊啼,夫人未尝不呵责曰:"汝若安徐,宁至踣乎!"饮食常置之坐侧,常食絮羹[3],即叱止之,曰:"幼求称欲,长当如何?"虽使令辈,不得以恶言骂之。故颐兄弟平生于饮食衣服无所择,不能恶言骂人,非性然也,教之使然也。与人争忿,虽直不右[4],曰:"患其不能屈,不患其不能伸。"及稍长,常使从

译文

侯夫人生了六个儿子,存活下来的只有两个人,她对他们的慈爱可以说是周备了,然而在教育的方法上面,却没有一点宽容。刚刚几岁时,孩子行走有时扑倒,家人跑上前去扶抱,恐怕孩子会惊恐啼哭,侯夫人从没有不加呵责,说:"你要是安稳缓慢地走,哪里会扑倒呢!"吃饭的时候,她常将孩子放在座位旁边,孩子们吃调过味道的羹时,她就叱责阻止,说:"幼年时就要求满足欲望,长大了会怎么样?"即使是对役使的人,她也不准许人们用恶语谩骂。所以我们兄弟一生,对饮食和衣服没有挑剔,不会用恶语骂人,不是天性这样,而是教育使我们这样。和人争执,即使有理也不居上,说:"忧虑的是不能受委屈,不忧虑不能伸张。"等到孩子们长大了,就经常让他们跟随好的师友游学。即使生活贫穷,有时

善师友游，虽居贫，或欲延客，则喜而为之具。

孩子们想要接待宾客，她总是欢喜地为此做准备。

夫人七八岁时，诵古诗曰："女子不夜出，夜出秉明烛。"自是日暮则不复出房阁。既长，好文，而不为辞章，见世之妇女以文章笔札传于人者，则深以为非。[5]

侯夫人在七八岁时，诵读古诗说："女子不夜出，夜出秉明烛。"从此一到日暮就不再出房门。长大以后，喜好诗文，但不写文章，见到世上的妇女以文章信札传示于人，就深感不对。

注释

1 **所存惟二：**存活下来的只有两人，亦即程颢和程颐。

2 **踣**(bó)**：**跌倒。

3 **絮羹：**加盐、梅于羹中以调味。

4 **虽直不右：**虽然有理，也不居上。右，居上。古人尚右，故以左为居下，右为居上。

5 以上这一章出自《伊川文集》，是程颐为其父母程珦及侯夫人所作的合传，其中所述侯夫人的事迹尤多。茅星来说："盖以是章乃统叙治家之道。凡事上抚下，睦族恤孤之道，无弗具焉。"

原文

横渠先生尝曰："事亲奉祭，岂可使人为之！"[1]

舜之事亲有不悦者，为父顽母嚚[2]，不近人情。若中人之性，其爱恶略无害理，姑必顺之。亲之故旧，所喜者，

译文

张载先生曾经说："侍奉父母双亲与祭祀祖先，怎么可以委派他人来做！"

虞舜侍奉父母而父母却不喜悦的原因，是因为他的父亲愚妄，母亲奸诈，不通达人情。如果具有平常人的性情，那么他们所喜爱和嫌恶的事情如果不妨害义理，一定要姑且顺从他们。父母双亲的亲故旧友，其中有他们所喜爱的人，应当极力招来，以使父母喜

当极力招致，以悦其亲。凡于父母宾客之奉，必极力营办，亦不计家之有无。然为养又须使不知其勉强劳苦，苟使见其为不易，则亦不安矣。[3]

悦。凡是对于父母的宾客所需的供奉，一定要极力操办，也不要算计家中是有还是没有。但奉养父母时又应当不让他们知道自己的勉强和劳苦，如果让他们见到自己做得不容易，那么他们也会不安了。

注释

1 **使人**：委派他人。以上这一章出自张载《张子全书》附录吕大临《横渠先生行状》。

2 **父顽母嚚**(yín)：《尚书·尧典》载虞舜"父顽，母嚚，象傲"。顽，指头脑愚鲁。嚚，指暴虐、奸诈。

3 以上这一章出自张载《横渠先生礼记说》。张伯行说："此见为子之道，当以顺亲为要也。"

原文

《斯干》[1]诗言："兄及弟矣，式相好矣，无相犹矣。"[2]言兄弟宜相好，不要相学。犹，似也。人情大抵患在施之不见报，则辍，故恩不能终。不要相学，己施之而已。[3]

"人不为《周南》《召南》，其犹正墙面而立。"常深思此言，诚是。不从此行，甚隔着事，向前推不去。盖至亲至近，莫甚

译文

《斯干》诗中说："兄弟要相互交好，不要相互效仿。"这是说兄弟之间应当相互交好，不要相互模仿。犹是"似"的意思。人之常情大致担心有了施与而不见回报，就停止不做了，所以恩情不能够善终。不要相互模仿，自己继续施与就是了。

孔子曾说："生而为人却不学《周南》《召南》，这就如同面向墙正对着站立一样［，什么也看不到］。"我常深深思考，这句话说得确实对。不从这里起步，就有很多的隔膜，向前推动不下去。因为至亲至近的事情，也不过就是这些了，所以应当从这

于此，故须从此始。[4]

里开始。

婢仆始至，本怀勉勉敬心，若到所提掇更谨，则加谨。[5]慢则弃其本心，便习以成性[6]。故仕者入治朝则德日进，入乱朝则德日退，只观在上者有可学无可学尔。[7]

女婢男仆刚来时，原本怀着勤勉恭敬之心，如果随时提醒他们更加谨慎，就会更加谨慎。对他们轻慢，他们就会失去本心，就会养成习惯而成本性。所以为官的人到了治理有序的朝廷德行就会天天增进，到了治理混乱的朝廷德行就会天天退步，只看位居在上的人有没有可学习的地方而已。

注释

1 **《斯干》**：《诗经·小雅》篇名，传为周宣王所作。斯，此。干，水涯。

2 **式**：发语词。 **犹**：郑玄解为“诟病”，朱熹解为“谋”，意为图谋，张载解为“学”，意为模仿。

3 以上这一章出自张载《张子全书·诗说》。

4 以上这一章出自张载《横渠先生诗说》。

5 **婢仆**：婢指女婢，仆指男仆。 **提掇**(duō)：此处指主人对婢仆的约束提醒。张伯行说：“提掇者，提醒而点掇之也。”

6 **习以成性**：由养成习惯而成本性。

7 **治朝**：政治清明的朝代。 **乱朝**：政治昏乱的朝代。以上这一章出自张载《张子语录》。

七　取舍去就

导读

这一卷是《近思录》的第七卷，依次辑录北宋著名理学家周敦颐、程颢、程颐、张载四人的有关语录，共三十九条。

本卷标题据《朱子语类》，原为“出处进退辞受之义”，叶采《近思录集解》题为“出处”，茅星来《近思录集注》题为“去就取舍”，现在改为“取舍去就”。

叶采说：“此卷论出处之道。盖身既修，家既齐，则可以仕矣。然去就取舍，惟义之从，所当审处也。”茅星来说：“身既修，家既齐，则可以出而措之国与天下矣。而出处尤不可苟。……可以出而有为，则治道治法具在，举而措之焉可也。不然，则明其道以传之其徒，无不可者。”

出处、进退、辞受等词语，都出自儒家经典。

孔子所作《易经·系辞上传》说：“君子之道，或出或处，或默或语。”《易经·乾卦·文言》说：“亢之为言也，知进而不知退，知存而不知亡，知得而不知丧。其唯圣人乎？知进退存亡而不失其正者，其唯圣人乎？”

孟子称道伯夷，“非其君不事，非其民不使。治则进，乱则退”。称道孔子，“可以速而速，可以久而久，可以处而处，可以仕而仕，孔子也”。

“辞受”意为辞却与接受，对此孟子与其弟子万章尤有细致的讨论。《孟子·万章下》说：“万章问曰：‘敢问交际何心也？’孟子曰：‘恭也。’曰：‘却之却之为不恭，何哉？’曰：‘尊者赐之，曰：其所取之者义乎，不义乎？而后受之，以是为不恭，故弗却也。’曰：‘请无以辞却之，以心却之，曰：其取诸民之不义也。而以他辞无受，不可乎？’曰：‘其交也以道，其接也以礼，斯孔子受之矣。’”

"交际"一语出典于此。朱熹说:"际,接也。交际,谓人以礼仪币帛相交接也。"

儒家所说"出处进退辞受之义",实即待人接物与为官居家的行为准则。为官有为官的依据,居家有居家的道理,而要使为官与居家都合于义理,则其中确有一番深奥的道理。

原文

伊川先生曰:贤者在下,岂可自进以求于君?苟自求之,必无能信用之理。古之人所以必待人君致敬尽礼而后往者,非欲自为尊大。盖其尊德乐道之心不如是,不足与有为也。[1]

君子之需时[2]也,安静自守。志虽有须而恬然若将终身焉,乃能用常也。[3]虽不进而志动者,不能安其常也。[4]

"《比》吉,原筮元永贞,无咎。"[5]《传》曰:人相亲比,必有其道,苟非其道,则有悔咎。故必推原占决其可比者而比之,所比得元永贞则无咎。元,谓有君长之道;永,谓可以常久;贞,谓得

译文

程颐先生说:贤能的人处在低下的地位,怎么可以自己前去向国君要求官位?如果是自己请求来的,必定没有受到信任和重用的可能。古代的人之所以一定要等待君主前来表达尊敬和履行了完备的礼仪以后才去做官,不是为了尊大自己。而是因为君主尊重仁德和喜悦道义的心如果没到这种地步,就不足以有所作为。

君子等待时遇的做法,是安静地坚持自己的操守。心中的愿望虽然是等待,但是却安静地看起来就像是要这样度过一生,这才合于常道。虽然没有进身为官,但是心意已先动摇了,这就不合于常道。

《易经·比卦》爻辞中说:"《比卦》吉利,推原占筮,得到元、永、贞。"《程氏易传》说:人们之间互相亲近比附,一定要有一个准则,如果不合乎这个准则,就会发生过失。所以必须推原占决者是否可以亲辅而后亲辅之,所亲辅者如有贞正之德行,则无过患。元,是说具有君主的尊长地位;永,是说可以常久;贞,是说找到了正道。居位在上的人亲近居

正道。上之比下,必有此三者,下之从上,必求此三者,则无咎也。[6]

位在下的人,一定要具备这三种德行,居位在下的人亲近居位在上的人,一定要寻求这三种德行,这样才不会有过失。

注释

1 以上这一章出自程颐《程氏易传》,为阐释《易经·蒙卦》时所说。《蒙卦》为《易经》六十四卦之第四卦,《坎》下《艮》上。程颐这段话意在讨论为官是由自己采取主动,还是由君主采取主动。张伯行说:"《蒙卦》九二,上应六五之童蒙,是为人君纯一不杂、虚中以受之义。时亨而行,为得其中,非干进也;贤者之进,将以行其道耳。"

2 **需时:**等待时遇。需,等待。又为卦名,《易经》六十四卦中第五卦,《乾》下《坎》上。

3 **志:**心愿、心意。 **须:**等待。 **恬然:**安静的样子。 **常:**常道,即恒常之道。"常""恒"二字古多通用。

4 以上这一章出自程颐《程氏易传》,为阐释《易经·需卦》初九《象传》时所说。叶采说:"《需卦》初九《象传》。静退以待时,而终至于失常者,盖其身虽退,而志则动也。"茅星来说:"上条言贤者不可急于求进,此条言虽不进而志或不能不动,则亦不能守其常也,所以足上条未尽之意。"

5 **"《比》吉"三句:**语出《易经·比卦》爻辞。《比》,卦名,《易经》六十四卦中第八卦,《坤》下《坎》上。"比"字的本义为亲近、比附。原,推原。筮,占筮。元,长。永,久。贞,正。

6 以上这一章出自程颐《程氏易传》,为阐释《易经·比卦》时所说。江永说,此条"专以君臣相比言之"。

原文

《履》[1]之初九曰:"素履往,无咎。"[2]《传》曰:夫人不能自安于贫贱之素,则其进也,乃贪躁而

译文

《履卦》初九的爻辞说:"脚下穿着没有文采的鞋前往,没有过失。"《程氏易传》说:人们如果不能自己安于贫贱,那么他进身做官,就是出于贪心的躁动,是希

动，求去[3]乎贫贱耳，非欲有为也。既得其进，骄溢[4]必矣，故往则有咎。贤者则安履其素，其处也乐，其进也将有为也，故得其进则有为而无不善。若欲贵之心与行道之心交战于中[5]，岂能安履其素乎？[6]

求脱离贫贱罢了，而不是为了有所作为。既已进身做官之后，骄傲自满是必定的，所以前往就会有过失。贤人则安于贫贱，他们居家时是喜悦的，他们做官时是将要有所作为，所以他们做官就会因为有所作为而没有什么不善。如果希求富贵的心与想要履行道义的心在心中相互争斗，怎么能够安心地践履平素之正道呢？

大人于否之时，守其正节，不杂乱于小人之群类，身虽否而道之亨也。[7]故曰："大人否亨。"[8]不以道而身亨，乃道否也。[9]

君子在遇到困厄时，坚守正直的节操，不与小人们的行为相混杂，所以身虽然处于困厄，道义上却是通达的。所以六二的爻辞说："君子闭塞而又亨通。"不合于道义而身处亨通，这是道义的阻隔。

注释

1 **《履》：**卦名，《易经》六十四卦之第十卦，《兑》下《乾》上。

2 **"素履往"二句：**《履卦》初九爻辞。素，没有文采，引申为俭朴、贫寒。高亨《周易古经今注》："素履无文采，质而不饰之象也。以质而不饰之度，有所往则无咎，故曰素履往，无咎。"

3 **去：**离开。

4 **骄溢：**骄傲自满。

5 **中：**内心。

6 以上这一章出自程颐《程氏易传》，为阐释《易经·履卦》时所说。

7 **大人：**此处意为君子，与小人相对而言。高亨《周易大传今注》："此君子指天子、诸侯、大夫。" **否：**困厄、不顺。又为卦名。

8 **大人否亨：**《否卦》六二爻辞，原文作："六二，包承。小人吉，大人否，亨。"高亨说："包借为抱。心有所怀谓之抱，如今语所谓'抱歉''抱愧''抱恨''抱憾'，皆其类。承借为惩，戒也，即'惩前毖后'之惩。'大人否亨'，

《易传》作一句读。亨，通也。爻辞言：人能心怀惩戒……虽处否困之境，亦有亨通之时。”

9 以上这一章出自程颐《程氏易传》，为阐释《易经·否卦》时所说。这段话大意是说，君子无论身处困厄还是亨通，都要坚守志操和道义。叶采说：“身之否亨由乎时，道之否亨由乎我。大人者身有否而道无否也。盖否之时，小人群集，君子不入其党，身则否矣。然直道而行，无所挠屈，道则亨也。”

原文

人之所随[1]，得正则远邪，从非则失是，无两从之理。《随》之六二，苟系初则失五矣，故《象》曰：“弗兼与也。”[2]所以戒人从正当专一也。[3]

君子所贵，世俗所羞；世俗所贵，君子所贱。故曰：“贲其趾，舍车而徒。”[4]

译文

人们所跟从的事物，获得正直就远离奸邪，跟从谬误就失去正确，没有两者都跟从的道理。《随卦》中的六二这一爻，如果跟从初九，就会失去九五，所以《象传》中说：“不能够兼而有之。”这是为了告诫人们跟从正确的事物应当专一。

君子所尊崇的，是世俗所羞耻的；世俗所尊崇的，是君子所轻贱的。所以《易经·贲卦》爻辞中说：“纹饰他的鞋子，舍弃了马车而徒步行走。”

注释

1 **随：**跟从。又为卦名。

2 **六二：**《随卦》六二爻辞为：“系小子，失丈夫。”高亨说：“系，系也，以绳拴之也。小子，未成年之男子。丈夫，已成年之男子。此指俘虏而言。古人得俘虏，以绳系之，以防其逃走。今系小子而失丈夫，乃顾小失大之象。” **初：**指初九阳爻。 **五：**指九五阳爻。

3 以上这一章出自程颐《程氏易传》，为阐释《易经·随卦》时所说。

4 **“贲其趾”二句：**《易经·贲卦》初九爻辞，其《象传》说：“象曰：舍车而徒，义弗乘也。”高亨说：“贲，饰以花文。趾，足也。贲其趾，足穿花鞋。……

徒,步行。爻辞言:有人足穿花鞋,乘车则花鞋为车箱所蔽,为使人见其花鞋之美,竟舍车不乘,徒步而行。”《贲卦》,《易经》六十四卦之第二十二卦,《离》下《艮》上。“贲”字的字义,高亨解为“杂色成文之义”。以上这一章出自程颐《程氏易传》,为阐释《易经·贲卦》时所说。

原文

《蛊》[1]之上九曰:“不事王侯,高尚其事。”[2]《象》曰:“不事王侯,志可则也。”[3]《传》曰:士之自高尚,亦非一道。有怀抱道德,不偶[4]于时,而高洁自守者;有知止足之道,退而自保者;有量能度分,安于不求知者;有清介[5]自守,不屑天下之事,独洁其身者。所处虽有得失小大之殊,皆自高尚其事者也。《象》所谓“志可则”者,进退合道者也。[6]

译文

《易经·蛊卦》上九的爻辞说:“不侍奉王侯,使自己的志向保持高洁。”《象传》中说:“不侍奉王侯,他的志向可以效法。”《程氏易传》说:士人使自己的志向保持高洁,也不只一种方法。有崇尚道德,不为世人所用,而以高洁约束自己的人;有懂得知足的道理,退身居下以保全自己的人;有衡量自己的能力和职分,安于不被权贵所知;有清贫耿直,不屑于为世俗做事、保持自身纯洁的人。他们的做法虽然有得失多少的分别,但都能使自己的志向保持高洁。《象传》中所说的“志向可以效法”,就是进退都合于道义的意思。

注释

1 **《蛊》:**卦名。蛊,事。

2 **不事王侯,高尚其事:**《易经·蛊卦》上九爻辞。高亨据《孟子外书·文说》解“事”为“志”。

3 **不事王侯,志可则也:**《易传·蛊卦》上九《象传》。高亨据《尔雅·释诂》说:“‘则,法也。’‘志可则’,言其人之志可以效法。”

4 **不偶:**不遇。指不为所用。

5 **清介:**清贫耿直。介,孤独、耿直。

6 以上这一章出自程颐《程氏易传》,为阐释《易经·蛊卦》时所说。这段话的大意是说读书人应当志向高远,安于清贫。

原文

《遁》者,阴之始长。[1]君子知微[2],故当深戒。而圣人之意,未便遽已也,故有"与时行""小利贞"之教。圣贤之于天下,虽知道之将废,岂肯坐视其乱而不救?必区区致力于未极之间[3],强此之衰,艰彼之进,图其暂安。苟得为之,孔孟之所屑为也。王允、谢安之于汉、晋是也。[4]

《明夷》初九,事未显而处甚艰,非见幾之明不能也。[5]如是则世俗孰不疑怪?然君子不以世俗之见怪,而迟疑其行也。若俟众人尽识,则伤已及而不能去矣![6]

译文

《易经·遁卦》的含义,是说阴气开始增长。君子能够洞察事物变化的隐微征兆,所以应当深深戒备。然而孔子的用意,并不是这样就结束了,所以《彖传》中有"顺应时势""小有吉利"的教导。圣贤对于天下,虽然知道道义将要遭到废弃,怎么肯坐视天下的混乱而不援救呢?一定会辛勤地致力于阳气未尽消、阴气未尽长的时刻,勉强地支撑着衰落,艰难地向前推进,希图得到暂时的安定。如果能够这样,孔子孟子是肯于去做的。王允、谢安对于汉朝和晋朝就是这样的。

《易经·明夷卦》初九爻辞所表示的含义是,事端尚未显露因而处境尤其艰难,没有洞察幾微的聪明是不能够免于灾难的。如果能够洞察幾微,世俗之人谁不质疑责怪?然而君子不因为有世俗之人的质疑责怪而有所迟疑。如果等到众人都可以看出事情的原委,那么伤害已经降临就不能够脱身了!

注释

1 **《遁》:**卦名,《易经》第三十三卦,《艮》下《乾》上,字义为退而隐居。《易传·序卦》:“遁者,退也。” **阴之始长:**《易经·遁卦·象传》有“浸而长”,高亨认为“浸”上脱一“柔”字,说:“《遁》之初爻二爻为阴爻,为柔,三、四、五、上四爻为阳爻,为刚。其爻象是‘柔浸而长’。象小人之势力渐渐生长。”

2 **知微:**看出事物发生变化的隐微征兆。

3 **未极之间:**张伯行解为:“阳之未尽消,阴之未尽长。”

4 **王允:**字子师,东汉太原祁县(今山西祁县)人。初为郡吏,曾捕杀宦官党羽。灵帝时任豫州刺史,征讨黄巾军。献帝时任司徒,董卓篡汉,他拥护汉室,密谋诛除董卓,为董卓部将所杀。 **谢安:**字安石,东晋陈郡阳夏(今河南太康)人,晋孝武帝时任宰相。时前秦大军南下,江东大震,他与弟谢石、侄谢玄率北府兵力战,于淝水之战中大败前秦,保住了江东局势,并收复了洛阳及青、兖、徐、豫各州。以上这一章出自程颐《程氏易传》,是阐释《易经·遁卦》卦辞所说的。

5 **《明夷》:**卦名,《易经》第三十六卦,《离》下《坤》上。 **事未显而处甚艰:**孔颖达说:“此卦日入地中,明夷之象,施之于人事,暗主在上,明臣在下,不敢显其明智,亦明夷之义也。时虽至暗,不可随世倾邪,故宜艰难坚固,守其贞正之德。” **幾:**指事物的迹象、先兆。

6 **俟:**等待、等候。 **伤:**伤害。 **去:**离开、脱离。此处指脱身。以上这一章出自程颐《程氏易传》,是阐释《易经·明夷卦》初九爻辞所说的。

原文

《晋》[1]之初六,在下而始进,岂遽能深见信于上?苟上未见信,则当安中自守,雍容宽裕,无急于求上之信也。苟欲信之心切,非汲汲以失其守,则悻悻以伤于义矣。故曰:“晋如摧如。

译文

《易经·晋卦》初六爻辞所表示的含义是,身居下位的人开始向上晋升了,然而怎么能很快受到君上的深深信任?如果没有受到君上的信任,就应当安定内心恪守自己的职位,从容宽心,不要急于求取君上的信任。如果求取信任的心情过于急切,不是因为急切而丧失了职守,就会因为内心怨恨而伤害了君臣的恩义。所以爻辞中说:“晋升,贞吉，罔孚，裕，无咎。”[2]然圣人又恐后之人不达宽裕之义，居位者废职失守以为裕。故特云“初六，裕则无咎”者，始进未受命当职任故也。若有官守，不信于上而失其职，一日不可居也。然事非一概，久速唯时，亦容有为之兆者。[3]

摧折。行为端正，吉利。如果没有信任，内心宽裕，就没有灾祸。”但是孔子又担心后人不明白宽裕的含义，担心居官在位的人以怠慢、荒废职守为宽裕。之所以特别说明“初六，宽裕就没有灾祸”，就是因为开始晋升而尚未受命担当职位。如果有了职位，因为不受君上的信任而丧失职守，那就一天都不可以留在职位上。然而事情不可以一概而论，晋升的快慢只看时势，初六也有容许有为的迹象。

注释

1 **《晋》：**卦名，《易经》六十四卦之第三十五卦，《坤》下《离》上。

2 **“晋如摧如”五句：**《晋卦》初六爻辞。晋，意为进。摧，意为摧折，高亨解为“进侵敌国，摧折敌兵”，程颐解为自身受到摧折，张伯行说“必有从而挤排之者”。罔，意通无。孚，意为信。裕，宽裕，此处指内心宽容，张伯行说：“贞以行言，裕以心言。”

3 **容：**容许。以上这一章出自程颐《程氏易传》，是阐释《易经·晋卦》初六爻辞所说的。

原文

不正而合，未有久而不离者也。合以正道，自无终睽之理[1]。故贤者顺理而安行，智者知幾而固守。[2]

君子当困穷之时，既尽其防虑之道而不

译文

不由正道而寻求结合，没有时间一久而不背离的。由正道而寻求结合，自然没有最终背离的道理。所以贤明的人顺从事理而安心去做，有智慧的人能够洞察幾微而固守不惑。

君子处于困厄的时候，如果已经用尽了防范的方法而不能免于灾难，那么这就是天得免，则命也，当推致其命以遂其志。[3] 知命之当然也，则穷塞祸患，不以动其心，行吾义[4] 而已。苟不知命，则恐惧于险难，陨获于穷厄，所守亡矣，安能遂其为善之志乎？[5]

寒士之妻，弱国之臣，各安其正而已。[6] 苟择势而从，则恶之大者，不容于世矣。[7]

命，应当听由天命不顾生死而成就自己的志向。知道天命应当如此，那么穷困、险厄、祸患都不能动摇他的意志，一心依循自己的道义去做就是了。如果不懂得天命，就会于危险艰难中心生恐惧，在逆境中困穷而丧失志气，致使所恪守的操守没有了，还怎么能够成就其为善的志向呢？

贫寒的读书人的妻子，弱小国家的臣子，各自安心守在自己的位置上就是了。如果依从于权势，这就是大罪恶，不能得到世人的宽容。

注释

1 **睽**：背离。又为卦名，《易经》第三十八卦，《兑》下《离》上。

2 以上这一章出自程颐《程氏易传》，是阐释《易传·睽卦》六三《象传》时所说的。

3 **命**：天命，儒家称天道运行的结果为命，侧重其现实与必然的意义。 **当推致其命以遂其志**：《易经·困卦·象传》："泽无水，困；君子以致命遂志。"孔颖达解为："君子之人守道而死，虽遭困厄之世，期于致命丧身，必当遂其高志，不屈挠而移改也，故曰致命遂志。"

4 **义**：孟子阐释"义"为依循"仁"而行。"仁"是抽象原则，"义"则着重于行为，是有所作为，有所取舍，带有实践的含义。

5 **陨获**：丧失志气。以上这一章出自程颐《程氏易传》，是阐释《易经·困卦·象传》时所说的。

6 **"寒士之妻"二句**：此二句为阐释《困卦》九四爻辞时所说。九四爻辞说："来徐徐，困于金车，吝，有终。"《象传》说："来徐徐，志在下也。虽不当位，有与也。"张伯行说："九四以阳处阴，为不当位而不能济物，有寒弱之象。"所以此处以"寒士之妻，弱国之臣"为喻。

7 **势**：权势。以上这一章出自程颐《程氏易传》，是阐释《易经·困卦》九四爻辞时所说的。

原文

《井》之九三，渫治而不见食，乃人有才智而不见用，以不得行为忧恻也。[1] 盖刚而不中，故切于施为，异乎"用之则行，舍之则藏"者矣。[2]

《革》[3] 之六二，中正[4] 则无偏蔽，文明[5] 则尽事理，应上则得权势[6]，体顺[7] 则无违悖。时可矣，位得矣，才足矣，处《革》之至善者也。[8] 必待上下之信，故"巳日乃革之"也。[9] 如二之才德，当进行其道，则吉而无咎也；不进则失可为之时，为有咎也。[10]

译文

《易经·井卦》中的九三爻，爻辞说掏井以使井水清洁，然而却不被饮用，这是表示人有才智而不被任用，因为不能出仕而忧虑、悲伤的意思。因为阳刚而不当位，所以就会急于有所作为，而这与孔子"得到任用就出仕，得不到任用就隐居"的教诲是不同的。

《易经·革卦》中的六二爻，位居中间、正当阴位因而没有偏颇，明察因而洞晓事理，对应九五爻因而借助了权势，阴卦柔顺因而没有违悖之嫌。时机适宜了，地位获得了，才能具备了，处在《革卦》之中，没有一处不完善。一定要达到上下双方的信任，所以爻辞中说"到巳日才开始变革"。像六二爻这样的才能、德行，应当向前推行他的志向，就会吉利而不生灾祸；不向前推行就会失去可以有所作为的时机，就会发生灾祸了。

注释

1 **《井》**：卦名，《易经》六十四卦之第四十八卦，《巽》下《坎》上。 **渫治而不见食**：渫，清除污秽。不见食，此处指不被饮用。 **忧恻**：忧虑、悲伤。

2 **切**：急切。 **"用之则行"二句**：语出《论语·述而》。用、舍指得到任用与不被任用，行、藏指出仕与隐居。以上这一章出自程颐《程氏易传》，是阐释《易经·井卦》九三爻辞时所说的。

3 **《革》:**卦名,《易经》六十四卦之第四十九卦,《离》下《兑》上。

4 **中正:**六二在《离卦》三爻中位居中间,所以称为"中"。《易经》以初、三、五爻为阳位,二、四、六爻为阴位,六二以阴爻居阴位,当位,所以称为"正"。

5 **文明:**《革卦》下为《离卦》,《离卦》之象为日、为火、为电、为文、为文明。

6 **应上:**《离卦》居中的六二爻与兑卦居中的九五爻对应,所以称为应上。**权势:**指九五爻。易卦以第五爻为天位、君位、尊位,九五爻可表示大人及权势。

7 **体顺:**六二以阴爻处阴位,所以称为体顺。张伯行说:"爻位皆阴,其体柔顺,则无违悖之嫌。"

8 **"时可矣"三句:**时,时机,时可矣,意为以时机而言正适宜变革。《革卦》之"革",《说文》解为"兽皮治去其毛革更之",引申为"去故""改变"。改变最重时机,所以《革卦·彖传》说:"天地革而四时成,汤武革命,顺乎天而应乎人,革之时大矣哉!"位得矣,指上文所说的"应上则得权势"。才足矣,指上文所说的"中正""文明""体顺"。 **至善:**张伯行说:"无一不善,故曰处革之至善者也。"

9 **"必待上下之信"二句:**"必待上下之信"指二、五两爻上下、阴阳相应。"巳日乃革之"为六二爻辞。王弼《周易注》:"阴之为物,不能先唱,顺从者也。不能自革,革巳乃能从之。故曰巳日乃革之也。"

10 **则吉而无咎也:**王弼《周易注》:"二与五虽有水火殊体之异,同处厥中,阴阳相应,往必合志,不忧咎也。" **"不进则失可为之时"二句:**《革卦》卦辞说:"革:巳日乃孚,元亨利贞,悔亡。"其实施本有"革不当"与"革而当"两种,其结果也有"悔"与"不悔"两种。王弼说:"巳日而不孚,革不当也。悔吝之所生,生乎变动者也。革而当,其悔乃亡也。"以上这一章出自程颐《程氏易传》,是阐释《易经·革卦》六二爻辞时所说的。

原文

《鼎》之"有实",乃人之有才业也。[1]当慎所趋向[2],不慎所往,则亦陷于非义。故曰:"鼎有实,慎所之也。"[3]

士之处高位,则有拯而无随;在下位,则有当拯,有当随,有拯之不得而后随。[4]

"君子思不出其位。"[5]位者,所处之分[6]也。万事各有其所,得其所则止而安。若当行而止,当速而久,或过或不及,皆出其位也,况逾分非据乎![7]

人之止[8]难于久终,故节或移于晚,守或失于终,事或废于久,人之所同患也。《艮》之上九,敦厚于终,止道之至善也。[9]故曰:"敦艮吉。"[10]

译文

《易经·鼎卦》中所说的"有食物",表示的是人具备才能。应当谨慎选择自己的趋向,如果不谨慎选择趋向,也会陷于不义。所以九二《象传》中说:"鼎中有食物,谨慎选择趋向。"

士人处在显贵的职位上,就应当救正种种缺失,不可跟从别人的过错;处在较低的位置上,就应当有时候救正,有时候顺从,有时候先要救正,救正不了然后再顺从。

《易经·艮卦·象传》中说:"君子考虑事情不超过自己的职权范围。"位置,是人所具有的职分。万事万物各自具有自己的位置,适宜这个位置就会平静安定。如果应当行动却停止了,应当快捷却拖延了,或者过了头,或者没达到,都是超出了位置,更何况超越职分而非分占据的职位呢!

人的操守难于长久到底,所以志节有时在晚年改变,操守有时不能坚持到底,事情有时半途废弃而不能长久,这是人人都忧患的。《易经·艮卦》中的上九,以忠厚为归宿,在艮止之道上是达到至善了。所以上九爻辞说:"止于敦厚上,吉利。"

注释

1 **《鼎》**:卦名,《易经》六十四卦之第五十卦,《巽》下《离》上。 **有实**:语出《易经·鼎卦》九二爻辞及《象传》。实，食物。

2 **当慎所趋向：**语出《易经·鼎卦》九二《象传》“慎所之也”。之，孔颖达说：“往也。”“慎所之”一语，王弼解为鼎已实满，不可复加，所以应当谨慎。孔颖达解为鼎实之后，所作所为应当谨慎。

3 以上这一章出自程颐《程氏易传》，是阐释《易经·鼎卦》九二《象传》时所说的。

4 **则有拯而无随：**语出《易经·艮卦》六二爻辞。拯，原意为承、举，程颐解为“救正”。随，原意为足趾，孔颖达说“腓动则足随之，故谓足为随”，程颐解为“顺从”。以上这一章出自程颐《程氏易传》，是阐释《易经·艮卦》六二爻辞时所说的。

5 **君子思不出其位：**语出《易经·艮卦·象传》。谓君子考虑事情不超过自己的职权范围。

6 **分：**人所处的位置以及所承担的责任，如职分、名分等。

7 **非据：**非分占据的职位。以上这一章出自程颐《程氏易传》，是阐释《易经·艮卦·象传》时所说的。

8 **止：**静止，此处有职守、操守的含义。高亨说：“《易传》释《艮》为止者，本卦是两艮相重，艮为山，山乃静止不动之物，然则本卦卦象含有止义。”

9 **《艮》：**卦名，《易经》六十四卦之第五十二卦，《艮》下《艮》上。 **敦厚于终：**语出《易经·艮卦》上九《象传》，原文作：“象曰：敦艮之吉，以厚终也。”张伯行说：“上九以阳刚居止之极，有敦厚于止之象。”高亨说：“终，归宿也。……言其忠厚而止，以忠厚为归宿也。《象传》用‘终’字乃以上九之爻位为据。上九为一卦之终爻，象一事之终结。”

10 **敦艮吉：**语出《易经·艮卦》上九爻辞，孔颖达说：“敦，厚也。上九居《艮》之极，极止者也。在上能用敦厚以自止，不陷非妄，宜其吉也，故曰‘敦艮吉’也。”以上这一章出自程颐《程氏易传》，是阐释《易经·艮卦》上九爻辞时所说的。

原文

《中孚》[1]之初九曰:"虞吉。"[2]《象》曰:"志未变也。"[3]《传》曰:当信之始,志未有所从,而虞度所信,则得其正,是以吉也。志有所从,则是变动,虞之不得其正矣。[4]

贤者惟知义而已,命在其中。[5]中人以下,乃以命处义,如言"求之有道,得之有命",是求无益于得。[6]知命之不可求,故自处[7]以不求。若贤者则求之以道,得之以义,不必言命。[8]

译文

《易经·中孚卦》的初九爻爻辞说:"审度以后,吉利。"《象传》说:"因为志意没有改变的缘故。"《程氏易传》说:当想要相互信任的时候,心志尚无依从,然而详细地审度其可信的原因,就会得到正确的结果,所以说吉利。如果心志已经有了依从,就是有了变动,即使再加审度,也得不到正确的结果。

贤明的人只知道道义而已,命运已经包含在其中了。中等才智以下的人,却用命运享通与否对待道义,譬如说"用合乎道义的方法去求,能否得到要看命限",这是说追求对于获得没有帮助。知道命运不可以追求,所以就自己安心于不追求。如果是贤明的人,合乎道义的才去追求,合乎义理的才愿获得,也就不必说命运。

注释

1 **《中孚》:**卦名,《易经》六十四卦之第六十一卦,《兑》下《巽》上。

2 **虞吉:**《易经·中孚卦》初九爻辞,原文作:"虞吉,有它不燕。"虞,王弼、孔颖达解为"专",高亨解为"安",程颐、张伯行解为"度"。高亨说:"虞吉,安于其居,安于其业,则吉。有它不燕,动往他处,改从他业,则不安。"张伯行说:"此程子释《中孚》初九爻《象》也。孚,信也。虞,度也。相信之道,当审于始。"

3 **志未变也:**《易经·中孚卦》初九《象传》,原文作:"初九虞吉,志未变也。"高亨说:"传意:爻辞云'虞吉,有它不燕',因其人之志未变,故安于旧则吉,改从新则不安也。"张伯行说:"初九居《中孚》之始,志未有他歧,中怀无妄。”

4 以上这一章出自程颐《程氏易传》，是阐释《易经·中孚卦》初九爻辞和《象传》时所说的。

5 **义：**道义。 **命：**命运。

6 **中人：**中等才智的人，即一般人、普通人。 **处：**对待。

7 **自处：**对待自己。

8 以上这一章出自《程氏遗书》，为程颢或程颐所说。

原文

人之于患难，只有一个处置[1]。尽人谋[2]之后，却须泰然处之。有人遇一事，则心心念念[3]不肯舍，毕竟何益？若不会处置了放下，便是“无义无命”也。[4]

门人有居太学而欲归应乡举者，问其故，曰：“蔡人鲜习《戴记》，决科之利也。”[5]先生曰：“汝之是心，已不可入于尧舜之道[6]矣！夫子贡之高识，曷尝规规于货利哉？[7]特于丰约之间，不能无留情耳。[8]且贫富有命，彼乃留情于其间，多见其不信道也。故圣人谓之‘不受命’[9]。有志于道者，要当去此心而后可语也。”[10]

译文

人在遇到患难时，只有一个办法。竭尽个人的努力之后，就应当安然面对。有的人遇到一件难事，就念念不忘不肯放下，最终能有什么帮助呢？如果不会想过办法然后放下心来，就是“不依循道义不懂得天命”了。

门人中有人身在太学却想回去应乡试的，问他原由，他说：“蔡州人很少有学习《礼记》的，所以这一科的考试更有利。”伊川先生说：“你这样的想法，已经不可以进入尧舜之道了。像子贡那样的高远见识，何曾斤斤计较买卖的利润？他只是处在富足与贫穷之间，不能不留心注意罢了。贫穷与富足自有天命决定，他却留心注意于其中，这就很能看出他不真诚相信天道了。所以孔子说他‘不能安心接受天命’。有志于仁义之道的人，务必要去除这样的想法，然后才可以和他讲论仁义。”

注释

1 **处置:**办法。张伯行说:“只有一个处置之方,所谓‘义’也。义有当趋者,义有当避者,义有当维持调获者。”

2 **人谋:**指人为的努力。

3 **心心念念:**念念不忘。

4 **无义无命:**谓无视是否合乎义理和天命。以上这一章出自《程氏遗书》。二程据《孟子》所说孔子宦游齐国而得不到任用的事例,说明人在遇到患难时,首先应当依循道义竭尽自己的努力,努力之后仍然没有结果就应当泰然面对,求其在己无阙,而不要怨天尤人。

5 **门人:**弟子,此处指谢良佐。 **太学:**我国古代设于京城的最高学府。 **乡举:**地方一级所举行的科举考试。宋代以州为单位,中举者称为贡士。元代以后以省为单位,中举者称为举人。 **蔡人:**蔡州人。谢良佐为蔡州上蔡(今河南汝南)人。 **鲜:**少有。**《戴记》:**即《礼记》,又称《小戴礼记》,儒家“五经”之一,共四十九篇,传为西汉时戴圣编定,故名。另有戴德所编定的礼学文献共三十九篇,称为《大戴礼记》。 **决科:**指参加科举考试。

6 **尧舜之道:**又称唐虞之道,此处指儒家仁义之道。

7 **子贡:**孔子弟子,名端木赐,字子贡。春秋时卫国人,少孔子三十一岁。**高识:**高明的见识。 **货利:**财利,也指经商。子贡曾以擅长经商著称。

8 **丰约:**丰富和俭约。 **留情:**留意、留心。

9 **不受命:**语出《论语·先进》。朱熹说:“命,谓天命。”又引范氏曰:“贫富在天,而子贡以货殖为心,则是不能安受天命矣。其言而多中者,亿而已,非穷理乐天者也。”

10 **要:**必须。以上这一章出自《程氏遗书》,为程颐对谢良佐所说。据《程氏遗书》原注:“明道知扶沟县事,伊川侍行。谢显道将归应举,伊川曰:‘何不止试于太学?’曰:‘蔡人鲜习《礼记》,决科之利也。’先生云云,显道乃止,是岁登第。”

原文

人苟有“朝闻道，夕死可矣”[1]之志，则不肯一日安于所不安也。何止一日，须臾不能。如曾子易箦[2]，须要如此乃安。人不能若此者，只为不见实理。实理者，实见得是，实见得非。凡实理得之于心自别。若耳闻口道者，心实不见。若见得，必不肯安于所不安。人之一身，尽有所不肯为，及至他事又不然。若士者，虽杀之使为穿窬，必不为，其他事未必然。至如执卷者[3]，莫不知说礼义。又如王公大人，皆能言轩冕[4]外物，及其临利害，则不知就义理，却就富贵。如此者只是说得，不实见。及其蹈水火，则人皆避之，是实见得。须是有“见不善如探汤”[5]之心，则自然别。昔曾经伤于虎者，他人

译文

人如果有“早晨听说了正道，晚上死了也可以”的志向，就一天都不肯安心于他所不该安心的事情。何止一天，就连须臾也不能够。譬如曾子更换床席那样，一定要这样做才安心。人们做不到这样的原因，只是因为不明白真实的道理。真实的道理，就是真正明白什么是对的，什么是不对的。凡是真实的道理，都是得之于内心的，所以自然有别于其他常理。那些耳朵听到、口中说出的事情，内心其实并没有真正明白。如果内心真正明白了，一定不肯安心于他所不该安心的事情。对人来说，总是有一些事情是他所不肯做的，但是等到遇见了其他的事情就又不是这样了。像读书人，即使杀掉他，让他穿墙洞去偷盗，他一定不肯做，但是遇见了其他的事情就未必也这样。至于说读书人，没有人不知道讲论礼义。又譬如王公大人，人人都会说视官位爵禄为身外之物，但是等到面对利益和危害，就不知道讲论义理，反而去求取富贵了。像这样就只是嘴上能说，却没有真正明白。到了面对大水或大火的危险处境，就人人都知道躲避，这是他们真正明白水火的危险。一定要有孔子所说的“看见了不好的事情就像手伸进了热水中一样知道回避”的想法，就自然会有别于常人了。过

语虎，则虽三尺童子，皆知虎之可畏，终不似曾经伤者，神色慑惧，至诚畏之，是实见得也。得之于心，是谓有德，不待勉强。[6]然学者则须勉强。古人有捐躯陨命者，若不实见得，则乌能如此？须是实见得。生不重于义，生不安于死也，故有“杀身成仁”，只是成就一个是而已。[7]

去曾经被老虎伤害过的人，别人说到老虎，即使是三尺高的儿童，也都知道老虎的可怕，但是终究不像曾经被伤害过的人那样，神色恐惧，真心害怕，因为他真正明白了。内心得到的叫“有德”，不需要勉强。然而学者就必须勉强。古人有为道义而献身丧命的，如果不是真正明白，怎么能够这样？一定要真正明白。如果生命与道义相比，不是道义更重的话，那么生命就不会安于死亡，所以有孔子所说的“舍弃自己的生命而成就仁义”的人，所成就的只是一个义理准则而已。

注释

1 **“朝闻道”二句：**语出《论语·里仁》。朱熹说：“道者，事物当然之理。苟得闻之，则生顺死安，无复遗恨矣。”又说：“所谓夕死可者，特举其大者而言耳。盖苟得闻道，则事无大小，皆可处得，富贵贫贱，无所往而不可。”

2 **曾子易箦(zé)：**曾子，孔子弟子。箦，床席。曾子在临终之际，曾更换合于自己身份的床席。

3 **执卷者：**手执书卷的人，指读书人。

4 **轩冕：**轩车和冠冕，指官位爵禄。

5 **见不善如探汤：**语出《论语·季氏》。探汤，探试沸水，形容戒惧。

6 **“得之于心”二句：**古文“德”与“得”同义，陆德明《经典释文》：“德者，得也。”此处意在强调“德”与“得”的细小区别。

7 **杀身成仁：**语出《论语·卫灵公》。指儒家为了“仁”的最高道德准则而不惜舍弃生命。以上这一章出自《程氏遗书》，为程颐所说。这段话中，程颐通过对孔子所说“朝闻道，夕死可矣”“见不善如探汤”和“杀身成仁”数语的阐释，提出认识事物要通过“实理”，“实理”就是“实见得是，实见得非”，也就是要得之于心，心中实见。

原文

孟子辨舜、跖[1]之分，只在义利之间。言间者，谓相去不甚远，所争[2]毫末尔。义与利只是个公与私也。才出义，便以利言也。只那计较，便是为有利害。若无利害，何用计较？利害者，天下之常情也，人皆知趋利而避害。圣人则更不论利害，惟看义当为不当为，便是命在其中也。[3]

大凡儒者未敢望深造于道[4]，且只得所存正，分别善恶，识廉耻。如此等人多，亦须渐好。[5]

译文

孟子分辨虞舜与盗跖的区别，只在“义”和“利”之间。说“间”，是说相互距离不远，相差的只是毫末而已。义和利就是一个公和私。刚刚离开了义，就要说到利了。只要有计较之心，就是心存利害。如果没有利害，哪里用得着计较？利害，是天下的常情，每个人都知道趋逐利益，躲避危害。圣人却完全不考虑利害，只从义上看应当做还是不应当做，天命已经包含在其中了。

大致说来，儒者不要去指望在道上有很深的造诣，只要内心端正，分得出善恶、知道廉耻。像这样的人多了，儒家功业就会渐渐好起来。

注释

1 **舜、跖：**舜，上古圣王。跖，盗跖，又作“盗跖”，相传为春秋时鲁国人，柳下惠之弟，天下大盗。

2 **争：**相差。

3 以上这一章出自《程氏遗书》，为程颐阐释《孟子》时所说。舜跖之分，是圣人与盗贼之分，也就是君子与小人之分。程颐解释舜、跖之分的实质是义利之分，也就是公私之分。

4 **深造于道：**语出《孟子·离娄下》。朱熹说：“造，诣也。深造之者，进而不已之意。"

5 以上这一章出自《程氏遗书》,为程颐阐释《孟子》时所说。"深造于道"的道,孟子原指深造的方法,程颐此处意指儒家仁义之道与儒家功业。

原文

赵景平问:"'子罕言利',所谓利者,何利?"[1]曰:"不独财利之利,凡有利心,便不可。如作一事,须寻自家稳便处,皆利心也。圣人以义为利,义安处便为利。如释氏之学,皆本于利,故便不是。"[2]

问:"邢七久从先生,想都无知识,后来极狼狈。"[3]先生曰:"谓之全无知则不可,只是义理不能胜利欲之心,便至如此。"[4]

译文

赵景平问:"《论语》中说'孔子很少说到利',所说的'利',是什么利?"程颐先生回答说:"不仅是财物货利的利,只要存在利己之心,就不可以。比如做一件事情,一定要求得自己安稳方便,就是存在利己之心。孔子是将义理当作利,义理安和、事理适宜就是利。佛教的学说,都是出于利己,所以就不对。"

弟子说:"邢恕跟随先生时间很久,想来他是什么都没有领悟,所以后来那样声名狼藉。"程颐先生说:"说他什么都没有领悟还不可以,他只是因为义理之心不能胜过利欲之心,就变成了这个样子。"

注释

1 **赵景平**:程颐弟子。 **子罕言利**:语出《论语·子罕》。子,孔子。罕,希少。

2 以上这一章出自《程氏遗书》,为程颐所说。"利"字的含义,分析起来可以有三种。其一是财利的"利";其二是名利的"利";其三是孔子"罕言利与命与仁"的"利"。《论语·子罕》中的这段话,"利"与"命""仁"三者,都是孔子所正面肯定的,只是很少言及而已。所以何晏说:"寡能及之,故希言也。"邢昺说:"此云利者,谓君子利益万物,使物各得其宜,足以和合于义,法天之利也。"朱熹《论语章句集注》引程子曰:"计利则害义，命之理微，仁之道大，皆夫子所罕言也。”

3 **邢七：**邢恕，二程弟子。**后来极狼狈：**意指邢恕行为恶劣，最终声名狼藉，被视为奸臣，几乎性命不保。

4 以上这一章出自《程氏遗书》，为程颐所说。程颐编管涪州，谢良佐曾怀疑是因程颐的族子程公孙和邢恕所招致，程颐回答说：“族子至愚，无足责。故人素厚，不敢疑。”当时邢恕任御史中丞，曾致书程颐说“屡于权宰处言之”。可知谢良佐的怀疑无据。

原文

谢湜自蜀之京师，过洛而见程子。[1]子[2]曰：“尔将何之？”曰：“将试教官[3]。”子弗答。湜曰：“何如？”子曰：“吾尝买婢，欲试之，其母怒而弗许，曰：‘吾女非可试者也。’今尔求为人师而试之，必为此媪[4]笑也。”湜遂不行。[5]

译文

谢湜从四川前往京城，绕道经过洛阳拜见程颐先生。程颐先生问：“你要到哪里去？”谢湜回答说：“去参加诸州教官的考试。”程颐不作答。谢湜问：“怎么样？”程颐回答说：“我曾经买过一名婢女，想要试用她，她的母亲发怒了，不答应，说：‘我的女儿不是可以试用的。’现在你要去做育人的教师却去接受别人的考试，一定会被这个老太太嘲笑的。”谢湜于是就不再去了。

注释

1 **谢湜：**二程弟子。**蜀：**古蜀国地，秦汉至唐为蜀郡，北宋咸平间分西川路、峡路为益州、梓州、利州、夔州四路，总称川峡四路，简称四川。**京师：**北宋都城汴京，今河南开封。**洛：**地名，即今河南洛阳。伊川故里属洛阳，故以为称。

2 **子：**古代对男子的尊称，此处指程颐。

3 **教官：**北宋于州学设教授、博士、学正、学录为学官，以经术行义考核学生，执行学规，称为教官。州学教授每年通过考试选拔，进士出身的人可以参加考试，中考者即为诸州教官。

4 媪(ǎo):老年女子。

5 以上这一章出自《程氏遗书》,为程颐所说。先秦儒家对于教师的尊严本来是极为强调的,如《礼记·学记》中说:“凡学之道,严师为难。师严然后道尊,道尊然后民知敬学。是故君之所不臣于其臣者二,当其为尸则弗臣也,当其为师则弗臣也。大学之礼,虽诏于天子,无北面,所以尊师也。”先秦儒家认为教师是与父母双亲及君主地位相齐的,三者并称为“君亲师”。先秦儒家提出尊师,是因为教师职掌着天下的学问,在教师讲习、切磋学问时,教师的地位甚至是可以超过君主的,君主居于臣位,教师居于君位。程颐在这段话中,告诫谢湜不要去参加教官的考试,不是因为不愿意做教师,而是出于对世风轻视教师、忽略学问的感叹。正如张伯行所说,是“不胜江河日下之感”,“‘儒者有席上之珍以待聘。’往京就试,自荐自媒,卑陋已甚,况求为人师乎?”

原文

先生在讲筵,不曾请俸。[1] 诸公遂牒户部[2],问不支俸钱。户部索前任历子,先生云:“某起自草莱,无前任历子。”[3] 遂令户部自为出券历。

又不为妻求封,范纯甫问其故,先生曰:“某当时起自草莱,三辞然后受命,岂有今日乃为妻求封之理?”[4]

问:“今人陈乞恩例[5],义当然否?人皆以为本分,不为害。”先生曰:“只

译文

程颐先生在崇政殿任说书时,没有领取过俸禄。共事的大臣们于是写了文书呈给户部,问为什么不支付俸钱。户部索要以前任职的履历,程颐先生说:“我来自布衣百姓,没有以前的履历。”于是让户部自行草拟了文书履历。

程颐先生又不为妻子请求加给命妇的封号。范祖禹问是什么缘故,程颐先生说:“我当时来自布衣,推辞了三次才接受任命,哪有到了现在却为妻子请求封号的道理?”

范祖禹又问:“现在官员请求依照惯例加给封赠,在义理上是否应当?人们都认为这是本分的事情,不会有危害。”程颐

为而今士大夫道得个‘乞’字惯，却动不动又是‘乞’也。”

因问：“陈乞封父祖[6]如何？”先生曰：“此事体又别。”再三请益，但云：“其说甚长，待别时说。”[7]

先生说：“只是因为现在的士大夫们说‘乞’字说得习惯了，就动不动又是‘乞’了。”

范祖禹因而又问：“请求加给父亲、祖父封号的做法怎么样？”程颐先生说：“这件事情又当别论。”范祖禹再三请教，程颐先生只是说：“这件事的缘故说来话长，等其他时候再说。”

注释

1 **先生：**此处指程颐。 **讲筵：**讲席，此处指为皇帝讲解儒经处，宋代称为经筵，设侍读、侍讲学士等为经筵官。程颐曾任崇政殿说书及侍讲。 **请俸：**申请领取俸禄。

2 **诸公：**指程颐在京居官时的朋友和同事。公，古代对官员的尊称。此处指大臣司马光、吕公著等人。 **牒：**书札，此处指官府文书。 **户部：**唐代以后职掌中央行政的吏部、户部、礼部、兵部、刑部、工部六部之一，掌管财税等事务。

3 **历子：**宋代记述官员政迹功过以备考课升降之用的本子。 **草莱：**布衣。

4 **为妻求封：**古代大臣之母、妻可由朝廷加给封号，享有各种礼仪上的待遇，称为命妇。 **范纯甫：**范祖禹，字纯甫，二程弟子。 **三辞然后受命：**《宋史》载程颐事迹：“治平、元丰间，大臣屡荐，皆不起。哲宗初，司马光、吕公著共疏其行义曰：‘伏见河南府处士程颐，力学好古，安贫守节，言必忠信，动遵礼法。年逾五十，不求仕进，真儒者之高蹈，圣世之逸民。望擢以不次，使士类有所矜式。’诏以为西京国子监教授，力辞。寻召为秘书省校书郎，既入见，擢崇政殿说书。”

5 **陈乞恩例：**请求朝廷加给各种封赠。恩，恩惠。例，惯例。

6 **父祖：**父亲和祖父。

7 以上这一章出自《程氏遗书》，为程颐所说。师严而后道尊，这段话可见程颐以道自重的意识。在道义面前，天子也应当北面为臣，所以朝廷应当主动给教师以礼遇，而不可由教师自己提出申请。《程氏遗书》原注：

"旧例,初入京官时,用下状出给料钱历。先生不请,其意谓朝廷起我,便当'廪人继粟,庖人继肉'也。"

原文

汉策贤良,犹是人举之,如公孙弘者,犹强起之乃就对。[1]至如后世贤良,乃自求举尔。若果有曰"我心只望廷对[2],欲直言天下事",则亦可尚已。若志在富贵,则得志便骄纵,失志则便放旷与悲愁而已。[3]

伊川先生曰:"人多说某不教人习举业,某何尝不教人习举业也?[4]人若不习举业而望及第,却是责天理而不修人事。[5]但举业既可以及第即已,若更去上面尽力,求必得之道,是惑也。"[6]

译文

汉代对策贤良,还是由别人来举荐的,就像公孙弘那样的人,尚且是勉力推举他才前往对策的。到了后世的贤良,就自己要求举荐了。如果有人说"我心中只希望亲临朝廷回答皇帝的策问,想要直接陈论天下大事",这也是值得推崇的。如果心中的愿望是谋求富贵,那么一旦得志就会表现得骄傲放纵,不得志就会放浪和悲伤忧愁罢了。

程颐先生说:"许多人都说我不让人学习科举,我何曾不让人学习科举?人们如果不学习科举而希望考中,那是只要求天理而不讲求个人努力。但是科举到了考中就行了,如果还要在科举上面穷尽精力,一定要由此获得想要得到的一切,就是迷惑了。"

注释

1 **策**:对策。汉代的一种选官制度,应举者应答皇帝的提问,皇帝的提问叫作"策",应举者的应答叫作"对策"。 **贤良**:汉代选官科目之一,称为贤良文学,简称贤良或文学,为当时儒生取得为官资格的主要途径。**公孙弘**:西汉菑川(今山东淄博)人,少时家贫,牧豕海上。年四十余,始学《春秋》杂说。汉武帝即位,招贤良文学,公孙弘年六十,以贤良征为博士。使匈奴,还报,不合上意,免归。元光五年,复征贤良文学,菑川国推举公孙弘,公孙弘辞谢,国人固推,始至太常对策汉武帝,亲擢第一,拜为博士,待诏金马门,一岁中数迁,至左内史。又迁御史大夫,升丞相,拜平津侯,年八十,终丞相位。

2 **廷对:**在朝廷上当面应答皇帝的咨询。

3 以上这一章出自《程氏遗书》,为程颐所说。这段话的大意是说,参加科举应当以天下大事为重,不应当以谋求富贵为目的。以天下大事为重,首先就是要自重,所以应当等待别人的推荐,而不应当自荐。

4 **不教:**即“不叫”。不让、不使。 **举业:**科举,有多种科目,隋唐以后为选官入仕的主要途径。

5 **及第:**中举。 **天理:**程颐所阐释的儒家之道,亦即“天理”,故称“理学”。程颐的学说以“究理”为主,认为“天下之物皆能穷,只是一理”,理“在天为命,在人为性,论其所主为心,其实只是一个道”。此处以“天理”代指儒家核心学说。 **人事:**人力所能及的事。

6 **既可以及第即已:**张伯行解为:“无愧及第,则亦已矣。” **道:**此处指方法、途径。以上这一章出自《程氏遗书》,为程颐所说。张伯行解释这段话的大意为:“此言举业无累于人,人不当为举业累也。”孔子主张学而优则仕,又主张因材施教。科举是有局限性的,在科举之外,还有针对“天理”的探求,“本领工夫,身体力行,尚有别可尽力处”。

原文

问:“家贫亲老,应举求仕,不免有得失之累,何修可以免此?”伊川先生曰:“此只是志不胜气。若志胜,自无此累。家贫亲老,须用禄仕,然‘得之不得为有命’。”

曰:“在己固可,

译文

弟子问:“家境清贫,父母双亲年老,这时是否应当参加科举谋求做官,不免有患得患失的牵累,怎么样学习才能免受这样的牵累?”程颐先生回答说:“这只是因为心志不能胜过血气。如果心志胜过了,自然就不会有这样的牵累。家境清贫,父母双亲年老,需要做官用俸禄孝养父母,然而就像孔子那样,‘得到或者得不到都安于天命’。”

弟子问:“对自己而言,不忧患得失固然

为亲奈何？”[1]曰：“为己为亲，也只是一事。若不得，其如命何？孔子曰：‘不知命，无以为君子。’人苟不知命，见患难必避，遇得丧必动，见利必趋，其何以为君子！”[2]

是可以的，但如果是为了父母双亲的意愿，又应当怎么办？”程颐先生回答说：“为了自己和为了父母双亲，也只是一件事。如果得不到，能对天命怎么样？孔子说：‘不懂得天命的人，没有办法做君子。’人如果不懂得天命，遇见患难一定会躲避，遇见得失一定会内心动摇，遇见利益一定会追求，那怎么还能做君子？”

或谓科举事业夺人之功[3]，是不然。且一月之中，十日为举业，余日足可为学。然人不志此，必志于彼。故科举之事，不患妨功，惟患夺志。[4]

有人说科举这件事情夺去了人们很多精力，这是不对的。况且一个月之中，用十天时间准备科举，剩余的时间足够用来治学。然而人不用心在前者，必定用心在后者。所以科举这件事，不忧虑它妨碍人们治学，只忧虑它夺去人们的心志。

注释

1 **“在己固可”二句：**此处指通过科举做官求取俸禄。张伯行说：“为亲念重，不比为己，功名可得可失，奈何便能脱然？”

2 以上这一章出自《程氏遗书》，为程颐所说。“家贫亲老”“应举求仕”两者都是为孝，因而难以选择。程颐这段话的大意是说应当以“为己治学”和“义理”统领“家贫亲老”与“应举求仕”，不论“家贫亲老”与“应举求仕”，都听由天命，将得失置之度外。

3 **功：**包括时间和精力两方面。

4 以上这一章出自《程氏外书》。这段话的大意仍在区分以科举求功名和以治学究义理二者间的不同。张伯行说：“古人之学，是志道德，今人却志功名。”朱熹也说：“科举累人不浅，人多为此所夺。但有父母在，仰事俯育，不得不资于此，故不可不勉尔。其实甚夺人志。”

原文

横渠先生曰：世禄[1]之荣，王者所以录有功，尊有德，爱之厚之，示恩遇之不穷也。为人后者，所宜乐职劝功，以服勤事任，长廉远利，以似述世风。[2]而近代[3]公卿子孙，方且下比布衣[4]，工声病[5]，售[6]有司，不知求仕非义[7]，而反羞循理[8]为无能，不知荫袭[9]为荣，而反以虚名为善继[10]。诚何心哉！[11]

译文

张载先生说：世代享有禄位的荣耀，是君王用来铭记有功勋的人，推尊有德行的人，爱惜他们，因而厚待他们，以表示世世代代恩泽和待遇的无穷无尽。作为他们的子孙后代，应当乐于继承他们的职守，勉力建功立业，这样来做到承担职务辛勤称职，长久的保持清廉，远离财利，以此继承、遵循世家的门风。然而近来的公卿子孙们，却要自比于布衣百姓，学习诗赋，献给官府以求做官，不知道世禄之家请求做官是不符合义理的，却反而认为安心于义理是无能而感到羞惭，不知道靠先世的功勋而得到恩赐的官爵是荣耀的，却反而认为获取虚名是善于继承家业。这是怎样的心思呢！

注释

1 **世禄**：世代享有禄位。

2 **似述**：效仿、遵循。 **世风**：世家的门风。

3 **近代**：指过去不远的时代。

4 **布衣**：指平民。

5 **工声病**：擅长诗赋。工，擅长。声病，指诗文声律上的毛病。

6 **售**：指科举及第。

7 **非义**：张伯行解为："既食世禄，犹沾粘然专工此技，投牒觅举，终日求售，则亦陋矣。"

8 **循理**：遵循义理。

9 **荫袭**：承袭先辈的爵位。

10 **善继**：善于继承家业。

11 以上这一章出自《张子文集·策问》。这段话的大意是批评世家子弟不能循理。张伯行说，不安心于世官世禄，而专习诗赋，究其根本，“此义理之心，不胜其名利之心”。同时，从古代官制、礼制看，这样的行为也有违古义，“上负朝廷，下玷祖父”。

原文

不资其力而利其有，则能忘人之势。[1]

人多言安于贫贱，其实只是计穷力屈才短，不能营画[2]耳。若稍动得[3]，恐未肯安之。须是诚知义理之乐于利欲也，乃能。[4]

天下事大患只是畏人非笑[5]。不养车马，食粗衣恶，居贫贱，皆恐人非笑。不知当生则生，当死则死。今日万钟，明日弃之；今日富贵，明日饥饿，亦不恤，“惟义所在”。[6]

译文

不借助他的权力又不利用他的富有，就能够忘掉别人的势力了。

很多人都说要安于贫贱，其实只是因为想尽计策、能力匮乏、才干太少，不能够谋划罢了。如果稍微能够活动，恐怕就不肯安于贫贱了。一定要真正知道义理的快乐超过了利欲的快乐，才能够做到。

天下的事情最畏惧的只是别人的嘲笑。不养车马，饮食粗淡，衣着粗劣，生活贫贱，都畏惧别人嘲笑。不知道应当生就生，应当死就死。今天拥有优厚的俸禄，明天可能失去；今天富贵，明天可能遭受饥饿，也不要忧虑，就像孟子所说的，“只看道义在哪里”。

注释

1 **资其力：**张伯行解为“资其力以为汲引之阶”。 **利其有：**张伯行解为“利其有以为肥润之计”。以上这一章出自张载《正蒙·作者》，为张载阐释《孟子·尽心上》时所说的。

2 **营画：**谋划。

3 **若稍动得：**张伯行说：“若计有所出，力有可为，才有足济，稍会转动。”

4 以上这一章出自张载《经学理窟·气质》,是对孟子“贫贱不能移”一语所作的阐释。

5 **非笑:**非难和嘲笑。

6 **钟:**古代容量单位,六斛四斗为一钟。 **恤:**忧虑。以上这一章出自张载《经学理窟·自道》。张伯行解释这段话的大意说:“懦夫不能自立,只管畏人非笑,满天下都是这般病痛。……自家没见识,遂惴惴以此为恐。……有意要人服便是伪,有意畏人诮便是俗。”

八　教学之道

导读

这一卷原为《近思录》第十一卷，现为本书第八卷，依次辑录北宋著名理学家周敦颐、程颢、程颐、张载四人的有关语录，共二十一条。

本卷标题据《朱子语类》原为“教学之道”，叶采《近思录集解》题为“教学”，现在定为“教学之道”。

叶采说：“此卷论教人之道，盖君子进则推斯道以觉天下，退则明斯道以淑其徒，所谓得英才而教育之，即新民之事也。”茅星来说：“前于为学之道已详，而此则教人为学之道也。”

中国古代在教育学方面具有非常悠久的传统和极为深厚的思想积累。《周礼·保氏》载：“保氏掌谏王恶，而养国子以道，乃教之六艺……乃教之六仪。”先秦儒家的创立者孔子、孟子在周游干政落空以后，晚年都退修《诗》《书》《礼》《乐》，教授门徒，成为最著名的教育家，而子夏更是专以《诗》《礼》教授于西河，为魏文侯老师。班固称“儒家者流，盖出于司徒之官，助人君顺阳阳明教化者也”，说明当时已将教育视为儒家的专利。遗风所及，汉唐经师以至宋代学者二程、张载、朱熹诸人，都倾其一生于教育。

与现代社会相比较，中国古代的“教学之道”具有非常卓越的高明之处。如在教育体制方面，《礼记·学记》中说：“古之教者，家有塾，党有庠，术有序，国有学。比年入学，中年考校。一年视离经辨志，三年视敬业乐群，五年视博习亲师，七年视论学取友，谓之小成。九年知类通达，强立而不反，谓之大成。夫然后足以化民易俗，近者说服，而远者怀之，此大学之道也。”即认为教育有一个长达九年的渐进过程，从辨志、敬业、亲师、取友，直到

"大成"。"大成"所说的"知类通达,强立而不反",意为"理明义精,触类而长,无所不通,有卓然自立之行,而外物不得以夺之"。

在教育目标方面,《礼记·学记》说教育的目的有"玉不琢,不成器;人不学,不知道""古之王者,建国君民,教学为先""君子化民成俗"。《中庸》有"天命之谓性,率性之谓道,修道之谓教",即求得国家社会整体水平的提高。孔子说学习的目的首先要求得自身的发展,而不是随顺世俗的需要。

在教育方法方面,《礼记·学记》中说:"大学之法,禁于未发之谓豫,当其可之谓时,不陵节而施之谓孙,相观而善之谓摩,此四者,教之所由兴也。……故君子之教喻也,道而弗牵,强而弗抑,开而弗达。道而弗牵则和,强而弗抑则易,开而弗达则思。"孟子说:"君子之所以教者五:有如时雨化之者,有成德者,有达财者,有答问者,有私淑艾者。此五者,君子之所以教也。"这种因材施教的教育思想,是古代学者所特别强调的,它从一开始就是"导师制",依照每个人的不同情况施加教育,又鼓励每个人沿着各自不同的方向发展。

在为学与为政的关系方面,孔子说:"当仁不让于师。"《礼记·学记》中说:"凡学之道,严师为难。师严然后道尊,道尊然后民知敬学。是故君之所不臣于其臣者二:当其为尸则弗臣也,当其为师则弗臣也。大学之礼,虽诏于天子,无北面,所以尊师也。"教师之所以尊贵,是因为知识尊贵,所以当教师在讲授知识的时候,他甚至要比天子更尊贵。

诸如此类的记述,都足以让现代人受益。

原文

濂溪先生曰:刚,善为义,为直,为断,为严毅,为干固[1];恶为猛,为隘,为强梁。柔,善为慈,为顺,为巽[2];恶为懦弱,为无断,为邪佞。惟中也者,和也,

译文

周敦颐先生说:刚,在善的时候体现为正义,体现为正直,体现为果断,体现为严厉刚毅,体现为干练坚持;在恶的时候体现为鲁莽暴躁,体现为卞急褊狭,体现为强横凶暴。柔,在善的时候体现为慈爱,体现为温顺,体现为谦让;恶的时候体现为懦弱,体现为犹豫不决,体现为奸邪。只有中庸,合和

中节也，天下之达道[3]也，圣人之事也。故圣人立教，俾人自易其恶，自至其中而止矣。[4]

了阴阳刚柔，符合礼义法度，是天下的准则，是圣人所遵循的。所以圣人设立教化，为的是使人自己改变他们的恶习，自己达于中道为止。

注释

1 **干固**：干，本义为树木的主干，引申为干练。固，坚持。

2 **巽**：谦让。

3 **达道**：公认的准则。

4 **俾**(bǐ)：使。以上这一章出自周敦颐《通书·师》，是专为阐述为师立教之道而说的。

原文

伊川先生曰：古人生子，能食能言而教之大学之法，以豫为先。[1]人之幼也，知思未有所主，便当以格言至论日陈于前，虽未晓知，且当熏聒，使盈耳充腹，久自安习，若固有之。[2]虽以他言惑之，不能入也。若为之不豫，及乎稍长，私意偏好生于内，众口辩言铄于外，欲其纯完，不可得也。[3]

译文

程颐先生说：古代人生下子女，能吃饭会说话就教育他们君子之道，首先注重预备工作。人在年幼时，知识、思虑还没有主见，就应当用可以作为准则的话语和正确的言论每天在面前讲述，虽然他们不能明白其中的含义，还是应当熏陶宣讲，让它们充满耳朵和内心，时间久了自然会适应习惯，就像本来就有的了。即使用其他的言论迷惑他们，也听不进去。如果不预先教育，等到他们稍稍长大了，个人的主见和偏颇的喜好就会在内心滋长，众人的言语和巧伪的议论从外面销蚀，要想使他们纯粹完美，便做不到了。

注释

1 **大学:**《礼记》有《大学》篇,相传为曾子所作。郑玄说:"大学者,以其记博学,可以为政也。"朱熹说:"大学者,大人之学也。" **豫:**预备。

2 **知思:**知识、思虑。 **格言:**可为准则的言论。格,标准。 **至论:**高超、正确的言论。 **熏聒:**熏陶、宣讲。

3 **铄(shuò):**熔化。以上这一章出自《伊川文集》。中国古代有小学,有大学,小学以学习文字为主,大学以明德成人为宗旨。小学与大学虽然有年龄高低之分,但并非以年龄为限,而是以内容、目的为别。《礼记·内则》又说:"子能食食,教以右手;能言,男唯女俞。"说明当时受教育的年龄很小,并且儿童的性别也不仅是男生,还包括了女生在内。《大戴礼记·保傅》又说到了胎教的制度,甚至将教育的开始提早到了婴儿出生之前。程颐提倡"能食能言而教之大学之法",正是继承中国古代这一教育传统而来。

原文

《观》[1]之上九曰:"观其生,君子无咎。"[2]《象》曰:"观其生,志未平也。"[3]《传》曰:君子虽不在位,然以人观其德,用为仪法,故当自慎省。观其所生,常不失于君子,则人不失所望而化之矣。不可以不在于位,故安然放意无所事也。[4]

译文

《易经·观卦》的上九爻辞说:"观察自己的生平行事,君子才会没有过失。"《象传》说:"观察自己的生平行事,心中还不能有松懈。"《程氏易传》说:君子虽然不在治事的职位上,但以为人们会看到他的德行,以他作为典范,所以应当自己谨慎。人们察看他的生平行事,总是不失君子的德行,那么人们就不会失望而受到他的感化了。不可以因为不在治事的职位,就安闲放任没有作为。

注释

1 **《观》:**卦名,《易经》六十四卦之第二十卦,《坤》下《巽》上。

2 **“观其生”二句:**《易经·观卦》上九爻辞。张伯行解为:“生,生平行事也。上九阳刚,居尊位之上,不当事任而亦为人所观,必合君子,乃得无咎。”

3 **志未平:**朱熹解为“言虽不得位,未可忘戒惧也”。

4 以上这一章出自程颐《程氏易传》,为程颐阐释《易经·观卦》上九爻时所说。《周易》以九五象征君子和国君,上九位居九五之上,但是却以阳爻居阴位,所以受到人们的观望和效仿,没有治事的职位。上九有阳刚之德,象征着君子的言行德业,所代表的恰是为人师表的读书人。张伯行说:“上九为无位之地,是君子以道自高者。然天下之人方将奉为师表,观我之德……故当于一身之视、听、言、动,应事接物,自慎省其得失……无一息之或懈也。”

原文

圣人之道如天然,与众人之识甚殊邈[1]也。门人弟子既亲炙[2],而后益知其高远。既若不可及,则趋望之心怠矣。故圣人之教,常俯而就之。事上临丧,不敢不勉,君子之常行。不困于酒,尤其近也。而以己处之者,不独使夫资之下者勉思企及,而才之高者亦不敢易乎近矣。[3]

译文

孔子的学问如同天地一般,众人与他的见识相差特别远。门人弟子亲身受教,然后更加知道他的高远。既然他的学问似乎遥不可及,则学生们追赶祈望的心情就倦怠了。所以孔子教人,总是俯身亲近他们。他说自己侍奉长辈,参加丧礼,不敢不勤勉,这都是君子平常要做到的。又说能够不受酒的困扰,尤其接近众人的品性。他让自己处在常人的境地,不仅使得资质低下的人勉励的想要追赶他,而且才能较高的人也都不敢轻忽寻常小事了。

注释

1 **殊邈:**特别远。

2 **亲炙:**亲聆教诲。炙,本义为烧灼,引申为受熏陶和教诲。

3 以上这一章出自程颐《程氏经说》。张伯行说:“此取《论语》之言而明其意,见圣人循循善教也。”

原文

明道先生曰:忧子弟之轻俊者,只教以经学念书,不得令作文字[1]。子弟凡百玩好皆夺志。至于书札[2],于儒者事最近,然一向好送着,亦自丧志。如王、虞、颜、柳[3]辈,诚为好人则有之,曾见有善书者知道否?平生精力一用于此,非惟徒废时日,于道便有妨处,足知丧志也。[4]

译文

程颢先生说:如果担心子弟们性情轻浮、飘逸,可以只教他们读经,不让他们作文章。子弟们有各种喜好都会改变他们的志向。至于写书信,最接近儒者的日常,然而一旦沉浸喜好,也自然会丧失求道的志向。像王羲之、虞世南、颜真卿、柳公权那样的人,确实是好人,可是曾经见过有擅长书法的人懂得天道的吗?平生的精力用在这里,不仅白白浪费时光,对于领悟天道也有妨碍,可知这些事会使自己丧失心志。

注释

1 **文字:**此处指文学性的各类文体。

2 **书札:**书信,古代又称书简、尺牍。

3 **王、虞、颜、柳:**王羲之、虞世南、颜真卿、柳公权,均为著名书法家。

4 以上这一章出自《程氏遗书》。一个人的时间、精力有限,因此教育的目标之一,就是教育人们将有限的时间和精力用在最为有益的事上。家族中的年轻人,性情愚笨无所事事固然值得担忧,然而性情飘逸却流于轻浮,同样也不可忽视,各种无益的爱好都会占据他们的内心。更加重要的是,这些爱好不仅在时间、精力上侵夺了领悟道的机会,而且在性质上也往往与道相反,从而影响他们向更高境界的道的提升。

原文

胡安定在湖州置治道斋,学者有欲明治道者,讲之于中,如治民、治兵、水

译文

胡瑗先生在湖州时设了一间治道斋,学者有要学习治理事务的,就在其中讲授,譬如治民、治兵、水利、算数等事。

利、筭数之类。[1]尝言刘彝善治水利，后累为政，皆兴水利有功。[2]

凡立言欲涵蓄意思，不使知德者厌，无德者惑。[3]

他曾经说过刘彝擅长治理水利，后来屡次做官，都是在水利上取得政绩。

凡是立说垂教应当要包含义理，不要让有道的人厌倦，无德的人迷惑。

注释

1 **胡安定：**胡瑗。**湖州：**治所在今浙江吴兴。胡瑗曾任湖州教授，以治道斋、治事斋、经义斋等数科教授学生，弟子数百人。 **学者：**学习的人，此处指学生。

2 **刘彝：**字执中，胡瑗弟子，宋神宗时曾任都水丞。 **累：**屡次。有本作"果"。以上这一章出自《程氏遗书》，为程颢所说。张伯行解释这段话的大意说："此言教人者当明治道以适于用也。"治民、治兵、水利、算数等，古称经济之学、经世致用之学，又称实学。理学虽然重在形上义理，但"理"本贯通天地，而尤切近于日用，真能明于义理，就应当可坐而言、起而行。

3 **立言：**立说垂教。 **意思：**此处指义理。以上这一章出自《程氏遗书》，为程颢所说。立说垂教贵在体现道理，耐于咀嚼玩味。如果只限于文辞，即使篇幅浩繁，也只是枝蔓芜杂，那么懂得道理的人读了就会厌倦，不懂道理的人读了就会迷惑。

原文

教人未见意趣，必不乐学。欲且教之歌舞，如古《诗》三百篇[1]，皆古人作之。如《关雎》之类，正家之始，故用之乡人，用之邦国，日使人闻之。[2]此等诗，其言简奥，今人未易

译文

教人如果不能使他感到学习的乐趣，他一定不喜欢学习。你就可以先教他诗歌和舞蹈，如同《诗经》中的三百篇，都是古人作的。例如《关雎》等篇，是端正家风的起点，所以可以运用在一乡之中，运用在一国之内，天天让人们听到。这样的诗篇，言语简练古奥，现在的人不容易

晓。别欲作诗，略言教童子洒扫应对事长之节，令朝夕歌之，似当有助。[3]

明白。我想要另作诗篇，大致说一些教育儿童洒扫庭院、应对问答、侍奉长辈的礼节，让人们早晚歌唱，似乎应当有所帮助。

注释

1 **《诗》三百篇：**即《诗经》，孔子删订古诗而成，共三百零五篇，因此又别称《诗三百》，举其成数而言。

2 **《关雎》：**《诗经·周南》七篇中的第一篇，《诗序》称《关雎》所述为后妃之德，称之为"风之始"，"所以风天下而正夫妇也"。 **正家：**使家庭关系正常有序。

3 **别欲：**有本作"欲别"。以上这一章出自《程氏遗书》，为程颢所说。中国古代有采诗之官，诗篇多采自民间。《礼记·内则》记载："十有三年，学乐、诵《诗》、舞《勺》。成童，舞《象》、学射御。二十而冠，始学礼。"说明当时诗篇非常普及，而诵诗是儿童学习的科目。诗篇有乐有声，古称"诵《诗》"，而乐与声均与人的喜乐相关。《汉书》说："哀乐之心感，而歌咏之声发。诵其言谓之诗，咏其声谓之歌。"程颢即从《诗经》的这层意义出发，认为儿童的教育可以用浅近的语言表达基本的道理，以富含乐趣的歌舞形式表达出来。

原文

子厚以礼教学者最善，使学者先有所据守。[1]

语学者以所见未到之理，不惟所闻不深彻，反将理低看了。[2]

舞、射便见人诚。[3]古之教人，莫非使之成

译文

张载用礼来教育学生的方法最好，这能使学习的人首先有规矩作为依据并持守。

告诉学习的人他还不能明白的道理，他不仅听得不深切透彻，反而将道理看轻了。

舞蹈和射箭就可以看出人的诚心。古人教育别人，无不是使他们成就自己。从洒扫庭院和应对问答上面，就可以学做圣人。

从"要经常表现出不可欺诳给幼儿看"

己。自洒扫应对上，便可到圣人事。[4]

自“幼子常视无诳”以上，便是教以圣人事。[5]

先传后倦[6]，君子教人有序，先传以小者近者，而后教以大者远者。非是先传以近小，而后不教以远大也。[7]

伊川先生曰：说书[8]必非古意，转使人薄。学者须是潜心积虑，优游涵养，使之自得。今一日说尽，只是教得薄。至如汉时说“下帷讲诵”，犹未必说书。[9]

开始，就是教育他们学做圣人。

首先传习，然后教诲，这是在说君子教人应讲求次序，首先传习细小的和切近的事理，然后教诲重大的和高远的事理。并不是首先传习切近和细小的事理，然后却不教诲高远、重大的事理。

程颐先生说：由老师讲解经书的方式一定不合古人的原意，这反而使人的性情浮薄。学习的人应当潜心沉思，从容宽裕，涵泳体会，使自己有心得。现在一天讲完，只教出了浮薄。至于像汉代的“下帷讲诵”，还不一定是由老师讲解经书。

注释

1 以上这一章出自《程氏遗书》，为二程记录的张载遗事。张载教育学生，以礼作为起点，是其独特之处，深得二程的赞赏。礼有两重含义，其形式为各种礼节规矩，其本质则为恭敬谦逊。持敬一向被儒家学者视为学习的基础，而礼节规矩则有易于操作，因此被程颢称为早期教育的依据。

2 以上这一章出自《程氏遗书》，为程颢所说。这段话意在阐明古代“学不躐等”的教育方法。《礼记・学记》说：“时观而弗语，存其心也；幼者听而弗问，学不躐等也。”可观而不可语，可听而不可问，为的是遵循循序渐进的规律。教育必须循序渐进，即使有好的道理，如果学生还不能领悟，就不能与他深究，否则，不仅不能使他明白，反而会影响他将来的学习。学生不学习的情况是较少的，学习而没有效益的情况更为常见，其关键都是由于因噎废食。这一点因为不能为学生自己所把握，所以是老师尤其需要注意的。

3 **舞**:舞蹈。 **射**:射箭。

4 以上这一章出自《程氏遗书》,为程颢所说。古代从洒扫应对,以至冠、婚、丧、祭,一言一行,一动一静,无不是礼。其中舞蹈和射箭都是礼,也都是教育中的必修科目。叶采解释这段话的大意说:"舞者所以导其和,射者所以正其志。要必以诚心为之,诚者所以成己也。"舞蹈和射箭都是为了成礼,而成礼则是为了心诚,只有心诚才能最终成就自己。所以,舞蹈和射箭虽是小事,却可以成为学习圣人的开始。

5 **幼子常视无诳**:语出《礼记·曲礼》。陈澔《礼记集说》:"'视'与'示'同。常示之以不可欺诳,所以习其诚。"以上这一章出自《程氏遗书》,为程颢所说,其大意仍是教人以诚。无诳就是无妄,无妄就是诚心。朱熹说:"诚者,真实无妄之谓。"

6 **先传后倦**:传,传习。倦,朱熹说:"如诲人不倦之倦。"

7 以上这一章出自《程氏遗书》,为程颢所说。子游讥笑子夏教育弟子,只教给他们礼仪末节,而不教大道的根本。子夏反驳说,君子之道并无首先传习什么、然后教诲什么的区别,学习的人自有浅深,应当循序渐进。程颢赞同子夏的观点,肯定学习应从洒扫应对的小事开始。他说:"洒扫应对便是形而上者,理无大小故也。""圣人之道更无精粗,从洒扫应对至精义入神,贯通只一理。"

8 **说书**:宋代官制,翰林院设侍讲、侍读,为皇帝讲说经书,又称说书。此处指宋代流行的单纯由老师讲解经书,讲完就算学完的教学方式。

9 **下帷讲诵**:讲经时放下帷幕。以上这一章出自《程氏遗书》,为程颐所说。教育的目的不在于将某书讲完,而在于内心有体会。《汉书·董仲舒传》说他"下帷讲诵",而自己首先"三年不窥园""进退容止,非礼不行",所以程颐加以称道。

原文

古者八岁入小学[1],十五入大学[2],择其才可

译文

古时候八岁进入小学,十五岁进入大学,选拔有才能可以教育的人在一起,没有

教者聚之，不肖者复之农亩。盖士农不易业[3]，既入学则不治农，然后士农判[4]。在学之养，若士大夫[5]之子，则不虑无养，虽庶人之子，既入学则亦必有养。古之士者，自十五入学，至四十方仕[6]，中间自有二十五年学，又无利可趋，则所志可知。须去趋善，便自此成德。后之人，自童稚间已有汲汲趋利之意，何由得向善？故古人必使四十而仕，然后志定。只营衣食，却无害，惟利禄之诱最害人。[7]

才能的人让他们回到农田上去。读书人和农民都不改变世袭的职业，既然已经进入学校就不再务农，这样读书人和农民就分开了。在学校里供给生活必需品，像士大夫的儿子就不用担心生活供养了，即使是平民的儿子，既已入学也一定有奉养。古时候的读书人，从十五岁开始学习，到四十岁才去做官，中间自然有二十五年的时间来学习，又没有利欲可以追求，那么他们心中的志向就可想而知了。他们必须去追求善道，这样便可以成就德业。后世的人，从幼童时就已经有了汲汲于利欲的心愿，怎么还能追求善道？所以古人一定要到四十岁才做官，这样志向才能坚定。学校里只供给衣食，这不算危害，只有利禄的诱惑最为害人。

注释

1 **古者八岁入小学：**《大戴礼记·保傅》："古者年八岁而出就外舍，学小艺焉，履小节焉。束发而就大学。学大艺焉，履大节焉。"

2 **十五入大学：**《白虎通义》："古者所以年十五入太学何？以为八岁毁齿，始有识知，入学学书计。七八十五，阴阳备，故十五成童志明，入太学，学经术。"《论语·为政》："子曰：吾十有五而志于学。"朱熹说："古者十五而入大学。"

3 **不易业：**不改变世袭的职业。

4 **判：**分别、分开。

5 **士大夫：**此处指做官有禄位的人。

6 **至四十方仕：**《礼记·内则》：男子"四十始仕"。

7 以上这一章出自《程氏遗书》，为程颐所说。这段话意在追述古代教育制度，阐明自己的教育思想，从而对当时的教育弊病提出批评。

原文

天下有多少才，只为道不明于天下，故不得有所成就。且古者“兴于《诗》，立于礼，成于乐”，如今人怎生会得？古人于《诗》，如今人歌曲一般，虽闾巷童稚，皆习闻其说而晓其义，故能兴起于《诗》。后世老师宿儒，尚不能晓其义，怎生责得学者？是不得兴于《诗》也。古礼既废，人伦不明，以至治家皆无法度，是不得立于礼也。古人有歌咏以养其性情，声音以养其耳目，舞蹈以养其血脉，今皆无之，是不得成于乐也。古之成材也易，今之成材也难。[1]

译文

天下有多少人才，只因为天道不能显明于天下，所以不能获得成就。况且古时候“兴起在《诗》之中，树立在礼之中，成就在乐之中”，如今的人怎么做得到？古人看待《诗》，就像现在的人看待歌曲一样，即使是街巷里的幼童，也都熟悉它的吟诵，明白它的含义，所以能够兴起在《诗》中。后世年高的老师和多年的儒士，尚且不能明白它的含义，怎么能够责备学生？这样就不能兴起在《诗》中了。古代的礼仪既已废弃，人们之间的关系不明了，就连治家都没有了规矩，这样就不能在礼中树立品格了。古人用歌咏来涵养他们的性情，用音乐来涵养他们的耳朵眼睛，用舞蹈来涵养他们的血脉，现在全都没有了，这样就不能在乐中成就了。古时候成就人才容易，现在成就人才困难。

注释

1 **成材：**成为有用的人。以上这一章出自《程氏遗书》，为程颐所说。张伯行概括这段话的大意说：“此言人才成就之难。……非材之难，所以成其材者实难。”

原文

孔子教人，“不愤不启，不悱不发”[1]。盖不待愤、悱而发，则知之不固；待愤、悱而后发，则沛然矣。学者须是深思之，思而不得，然后为他说便好。初学者须是且为他说，不然，非独他不晓，亦止人好问之心也。[2]

横渠先生曰：“恭敬撙节退让以明礼。”[3]仁之至也，爱道之极也。己不勉明，则人无从倡，道无从弘，教无从成矣。[4]

译文

孔子教育人的方法是，“学生要到心求明白而还不明白时才开导他们，口虽欲言而说不出来时才启发他们”。因为不等到心中渴求、口中欲言就开导、启发，他们掌握的知识就不牢固。等到心中渴求、口中欲言然后再开导、启发，就豁然明白了。学习的人应当自己深思，深思而未能领悟，然后再为他讲解效果才好。对于初学的人则应该为他们讲解，不这样的话，不仅他们不能懂，而且抑止了人们好问的心。

张载先生说：“对人心怀恭敬，遇事克制以合于礼节，言行举止退让，以此彰明礼法。”这是仁爱之道的极致。自己不努力彰明它，那么别人就无法跟从、倡导，道理就无从弘扬传布，教育就无从成就了。

注释

1 **“不愤不启”二句：**语出《论语·述而》。朱熹说：“愤者，心求通而未得之意。悱者，口欲言而未能之貌。启，谓开其意。发，谓达其辞。”

2 以上这一章出自《程氏遗书》，为程颐所说。

3 **恭敬撙节退让以明礼：**语出《礼记·曲礼上》。撙节，节制。

4 以上这一章出自张载《正蒙·至当》。由明礼而达到仁道，体现了张载“以礼教人”的一贯方式。其中“己不勉明”一点，要求学生首先要自己勉而明之，仍是孔子“不愤不启，不悱不发”的思想。

原文

《学记》[1]曰：“进而不

译文

《礼记·学记》中说：“进讲而不顾及

顾其安，使人不由其诚，教人不尽其材。”人未安之，又进之，未喻之，又告之，徒使人生此节目[2]。不尽材，不顾安，不由诚，皆是施之妄也。教人至难，必尽人之材，乃不误人。观可及处，然后告之。圣人之教，直若庖丁之解牛，皆知其隙，刃投余地无全牛矣。[3]人之才足以有为，但以其不由于诚，则不尽其才。若曰勉率而为之，则岂有由诚哉？[4]

学生是否能接受，迫使学生不出于他的诚心，教育别人而不发挥他的才能。”人们还没有安熟，又对他进讲，还没有明白，又告知他别的事，白白让人生出这些麻烦。不发挥他们的才能，不顾及安熟与否，不出于诚心，都是欺妄的教育。教育人最难，一定要发挥出他们的才能，才不贻误别人。观察他的能力可以到达的地方，然后才告知他。孔子的教育方法，简直就像庖丁肢解牛一样，筋骨之间的缝隙全都知道，刀刃插入的地方尚有余地而牛已被全部解剖了。人们的才能都足以有所作为，只是因为不是出于诚心，就不能发挥才干。如果强迫他们去做，怎么能够出于诚心呢？

注释

1 **《学记》**:《礼记》第十八篇。郑玄说：“名曰《学记》者，以其记人学教之义。”

2 **节目**:枝节，麻烦。

3 **庖丁之解牛**:语出《庄子·养生主》。比喻做事得心应手，运用自如。 **隙**:筋骨之间的缝隙。

4 以上这一章出自张载《张子语录·语录抄》。

原文

古之小儿便能敬事。长者与之提携[1]，则两手奉[2]长者之手；问之，掩口而对。盖稍不敬事，便不忠信。故教小儿，且先安

译文

古时小孩子就懂得遇事恭敬。长辈手提什物递过来，就伸出双手接住长辈的手；问他们话，则掩住口来回答。因为遇事稍有不恭敬，就是不忠信。所以教育小孩子，先要教育他们安详恭敬。

详恭敬。[3]

孟子曰："人不足与适也，政不足与间也，唯大人为能格君心之非。"[4]非惟君心，至于朋游学者之际，彼虽议论异同，未欲深较。惟整理其心，使归之正，岂小补哉？[5]

孟子说："君主用人的过失不值得去责备，政事的过失不值得去非议，只有大德的君子才能改正君主内心的过错。"不仅君主的内心，至于处在朋友交游、学生问学之时，虽然他们的见解有所不同，也不必过于计较。只有端正他们的内心，使他们归于正道，才是君子所值得去做的，补救的作用难道还小吗？

注释

1 **提携**：此处指手提什物递给别人。

2 **奉**：捧着。

3 以上这一章出自张载《张子语录·语录抄》。古代小学教育，以"临事恭敬"为基本原则。张伯行说："此言教小儿者，必先去其骄惰之心，所以培忠信心也。"

4 **"孟子曰"四句**：语出《孟子·离娄上》。适，通"谪"，责备。间，非议。大人，此处指君子，与"小人"相对。格，朱熹说"正也"。君，此处指君主。

5 以上这一章出自张载《张子语录·语录抄》。孟子认为，政事之失，用人之非，智者能更之，直者能谏之，至于君主内心潜在而尚未表露出来的邪念，就只有大德的君子才能够纠正。这段话的大意是，将孟子的观点引申到交友和教学中来，说明交友、教学也不例外，最重要的不在于辩论观点的异同，而在于"整理其心"，也就是宋儒所常说的"收拾人心"。

九　圣贤气象

导读

这一卷原为《近思录》第十四卷，现为本书第九卷，依次辑录北宋著名理学家周敦颐、程颢、程颐、张载四人的有关语录，共二十六条。

本卷标题据《朱子语类》原为“圣贤气象”，叶采《近思录集解》题为“圣贤”，茅星来《近思录集注》题为“观圣贤”，现在定为“圣贤气象”。

叶采说：“此卷论圣贤相传之统，而诸子附焉。断自唐虞尧舜，禹、汤、文、武、周公，道统相传，至于孔子。孔子传之颜、曾，曾子传之子思，子思传之孟子，遂无传焉。于是楚有荀卿，汉有毛苌、董仲舒、扬雄、诸葛亮，隋有王通，唐有韩愈，虽未能传斯道之统，然其立言立事有补于世教，皆所当考也。逮于本朝，人文再辟，则周子唱之，二程子、张子推广之，而圣学复明，道统复续，故备著之。”

程颐曾经提醒学者，要在文字中识得圣贤气象。程颐说：“凡看文字，非只是要理会语言，要识得圣贤气象。如孔子曰‘盍各言尔志’，而由曰‘愿车马，衣轻裘，与朋友共，敝之而无憾’，颜子曰‘愿无伐善，无施劳’，孔子曰‘老者安之，朋友信之，少者怀之’。观此数句，便见圣贤气象大段不同。若读此不见得圣贤气象，他处也难见。学者须要理会得圣贤气象。”

朱熹论及于此，则特别指出圣贤气象陈义虽高，也只是切问近思功夫的日渐积累。由此而使这最后的一卷，非常切合地为《近思录》全书作了一个结尾。

原文

明道先生曰：尧与舜更无优劣，及至汤、武[1]便别，孟子言性之反之。自古无人如此说，只孟子分别出来，便知得尧舜是生而知之，汤、武是学而能之。文王之德则似尧舜，禹之德则似汤武。要之皆是圣人。[2]

译文

程颢先生说：帝尧和帝舜不分优劣，到了商汤王和周武王就有分别，就是孟子所说的由修养而回归天性。自古没有人这样说，只有孟子区分得出来，由此可知尧舜是天性圣明，商汤王和周武王是学习了然后圣明。周文王的德行像尧舜，夏禹王的德行则像商汤王和周武王。总之都是圣明君主。

注释

1 **武：**周武王，姓姬，名发，周文王之子。文王死后，继承其位，以太公望为师，周公旦为辅，召公、毕公为左右，修文王遗业。十一年观兵盟津，十三年伐纣克商，即天子位，分封诸侯。

2 **圣人：**此处指圣明的君主。以上这一章出自《程氏遗书》。这段话中，程颢借助孟子的话，将历代圣明君主区分为天性圣明的和由后天学习而圣明的两种。前者纯然出于天性，所以又称为“生而知之”。朱熹说：“得全于天，无所污坏，不假修为。”“气质清明，义理昭著，不待学而知也。”后者通过后天学习而成。朱熹说：“修为以复其性，而至于圣人也。”两种圣人都是做人的极则。张伯行解释这一章的大意说：“此综论尧、舜、禹、汤、文、武，以为圣人之准。”

原文

仲尼，元气[1]也；颜子，春生[2]也；孟子，并秋杀尽见[3]。仲尼无所不包；颜子视“不违[4]如愚”之学于后世，有自然之和气，不言而

译文

孔子，如同天地的元气；颜回，如同春天生育万物的和气；孟子，连秋天的肃杀之气都显现出来了。孔子无所不包，颜回向后世显示出了“如同愚人一样依从”的学问，具有自然的和蔼气

化者也；孟子则露其材，盖亦时然而已[5]。仲尼，天地也[6]；颜子，和风庆云[7]也；孟子，泰山岩岩[8]之气象也。观其言皆可见之矣。仲尼无迹[9]，颜子微有迹，孟子其迹著。孔子尽是明快人，颜子尽岂弟，孟子尽雄辩。[10]

息，是不用教导就可以蒙受教化的人；孟子则显露着他的才能，因为那个时代使得他这样。孔子，就像天地；颜回，就像和风祥云；孟子，具有泰山一样高峻的气象。从他们的言论中都可以看出来。孔子没有痕迹，颜回稍微露出了痕迹，孟子的痕迹很显著。孔子是个开朗直爽的人，颜回是个和乐谦逊的人，孟子是个雄辩的人。

注释

1 **元气**：天地未分前的混沌之气。张伯行说："夫子阴阳合德，不刚不柔，太和充满，众理渊涵，如一元之气，浑沦溥博，自然而然，无二无间。"

2 **春生**：在春季萌生，此指天道运行到春季所体现的生生之仁。《史记》："春生夏长，秋收冬藏，此天道之大经也。"张伯行说："颜子……盎若春阳，蔼若春风，万物发荣滋润，到处皆有生意。如言而无所不说，进而未见其止，即其验也。"

3 **并秋杀尽见**：张伯行说："孟子……有刚明果毅、整齐严肃之意，如诸侯不往见，管、晏不肯为……于此验也。"

4 **不违**：依从。

5 **盖亦时然而已**：意为孟子的学说是激于时世而产生的。

6 **仲尼，天地也**：叶采说："天地者，高明而博厚也。"张伯行说："仲尼之无所不包，其天地之无不持载，无不覆帱者乎！"

7 **庆云**：有祥瑞之气的五色云。叶采说："和风庆云者，协气祥光也。"

8 **岩岩**：高大，高耸。叶采说："泰山岩岩者，峻极不可逾越也。"

9 **仲尼无迹**：无迹，意为没有人为的痕迹。叶采说："夫子浑然天成，故无迹。"张伯行说："天地无心而成化，虽日发育万物，人莫得窥其迹者也。"

10 **孔子尽是明快人**：张伯行说："明者，心无渣滓，人欲尽而天理见也。快者，心无系累，万物一体而因物付物也。所谓气质清明，义理昭著，廓然大公，物来顺应是也。”叶采说：“夫子清明在躬，犹青天白日，故极其明快。”**颜子尽岂弟：**岂弟，即“恺悌”，和乐平易。张伯行说：“有若无，实若虚，犯而不校，无伐善，无施劳，皆是也。”**孟子尽雄辩：**孟子自称擅辩。以上这一章出自《程氏遗书》，为程颢所说。这段话中，程颢借春生比拟颜回，借秋杀比拟孟子，而将孔子比为化育天地四时的太和元气，别具一格。朱熹说：“言三子之行各极其一偏，孔子之道兼全于众理。……三子犹春、夏、秋、冬之各一其时，孔子则太和元气之流行于四时也。”叶采说：“此段反复形容大圣大贤气象，各臻其妙，古今之言圣贤未有若斯者也。”

原文

曾子传圣人学，其德后来不可测，安知其不至圣人？如言“吾得正而毙”[1]，且休理会文字，只看他气象极好，被他所见处大。后人虽有好言语，只被气象卑，终不类道。[2]

传经为难。如圣人之后，才百年，传之已差。圣人之学，若非子思、孟子，则几乎息矣。道何尝息？只是人不由之。“道非亡也，幽、厉不由也。”[3]

译文

曾参传承孔子的学问，他的德业后来不可测度，怎么知道他不会成为圣人？譬如他说“我宁愿获得中正而死”，姑且不要推敲文字，只看他的气象是极好的，他的境界很宏大。后人虽然有好听的话，只是由于气象卑陋，始终不似大道。

传承经典很难。譬如孔子之后，才过了一百年，传承已经有了偏差。孔子的学问，如果不是子思与孟子，差不多要灭绝了。“道”什么时候灭绝过？只因为人们不遵循着去做。如董仲舒所说：“道并没有消失，只因为周幽王与周厉王不遵循着去做。”

注释

1 **吾得正而毙：**犹言寿终正寝。《礼记·檀弓》载曾子寝疾，病，起易箦，曰：“尔之爱我也不如彼。君子之爱人也以德，细人之爱人也以姑息。吾何求哉？吾得正而毙焉，斯已矣。”

2 以上这一章出自《程氏遗书》，为程颐所说。

3 **“道非亡也”二句：**语出董仲舒《天人三策》。幽、厉，周幽王与周厉王，均为无道之君。以上这一章出自《程氏遗书》，为程颐所说。

原文

荀卿才高，其过多。扬雄才短，其过少。[1]

荀子极偏驳，只一句“性恶”，大本已失。[2]扬子虽少过，然已自不识“性”，更说甚“道”？[3]

董仲舒曰：“正其义不谋其利，明其道不计其功。”此董子所以度越诸子。[4]

译文

荀子的才气高，他的过失多。扬雄的才气短，他的过失少。

荀子极不纯正，只看一句“性恶”的话，根本上就已经错了。扬子虽然过失少，但已经不认识“性”，还说什么“道”？

董仲舒说：“处置事物使之合宜而不贪图它的利益，阐明道义使之宏大而不计较它的功效。”这就是董仲舒之所以超越各位学者的原因。

注释

1 **荀子：**名况，时人尊称为荀卿，又避汉宣帝讳而称孙卿，战国时期赵国人，儒家学派的重要代表人物。曾仕齐稷下学宫，三为祭酒，又仕楚，为兰陵令。李斯、韩非曾为弟子。著《荀子》，今存三十二篇，其中《天论》《礼论》等篇均能发明儒家学说，《王霸》《性恶》等篇提出“法后王”和“人性恶”的观点，与孟子所主张的“法先王”“人性善”截然相反，《非十二子》篇也对子思、孟子直接提出批评，因此受到历代儒家学者的指责。以上这一章出自《程氏遗书》，为程颐所说。叶采解释这句话说：“荀卿才高，敢为异论，如以人性为恶，以子思、孟子为非，其过多。扬雄才短，如作《太玄》以拟《易》，《法言》以拟《论语》，皆模仿前圣之遗言，其过少。”荀子、扬雄虽都以儒家自诩，也都秀出一时，但因未能在心性一面发明儒家义理，所以受到程颐、朱熹的指责。

2 **偏驳：**不纯正。　**性恶：**荀子的主张之一。认为人性本恶，必须以礼法治之，才能改恶从善。

3 **“然已自不识性”二句：**张伯行说：“扬子则见孟子说性善，荀子又说性恶，他无可说，只说得个善恶混，亦是才短模糊之见。然‘性’者，‘道’所从出，要识得真‘道’字，方体认亲切。既不识‘性’，又说甚‘道’？”以上这一章出自《程氏遗书》，为程颐所说。这段话中，程颐从“大本”的立场，对荀子、扬雄提出批评。然而在“细碎”之处，二人亦能有所见，朱熹曾对此加以肯定。

4 **诸子：**此处指汉唐间的儒家学者。以上这一章出自《程氏遗书》，为程颐所说。朱熹阐释这句话的意义说：“谊必正，非是有意要正。道必明，非是有意要明。功利自是所不论，仁人于此有不能已者。……仲舒所立甚高，后世之所以不如古人者，以道义功利关不透耳。”张伯行说：“二语尤为要领。世间只为‘功利’二字，坏却许多心术，败却许多事业。”

原文

汉儒如毛苌、董仲舒最得圣贤之意，然见道不甚分明。[1] 下此即至扬雄，规模又窄狭矣。[2]

林希谓扬雄为禄隐。[3] 扬雄，后人只为见他著书，便须要做他是，怎生做得是？[4]

译文

汉代的儒士像毛苌、董仲舒最能继承圣贤的真意，然而对“道”的认识不是很分明。此后就到了扬雄，规模就更狭窄了。

林希说扬雄在官食禄不勤于政事。后人只因为看到扬雄著了书，就肯定他好，他怎样做得对？

注释

1 **毛苌：**西汉儒士，世称小毛公（毛亨称大毛公）。赵人，治《诗经》，作《毛传》，为河间献王博士。当时传《诗经》的有《齐诗》《鲁诗》《韩诗》及《毛诗》四家，后三家皆废，只有《毛诗》独存，即今本《诗经》。 **圣贤：**此处指孔子和孟子。

2 以上这一章出自《程氏遗书》，为程颐所说。张伯行说：“此评次汉儒之短长，使后学知取舍也。”

3 **林希**：字子中，北宋福州（今福建福州）人，官至吏部尚书，翰林学士。哲宗绍圣初，依附章惇，尽黜元祐群臣，皆密豫其议。自司马光、吕公著、吕大防、刘挚、苏轼、苏辙等数十人之制，皆希所作，极尽丑诋。《宋史》称其“行谊浮伪，士论羞薄”。程颐编管涪州，也出林希之手。**禄隐**：谓在官食禄不勤政事。

4 以上这一章出自《程氏遗书》，为程颐所说，程颐对扬雄完全采取批评的态度。扬雄在王莽篡汉以后继续做官，因此招致了后人的批评。张伯行说：“扬子云失身事莽，大节已亏，而人犹以为禄隐……子云固如是哉？人但见其所著之书奥衍深僻，诧其有才，便要说他是，故为迁就其说。岂知不识性、不识道，即其为书，亦皆不知而作。徒以艰深之词，文浅易之说，怎有是处？”

原文

孔明[1]有王佐之心，道则未尽。王者如天地之无私心焉，行一不义而得天下，不为。[2]孔明必求有成而取刘璋[3]，圣人宁无成耳，此不可为也。若刘表子琮将为曹公所并，取而兴刘氏，可也。[4]

诸葛武侯有儒者气象。[5]

孔明庶几礼乐。[6]

译文

诸葛亮有辅佐君主成为圣明天子的志向，在王道方面却不尽完备。王者就像天地一样没有私心，做出一件不义的事情而可得到天下都不肯做。诸葛亮一定要争取成功，因而袭击了刘璋，圣明的君主宁可没有成功，这样的事情也不可以去做。至于像刘表死后儿子刘琮将要在荆州投降曹操，夺取它来复兴汉朝是可以的。

诸葛亮有儒者的气象。

诸葛亮差不多可以设立礼乐制度了。

注释

1 **孔明**：诸葛亮，字孔明，东汉末居南阳隆中，躬耕陇亩，每自比于管仲、乐毅。刘备在荆州，三顾草庐求见，诸葛亮献《草庐问对》，想要东结孙权，西和诸戎，南抚夷越，北拒曹操。后又帮助刘备占领荆州，进兵巴蜀、汉中，与孙权联合，在赤壁打败曹操的进攻，奠定三国鼎立的局面。诸葛亮因功拜军师将军、丞相，领司隶校尉，又领益州牧，封武乡侯，开府治事，政事无巨细，咸决其手。内辅弱主，外抗强敌，以忠于先帝，兴复汉室为职志，有“鞠躬尽瘁，死而后已”等语，最终病死于军中，追封忠武侯。

2 **王者：**能够建立王道的君王。孟子说：“以力假仁者霸，以德行仁者王。” **行一不义而得天下，不为：**语出《孟子·公孙丑上》。不义，不合乎道义。

3 **刘璋：**东汉末为益州牧，刘备往投刘璋，刘璋出迎，后刘备袭而取之。

4 **若刘表子琮将为曹公所并：**刘表为荆州牧，卒，其少子刘琮举州投降曹操。曹操于赤壁战败北还，刘备乘势取得荆州。 **刘氏：**此处指汉朝。刘表、刘备均为汉室宗亲。以上这一章出自《程氏遗书》，为程颐所说。

5 以上这一章出自《程氏遗书》，为程颐所说。朱熹也曾称赞诸葛亮，说：“孔明学不甚正，但资质好，有正大气象。”

6 **庶几：**差不多。 **礼乐：**此处指兴立儒家典章制度。以上这一章出自《程氏遗书》，为程颐所说。

原文

文中子[1]本是一隐君子，世人往往得其议论，附会成书。其间极有格言，荀、扬道不到处。[2]

韩愈亦近世豪杰之士，如《原道》中言语虽有病，然自孟子而后，能将许大见识寻求者，才见此人。至如断曰：“孟氏醇乎醇。”[3]又曰：“荀与扬，择焉而不精，语焉

译文

王通原本是一个隐居的君子，世人往往收藏有他的著作，编撰成书。里面有很多格言，都是荀子、扬雄说不到的地方。

韩愈也是近代以来的一位豪杰，譬如他所作的《原道》说话虽然有毛病，然而自从孟子之后，能够具有这样大的见识的，只见到他这个人。至于他说：“孟子极其纯粹。”又说：“荀子和扬雄，有所选择却不精细，说出了一些

而不详。”若不是他见得，岂千余年后，便能断得如此分明？[4]

道理却不详尽。”如果不是他有见识，怎么能在一千余年以后，还能判断得这样分明？

学本是修德，有德然后有言，退之却倒学了[5]。因学文日求所未至，遂有所得。如曰：“轲之死，不得其传。”似此言语，非是蹈袭前人，又非凿空撰得出，必有所见，若无所见，不知言所传者何事。[6]

学问的根本是修养德行，有德行然后才有文章，韩愈却将学问的次序颠倒了。由于学习文章每天查找自己的不足，于是有了一些见解。譬如他说：“孟子死后，失去了传承。”像这样的话，不是沿袭前人而来，也不是凭空可以杜撰出来的，一定是有了见地，如果没有见地，就不知道所说的传承是传承什么。

周茂叔胸中洒落，如光风霁月。[7]其为政，精密严恕，务尽道理。[8]

周敦颐心中洒落，如同雨后初晴，月光照耀，清风吹过。他治理政事，精密严明宽恕，务必符合道理。

注释

1 **文中子：**王通。

2 以上这一章出自《程氏遗书》，为程颐所说。张伯行说：文中子“其论治道不免碎细，称佛为西方圣人，则亦于大本大原未有所见，然有荀、扬所不能道及者。荀、扬说性差，则所说皆差，文中子犹知所谓‘中’，是以极有格言也”。

3 **醇：**精纯，纯一不杂。

4 以上这一章出自《程氏遗书》，为程颢所说。韩愈的主张大抵诋斥佛老而尊崇孟子，因此得到程颐、朱熹的部分肯定。朱熹说：“自古罕有人说得端的，惟退之《原道》庶几近之，却说见大体。”

5 **退之却倒学了：**朱熹说：“韩文公第一义是去学文字，第二义方去穷究道理，所以看得不亲切。”张伯行说：“德，本也。文，末也。古之学者务修德而已，德积于中，文自见于外，所谓‘有德者必有言’。退之学文而后见道，是由末以及本，却倒学了。”

6 **不知言所传者何事：**朱熹说：“夫孟子之所传者何事哉？曰：仁义而已矣。”以上这一章出自《程氏遗书》，为程颐所说。这段话一方面肯定韩愈尊崇孟子的努力，表彰他“见识高卓，发前人所未发”；另一方面，也指出了韩愈重文甚于重德的弊病。

7 **“周茂叔胸中洒落”二句：**语出黄庭坚《濂溪诗序》。朱熹说：“此句形容有道者气象绝佳。”霁，雨后或雪后转晴。

8 这一章以后描述宋儒气象。张伯行说：“天理周流，本无窒碍，中有未净，故多系累。周子心契太极，其胸中精莹明彻，不疑所行，实有以得夫仲尼、颜子之乐。是以洒洒落落，如光风霁月，清旷高远之象。若有一毫私吝心，何处得此也耶！”

原文

伊川先生撰《明道先生行状》曰：先生资禀既异[1]，而充养有道；纯粹如精金，温润如良玉；宽而有制，和而不流[2]；忠诚贯于金石，孝悌通于神明[3]。视其色，其接物也，如春阳之温；听其言，其入人[4]也，如时雨之润。胸怀洞然，彻视无间。测其蕴，则浩乎若沧溟之无际；极其德，美言盖不足以形容。

先生行己，内主于敬，而行之以恕[5]；见善

译文

程颐先生撰写的《明道先生行状》说：程颢先生的天资与人不同，而且他的学养又非常得法；他纯粹得如同精炼的金属，温和柔润如同精美的玉石；宽容而有节制，和蔼而不放纵；忠诚可以穿透钟磬，孝悌可以感动天地。观察他的面容，他与人交往，就像春天的阳气一样温暖；听他说话的声音，能感动、影响他人，就像及时的雨水滋润着大地。他胸怀豁达，洞察无余。观测他的内涵，广阔得就像沧海没有边际；想穷尽他的德行，多优美的语言也不足以形容。

程颢先生立身行事，对待自己诚敬，对待他人宽容；见到别人做了好事就如同自己所做的一样高兴，自己不愿意的事情

若出诸己，不欲勿施于人[6]。居广居而行大道，言有物而行有常。[7]

也不施加给别人。内心仁爱如同居于宽广的住所，遵循义理如同行走在大路上，言语务实而举动有法。

注释

1 **资禀既异：**此处指程颢天性纯出天然，自然中和。资禀，天资。张伯行说："此二句为一篇之纲领。盖质非中和，后来成就虽好，能造其极而不能合于中；养有未充，则虽天资高而精微周折恐有所未尽。资与学齐到，所以非诸儒可及。"

2 **和而不流：**语出《礼记·中庸》。朱熹解为"中庸"。

3 **神明：**一指天地的屈伸运转，一指人的心智，此处指天地而言。

4 **入人：**指对别人的感动和影响，能深入人的内心。张伯行说："入人之言，渐濡不迫，如万物得时雨之润。"

5 **恕：**推己及人，仁爱待物。

6 **不欲勿施于人：**语出《论语·颜渊》，原文作："己所不欲，勿施于人。"自己不愿意的，不要施加给别人。

7 **居广居而行大道：**语出《孟子·滕文公下》。朱熹说："广居，仁也。正位，礼也。大道，义也。" **言有物：**言语有内容和实质。**行有常：**行为有法度。

原文

先生为学，自十五六时，闻汝南周茂叔论道[1]，遂厌科举之业，慨然有求道之志。未知其要，泛滥于诸家，出入于老、释者，几[2]十年，返求诸"六经"，而后得之。明于庶物，察于人伦，知尽性至命，必本于

译文

程颢先生治学，从十五六岁时起，听了汝南人周敦颐讲论道学，于是就放弃了科举的学业，慷慨地树立了寻求大道的志向。还不懂得道学的要领，就浏览各家学说，学习道家和佛教将近十年，返回来在"六经"中寻求，然后才了悟儒家的大道。先生明察各类事物，洞察人伦礼节，懂得穷究本性直到到达

孝悌；穷神知化，由通于礼乐。辨异端似是之非，开百代未明之惑，秦、汉而下，未有臻斯理也。[3]谓孟子没而圣学不传，以兴起斯文[4]为己任。其言曰："道之不明，异端害之也。昔之害近而易知，今之害深而难辨。[5]昔之惑人也乘其迷暗，今之入人也因其高明。[6]自谓之穷神知化，而不足以开物成务。言为无不周遍，实则外于伦理。穷深极微，而不可以入尧舜之道[7]。天下之学，非浅陋固滞，则必入于此。自道之不明也，邪诞妖异之说竞起，涂生民之耳目，溺天下于污浊。虽高才明智，胶于见闻，醉生梦死，不自觉也。是皆正路之蓁芜，圣门[8]之蔽塞，辟之而后可以入道。"

天命，一定要基于孝悌；懂得穷极事物的神妙，知晓变化的规律，是出于对礼乐的通晓。区别异端学说的似是而非之处，消除百世未能明了的迷惑，自从秦汉以后，没有人能够达到这一境地。先生认为孟子死后，孔子的学说便不再传承，于是以兴起儒学为己任。他这样说道："儒学之道不昌明，是由异端学说的危害造成的。从前的危害浅而且容易察觉，现在的危害深而难以分辨。从前异端迷惑人是乘着人的迷惑暗昧，现在打动人们是借助人们附会高明的风气。它们自称可以穷极细微的神妙，知晓变化的规律，却不能够通晓万物的道理而成就天下的事务。言论上没有不周遍的，实际上却处于人伦的道理之外。穷尽幽深和细微的分析，却不能够进入尧舜的大道。全天下的学者，如果不是浅陋固执的人，就一定会陷入在这里。自己的学说道理没有讲明，所以邪恶荒诞的学说就争相而起，蒙蔽了人民的耳目，使全天下的人都沉溺在污浊之中。即使具备高超的才华，英明的智慧，也都固执于所见所闻，处于醉生梦死之中，而自己不能觉醒。它们都是通向正道和圣贤之学的障碍，辟除以后才可以进入大道。"

注释

1 **闻汝南周茂叔论道:**周敦颐为道州营道(今湖南道县)人,汝南(今河南汝南)为其郡望,故又自称汝南人。二程兄弟在南安(今江西大余)受学于周敦颐,时周敦颐任南安军司理参军,二程之父程珦任南安军通判。

2 **几:**几乎。

3 **百代:**百世。古代以三十年为一世,此处形容年岁之久。 **臻:**至。

4 **斯文:**指儒学。

5 **昔之害:**张伯行说:"指杨、墨、申、韩言之也。" **今之害:**张伯行说:"指佛、老言之也。"

6 **"昔之惑人也乘其迷暗"二句:**张伯行解为:"杨、墨、申、韩之言浅近,但足以惑迷暗之人,而高明之士犹知其非。至佛、老则推而高之,鉴而深之,聪明才智反为附会,遍天下皆受其惑矣。"

7 **尧舜之道:**又称唐虞之道,即儒家仁义之道。

8 **圣门:**孔门,儒门。

原文

先生进将觉斯人,退将明之书。不幸早世[1],皆未及也。其辨析精微,稍见于世者,学者之所传耳。

先生之门,学者多矣。先生之言平易易知,贤愚皆获其益,如群饮于河,各充其量。

先生教人,自致知至于知止[2],诚意至于平天下,洒扫应对至于

译文

程颢先生进仕则能觉醒人民,退隐则能著书以彰明圣道。不幸早逝,都没有来得及完成。他的辨析精微的文章,有的还能在世上见到,就是学者们传抄下来的。

程颢先生的门下,弟子很多。先生的言语平易,易于知晓,无论贤明的人还是愚笨的人都可以获得收益,如同一起来到黄河边饮水,各自能满足他们的需要。

程颢先生教育学生,从获得知识到明白达到至善的境地,从诚敬内心到平治天下,从洒扫庭院、应对长辈到穷究天理、本性,循序渐进各有次序。先生忧虑世上的学者舍弃

穷理尽性，循循有序。病世之学者舍近而趋远，处下而窥高，所以轻自大而卒无得也。

切近的道路而追逐遥远的目标，处于低下的境地而好高骛远，因此妄自尊大而最终难有收获。

先生接物，辨而不间，感而能通。教人而人易从，怒人而人不怨，贤愚善恶，咸得其心。狡伪者献其诚，暴慢者致其恭，闻风者诚服，觌德者心醉。虽小人以趋向之异，顾于利害，时见排斥，退而省其私，未有不以先生为君子也。

程颢先生待人接物，分辨是非却与人不生隔膜，诚意与人感应相通。教导人而人都乐于听从，怒责人而人都没有怨恨，无论贤明的人还是愚笨的人，善良的人还是邪恶的人，都使他们心服。狡黠伪诈的人献出了他们的诚意，暴躁傲慢的人表达了他们的恭敬，听说他的言论的人心中真诚佩服，亲眼见到他的德行的人心中为之倾倒。即使是小人，由于取舍不同，顾及自己的利害，不时对他有所排斥，但私下反省自己的内心，没有不将先生视为君子的。

先生为政，治恶以宽，处烦而裕。当法令繁密之际，未尝从众为应文逃责之事。人皆病于拘碍，而先生处之绰然；众忧以为甚难，而先生为之沛然。虽当仓卒，不动声色。方监司竞为严急之时，其待先生率皆宽厚，设施之际，有所赖焉。[3]先生所为纲条法度，人可效而为也。至其道之而从，动之而和，不求

程颢先生治理政事，以宽和之心对待恶人，以从容的态度处置繁杂的事物。在法令繁密的时期，从未随顺别人而做过虚应公文逃避责任的事情。人们都苦于拘束妨碍，而先生却处置得很从容。众人忧虑认为很难的事情，而先生却处置得很快速。即使遇到非常之事，他也不动声色。正当新设置的各种监察机构竞相严厉急迫的时候，他们对待先生都很宽厚，有所筹划制定措施时，反而对他有所依赖。先生制定的法令措施，人们可以效法推行。至于他教导而人们便自然跟从，以诚动人而人自然和顺，不强求事物而事物自然感应，没有施

物而物应，未施信而民信，则人不可及也。[4]

信而人们自然信服，都是人们难以企及的。

注释

1 **不幸早世**：程颢享年仅五十四岁，故称早世。早世，即早逝。

2 **知止**：达到至善的境地。

3 **监司**：监察。 **设施**：筹划。

4 这篇《行状》节选自《程氏文集》，作于宋神宗元丰八年（1085）程颢卒后。《行状》从资禀、行己、为学、教人、为政各方面阐扬程颢的思想境界，对其一生给予总体的评价。张伯行说："读伊川此文，条分缕析，而反覆深思之，则知明道先生与道为体，一团和气，纯是天理浑成。……此孟子之后，所以必推河南两先生也。"

原文

明道先生曰：周茂叔窗前草不除去，问之，云："与自家意思一般。"[1]

张子厚闻生皇子，甚喜；见饿莩者，食便不美。[2]

伯淳尝与子厚在兴国寺讲论终日，而曰：不知旧日曾有甚人于此处讲此事？[3]

谢显道云：明道先生坐如泥塑人，接人则浑是一团和气。[4]

译文

程颢先生说：周敦颐窗前的草不除去，问他，他说："和自己的心思一样。"

张载听说皇帝生了儿子，很高兴；可见了饿死的人，吃饭就不觉得甘美。

程颢先生曾经和张载在兴国寺讲论了一天，忽而说道：不知道以前是否曾有人在这里讲论这件事？

谢良佐说：程颢先生坐在那儿，安稳不动，庄严敬肃，如泥塑的人，接待客人却是一团和气。

注释

1 以上这一章出自《程氏遗书》。这段话中说周敦颐不除窗前草，说明他内心与外界情景的契合，窗前之草虽然微弱，却完全体现着天理的周流贯通。程颐说："动物有知，植物无知，其性自异，但赋形于天地，其理则一。"

2 **饿莩：**饿死的人。莩，同"殍"。以上这一章出自《程氏遗书》。张伯行说："仁者以天地之心为心，故己之休戚与万物之休戚相为流通。张子作《西铭》，以大君为吾父母宗子，又以凡天下之颠连无告者皆吾兄弟，则闻生皇子而喜，见饥孳者而不甘食，即《西铭》意也。"

3 **兴国寺：**又名相国寺，在北宋都城开封（今河南开封）城内。以上这一章出自《程氏遗书》。张伯行解释这段话的大意说："千载上下，皆此心此理，则旧日合有如此人，讲论亦合有如此事。"一个人不能眼见古今，但内心却可以感受古今之所同，则内心的充盈饱满，自有一番气象。

4 以上这一章出自《程氏外书》。张伯行说："坐如泥塑人，静而不偏不倚之中也。接人浑是和气，动而中节之和也。……自有'望之俨然，即之也温'气象。"

原文

侯师圣云："朱公掞见明道于汝，归谓人曰：'光庭在春风中坐了一个月。'"[1]

游、杨初见伊川，伊川瞑目而坐，二子侍立。[2]既觉，顾谓曰："贤辈尚在此乎？日既晚，且休矣。"及出门，门外之雪深一尺。[3]

刘安礼云：明道先生德性充完，粹和之气，盎于面背，乐易多恕，终日怡悦。[4]立之从先生三十年，未尝见其忿厉之容。[5]

译文

侯仲良说："朱光庭在汝州拜见程颢，回来以后对人们说：'我在春风中坐了一个月。'"

游酢和杨时初次拜见程颐，程颐瞑目而坐，二人侍立在后。程颐醒了以后，回头对他们说："你们还在这里吗？天色已经晚了，姑且回去休息吧。"等到他们出了门，门外的雪已经下了一尺深。

刘立之说：程颢先生德性充盈完备，纯粹中和的气质充满全身，他快乐平易，多行宽恕，整日和悦。我跟随先生三十年，从未看到他有忿怒严厉的面容。

注释

1 **侯师圣：**侯仲良，字师圣，侯可之子，为二程弟子。　**朱公掞：**朱光庭，字公掞，二程弟子，官至给事中，集贤院学士。　**汝：**汝州，即今河南汝州。宋神宗元丰六年(1083)，程颢曾任监汝州酒税。

2 **游：**游酢。　**杨：**杨时，字中立，二程弟子。二程之学经其再传至罗从彦，三传李侗，四传而至朱熹。有《杨龟山先生集》，世称龟山先生。

3 这两段话出自《程氏外书》，其中一段记载程颢，即“如坐春风”的故事；一段记载程颐，即“程门立雪”的故事。张伯行解释其大意说：“坐春风中者，接物如春温，有粹和之气，无忿厉之容。……侍立之久，至于雪深一尺，不命之不敢去者，气质刚方，持身严肃，故事之者知所敬畏。……明道似颜子，伊川或云似曾子，或云似孟子。窃谓以其质悫言之，则似曾子，而曾子较谨守；以其劲特言之，则似孟子，而孟子较高阔。合观之，可以想二先生气象，而及门之好学不倦，亦于中可见矣。”朱熹比较二程兄弟的风格差异，曾说：“明道德性宽大，规模广阔；伊川气质刚方，文理密察。”

4 **刘安礼：**刘立之。　**盎于面背：**盎，充溢。面背，泛指全身。

5 以上这一章出自《程氏遗书》。

原文

吕与叔撰《明道先生哀词》云：先生负特立之才，知大学之要；博文强识，躬行力究；察伦明物，极其所止；涣然心释，洞见道体。其造于约也，虽事变之感不一，知应以是心而不穷；虽天下之理至众，知反之吾身而自足。其致于一也，异端

译文

吕大临为程颢撰写的《明道先生哀词》说：先生身负卓越的才能，懂得大学的要领；博学强记，亲身实践；明察人伦，明白事理，深入到极致；学问融化于内心，洞见大道之体。他所达到的精要之境，即使事物变化不一，也能够用此心应接无穷；即使天下的事理极多，也懂得返求于自心而得到满足。他所达到的专一，即使异端盛行也不能够改变，即使孔子

并立而不能移，圣人复起而不与易[1]。其养之成也，和气充浃，见于声容，然望之崇深，不可慢[2]也；遇事优为，从容不迫，然诚心恳恻，弗之措也。[3]其自任之重也，宁学圣人而未至，不欲以一善成名；宁以一物不被泽为己病[4]，不欲以一时之利为己功。其自信之笃也，吾志可行，不苟洁其去就；吾义所安，虽小官有所不屑。[5]

再生也一定会赞同。他的涵养的成就，祥和之气充盈流注，体现在声音和面容上，然而望见他就感受到高深，因而不可以轻慢；他遇事优游自如，从容不迫，然而他对人对事至诚恳切，使人不能措置不顾。他自觉承担道学的重任那样的深重，宁可学做圣人而尚未达到，也不愿意去做一件善事而使自己成名；宁可因为尚有一个人没受到自己的恩惠而责备自己，也不想占据一时的利益而使自己成功。他对自己的学问信心坚固，只要自己的志向可以推行，不在去就上贪图自己的名誉；只要道义适宜，即使低小的官职也不会轻视。

注释

1 **不与易：**不改变。

2 **慢：**轻慢。

3 **优为：**优游自如。谓任事绰有余力。 **措：**弃置不顾。

4 **病：**责备。

5 **“其自信之笃也”五句：**张伯行解为：“其自信之笃也，出将以行吾志，志可行则道可行，故不洁其去以为高；处将以安吾义，义当安则命当安，故不屑于就以自卑。则以道殉身，而非枉道以殉人者矣。”这篇《哀词》节选自《程氏遗书》附录。

原文

吕与叔撰《横渠先生行状》云：康定用兵之时，先生年十八，慨然以功名自许，

译文

吕大临所撰写的《横渠先生行状》说：仁宗康定年间向西夏用兵时，先生十八岁，激昂的以功名为己任，上书谒

上书谒范文正公。[1]公知其远器[2]，欲成就之，乃责之曰：“儒者自有名教[3]，何事于兵？”因劝读《中庸》。先生读其书，虽爱之，犹以为未足。于是又访诸释、老之书，累年，尽究其说。知无所得，反而求之“六经”。嘉祐[4]初，见程伯淳、正叔于京师，共语道学之要。先生涣然自信曰：“吾道自足，何事旁求？”于是尽弃异学，淳[5]如也。

晚自崇文移疾，西归横渠，终日危坐一室，左右简编，俯而读，仰而思，有得则识之。[6]或中夜起坐，取烛以书。其志道精思，未始须臾息，亦未尝须臾忘也。学者有问，多告以知礼成性、变化气质之道，学必如圣人而后已，闻者莫不动心有进。[7]尝谓门人曰：“吾学既得于心，则修

见范仲淹。范仲淹看出他能担当大事，想要成就他，就责备他说：“儒士自有礼乐名节的教化，何以要去投身战事？”因而劝勉他读《中庸》。先生读完此书，虽然喜爱它，还觉得不满足。于是又访求佛教和道家的书籍，读了数年，其中的观点全都深究过了。知道不会有收获，返回来在“六经”中寻求。仁宗嘉祐初年，在京师见到程颢、程颐，共同谈论道学的精要。先生涣然领悟，自信地说：“我们儒道自己充足，何须再向他处寻求？”于是将佛家、道家的学说完全放弃，成为纯粹的儒者。

晚年因疾病从崇文院返乡，回到横渠，他整日端坐在屋里，左右放着书籍，低头读诵，抬头思考，有了心得便记下来。有时半夜起床，取来蜡烛把思考所得写下来。先生志于大道，精心思索，未尝休息，也未尝一刻忘记他的志业。学者有问题向他请教，他都告诉他们探究礼的精神、实践天命之性、变化个人气质的道理，学习一定要达到圣人的境界，听闻的人无不深受感动而有进步。他曾向学生说：“我努力学习有得于心，便进而著书立说；立说的言辞没有差失，然后用来判断事理；判断事理没有错误，这样我的学问才充沛盛大。学问之所以能够精微严密至于神妙的境界，是因为无尽的努力而成就的啊。”

其辞；命辞无差，然后断事；断事无失，吾乃沛然。精义入神者，豫而已矣。”[8]

先生气质刚毅，德盛貌严，然与人居久而日亲。其治家接物，大要正己以感人；人未之信[9]，反躬自治，不以语人；虽有未谕，安行而无悔。故识与不识，闻风而畏，非其义也，不敢以一毫及之。[10]

横渠曰：二程从十四五时，便脱然欲学圣人。[11]

先生气质刚强、坚毅，道德完备，相貌严肃，然而与人相处久了反而渐渐觉得他的可亲。他治理家庭、处理事务，大体上是以端正自身来感化他人；如果别人不相信他，他就反躬自省，而不以言语责备人；别人虽然没有明白，他仍安然而行，没有悔恨。所以不论认识或不认识的人，听闻他的德风而敬畏他，不敢以不义的事去接触他。

张载先生说：二程从十四五岁时，就出类拔萃想要学做圣人。

注释

1 **康定用兵：**康定，宋仁宗年号。康定元年(1040)，西夏元昊入寇延州(今陕西延安)。　**范文正公：**范仲淹，字希文，北宋吴县(今江苏苏州)人。宋真宗时进士，庆历三年(1043)七月授参知政事，主持庆历新政，次年罢政。自请外任，卒，谥文正。康定元年，范仲淹时任陕西经略安抚副使，兼知延州。

2 **远器：**谓有才能、能担当大事的人。张伯行说："非文正公不能成张子远大之气量；非张子不能受文正公名教之格言。"

3 **儒者自有名教：**《宋史·张载传》载范仲淹此语作"儒者自有名教可乐"。名教，儒家礼乐名节之教。

4 **嘉祐：**宋仁宗年号，1056—1063。

5 **淳：**意为不杂释老之学，纯为儒家。

6 **晚自崇文移疾，西归横渠：**张载因与王安石新法意见不合，遂称疾辞官，居于横渠故居。崇文，崇文院。移疾，旧时官员上书称病，多为居官者求退的婉辞。

7 **知礼成性:**知晓礼仪,成就天性。 **变化气质:**在宋代理学家中,张载首倡“变化气质”之说,即改变气质之性,恢复本善之性。

8 **修其辞:**孔颖达说:“辞谓文教。” **豫:**有所准备。此指用心努力。

9 **人未之信:**张伯行说:“不责人之未信,反求诸身,安意而行之,人虽终有未喻,而己不以为悔,所谓以责人之心责己,则尽道是也。”

10 这篇《行状》节选自《张子全书》附录。张伯行说:“此《状》,张子为学始末,见其精思力践,进道之勇,大约得气之刚者为多也。”又说:“‘气质’二字是张子立标以明道,‘知礼’二字是张子亲切用工夫,‘豫’字是张子谨严真精神。学者宜留心焉。”

11 **脱然:**超越寻常。此指脱颖而出,出类拔萃。有本作“锐然”。以上这一章出自张载《经学理窟·学大原上》。朱熹说:“明道十四五便学圣人,二十及第,出去做官,一向长进。《定性书》是二十二三时作。是时游山,许多诗甚好。”

图书在版编目(CIP)数据

近思录/(宋)朱熹,(宋)吕祖谦原编;张京华导读注译 .—长沙:岳麓书社,2019.9

(古典名著普及文库)

ISBN 978-7-5538-0868-0

Ⅰ.①近… Ⅱ.①朱…②吕…③张… Ⅲ.①理学—中国—南宋②《近思录》—注释③《近思录》—译文 Ⅳ.①B244.7

中国版本图书馆 CIP 数据核字(2018)第 055112 号

JINSI LU

近思录

导读注译:张京华

责任编辑:刘书乔

责任校对:舒 舍

封面设计:罗志义

岳麓书社出版发行

地址:湖南省长沙市爱民路 47 号

直销电话:0731-88804152 0731-88885616

邮编:410006

岳麓书社网址:www.yueluhistory.com

2019 年 9 月第 1 版第 1 次印刷

开本:890mm×1240mm 1/32

印张:9.75

字数:284 千字

ISBN 978-7-5538-0868-0

定价:30.00 元

承印:长沙鸿发印务实业有限公司